U0501604

这是一本“写”不出的书，
这是一本志同道合的音乐教育者们“聊”出来的书。
它不属于任何个人的研究成果，
它是全体网友智慧的结晶。

音乐教育
新视野

Cross-Cultural Music Education through Internet Dialogues

音乐教育越洋对话

郭声健 薛晖　等◎著

湖南师范大学出版社

图书在版编目（CIP）数据

音乐教育越洋对话/郭声健　薛晖等著．—长沙：湖南师范大学出版社，2009.4
ISBN 978-7-5648-0024-6
Ⅰ.音…　Ⅱ.郭…　Ⅲ.音乐教育—教学研究—中学　Ⅳ.G633.951.2
中国版本图书馆CIP数据核字（2009）第028186号

音乐教育越洋对话
◇郭声健　薛 晖　等　著

◇策　　划：郭声健音乐教育工作室
◇责任编辑：莫　华
◇责任校对：蒋旭东
◇出版发行：湖南师范大学出版社
　　　　　　地址/长沙市岳麓山　　邮编/410081
　　　　　　电话/0731.8884020　　传真/0731.8873073
◇经　　销：湖南省新华书店
◇印　　刷：长沙化勘印刷有限公司

◇开　　本：787×1092　1/16
◇印　　张：21
◇字　　数：332千字
◇版　　次：2009年4月第1版　2009年4月第1次印刷
◇书　　号：ISBN　978-7-5648-0024-6
◇定　　价：39.00元

01.

踏上美利坚的土地，走进中小学课堂，才知道我们对美国的音乐教育知之甚少，想象太好，而他们对中国音乐教育更是几乎一无所知。我希望通过这段越洋网络连线，能够为亲爱的老师们、网友们开启一扇了解美国音乐教育的小窗，搭起一座跨越大洋两岸的桥梁。

薛　晖：

郭博士，您好！

很荣幸地邀请您来我们“湖南省高中新课程网论坛”给老师们指导。在此我代表网站音乐学科的所有会员，对您的到来表示热烈的欢迎和衷心的感谢！并热切期待您有空能常来论坛与老师们聊聊，也希望我们的音乐教师能好好把握机会，向郭博士请教。

郭声健：

薛晖老师要我来网站“指导”，还贴了我的个人简历等信息，就像做广告一样，我都害怕了。如果能够把前面的个人信息删除，就最好。

薛晖老师是我的好朋友，朋友不怕多，我自然也不满足，还希望能够交到更多的音乐教师朋友，特别是我们的家乡人。我是前几天偶尔上到这个网站的，然后非常冒昧地给几位老师发了邮件，希望得到大家对我那个小小爱心活动（即向灾区学校捐赠《美国音乐教育考察报告》书稿全部稿费）的支持,但后来我有些后悔了。所以，如果有失礼之处，在这里，我请求大家原谅。

我真的不是来做什么指导的，我是来交朋友的。说来学习的吧，大家又会讲我太谦虚，但我的确就是抱着这样的一个态度来的，我还希望我的研究生都到这里来向老师们学习。我希望我们能够互相交流，因为网络是个非常好的平台，相信我们能够很好地利用它。

	我来美国纽约哥伦比亚大学访学已经 9 个月了，也有了些见闻，老师们若有什么感兴趣的话题，只要我知道的，我一定会尽量介绍。但毕竟时间短，有点感受也只是一孔之见，甚至可能片面，大家就多包涵。当然，我希望朋友之间，一切话题都可以聊。 期待九月份回国后，能有机会和各位网友、各位音乐老师见面交流。
 Edusda：	郭老师，我想了解西方人眼中的中国音乐是怎样的？他们是怎样欣赏音乐的？怎样分析我们的优秀音乐作品的？
 Dodozi：	是啊，我也想知道这个问题，不知道西方人是怎么理解中国音乐，怎么看待中国音乐的发展的。像目前，我们的大部分学生，MP3 里都只装流行音乐，那么美国的学生呢？他们是不是都喜欢听流行音乐，或也喜欢听古典音乐呢？
 郭声健：	关于西方人眼中的中国音乐，这个问题是个好问题啊！（我发现这边的老师喜欢说这样一句话：It's a good question！在这里我也模仿一次。）可对这个问题，我没有专门调查过，但有一点可以肯定，他们对中国音乐绝对不可能像我们对西方音乐那般重视，因为在他们看来，中国音乐顶多不过是东方音乐的一个小的分支而已，而且西方人普遍对中国怀有偏见，不会对中国的东西太感兴趣。我可以从几个方面来推论我的上述感受： 第一，我接触这么多老师，只有一个老师跟我谈起中国音乐，那是一位高中老师，她说她有一个教学单元是关于世界音乐的，想介绍一点中国的音乐，可不知道什么音乐好，让我给她推荐相关网站； 第二，我听过的一所高中学校音乐课中，学生介绍世界各国音乐，介绍亚洲的也多，包括日本的和西亚几个国家的，可没有一个学生是介绍中国的；

第三，这边的中小学是没有统编音乐教材的，甚至没有课本，教学内容完全是老师自己做主，在这种情况下，如果说老师不是对中国音乐特别感兴趣，估计谁也不会教中国音乐；

第四，我搜集了若干篇博士硕士学位论文和杂志上的文章，其中介绍中国音乐的非常罕见。

顺便我也说一下：他们不仅对中国音乐知之甚少，对中国音乐教育同样几乎一无所知。我有一位学生在这边攻读音乐教育博士学位，我极力建议她通过博士论文来介绍中国音乐教育，至少可以写美国和中国音乐教育比较的博士论文，但是，她导师竟说：中国的音乐教育有值得介绍的东西吗？几乎没人介绍中国音乐教育，这和双方交流太少，到这边来攻读音乐教育硕士博士学位的人太少，中国人的英语水平相对较低也很有关系。哥伦比亚大学一位教授在看过我发表的论文清单之后说，你写的这些东西，完全应该介绍到美国来啊，因为我们对中国音乐教育基本上都不了解。

说实话，西方人对中国的了解，一方面只知道中国是一个古老的国家，另一方面只知道中国这些年的经济发展很快。至于其他方面，比如说，文化、政治方面，他们对中国的了解，很多老百姓甚至还停留于“文化大革命”那个时期，这也是为什么西方人对中国政府存在误解甚至反感的一个重要原因，这都是西方媒体作的孽。

关于流行音乐，美国中小学生对它的爱好跟我们的学生比较是有过之而无不及的。这个问题，在我已出版的《美国音乐教育考察报告》中有专门的介绍。不夸张地说，从学前班、一年级开始，老师就让学生唱流行歌曲，而且唱得很不错，听上去很有难度的歌曲，都唱得很好。我在书中介绍，他们的小孩子是很少像我们一样唱儿歌的。那到底有没有儿歌呢，有，但大多是用于律动活动。虽然在中小学课堂上，我刚讲了，教什么是老师说了算，这样一来，老师必然会让学生唱他们喜欢的流行歌曲，但这并不意味着，他们不重视古典音乐，他们的乐队是所有学生都可以参加的，而且乐队的授课时间和普通音乐课是一样的，学生可以随意选择。自然，乐队学生的演奏水平和专业化程度之高，如不亲眼所见，你很难相信，几乎很少有学生是只学一门乐器的，一般都会几门乐器。而我们知

道，乐队的演奏中，古典音乐较之流行音乐的比例自然要高得多。

Edusda：

刚才郭老师提到了美国中小学音乐教学是自组教材的，那么他们有没有一个总的目的，让学生在音乐课上学到什么？他们平时通过哪些渠道来培养学生音乐素养的？

呵呵，郭大师，问题是一波一波的，请不要见怪哦。这个网站论坛只是大家休闲聊天的空间，可以随便说的，我还不是什么都问。

郭声健：

千万别这么叫我，叫我郭老师多好。或者，年长的叫我小郭，年轻的叫我老郭，都可以啊，我今年 45 岁。把我称“大师”，我就想象自己变成了一个“算命先生”，一个江湖骗子了。还是别这么叫的好，叫我郭老师吧。

随便聊最好，那我就可以放开说，我们大家一起聊什么都行。不过，要想这样，我真的有个小小要求，请老师们不要把我看成是一个怪物，我就是一个曾经当过多年乡镇中小学音乐老师，而现在到了高校工作的大学老师。这样，我才敢随便说话。

另外，我希望这个地方是个互相交流的平台，而不是一个“你问我答”式栏目。所以，我更希望多听听老师们的经验、教训、困惑，或遇到的问题，这样才更有交流的意味。

你上面提到的这个问题可是个大问题啊。我暂时也只能简单和你交流几句。在美国，是没有统编教材的，教什么，老师自己定。基本标准当然有，但是，你也知道，如果没有教材，基本标准的影响力就很有限了，毕竟音乐课程又不统考，谁来考察音乐教学质量完成得如何啊？教育管理部门有考察，但那并不是对教学质量本身的评价。所以，美国的中小学音乐教育无论从内容到形式都多样化，就相当于有多少个老师，就可能有多少本教材和多少种教法。

具体到课程标准，大家都知道，全美音乐教育协会在 1994 年的《艺术教育国家标准》中编写了音乐部分，而美国的教育权不属

	于联邦政府，是属于各州政府的，所以，这个《艺术教育国家标准》是没有任何约束力的。就我所了解到的情况看，目前除了极个别的州没有制定自己的标准外，绝大部分都有自己的艺术标准(包括音乐、舞蹈、戏剧、视觉艺术)，像纽约这样的大城市，还在此基础上制定了自己的标准，叫《艺术教学蓝图》。我上面说的，虽然有这些标准，但到底执行情况如何，无法清楚，因为老师们搞的都是自己的一套。 你问“他们平时通过哪些渠道来培养学生音乐素养的”？这个问题是指校内还是校外啊?校内的话主要就是音乐课程，包括普通音乐课和乐队合唱队训练课，后者实际上也是常规音乐课(而不是我们所理解的课外活动，因为这里的音乐课是从每天的第一节课开到最后一节课，所以，许多时候，第一节课都可能是乐队训练课)，只是学习的内容比普通音乐课更专业些，更技能化一些。而在校外，许多学生是参加了各种乐队的，包括同学自发组织的所谓车库乐队，也包括社区的乐队等。 说明一下，以后我每天晚上(国内时间)11点半左右上来一次，看老师们留有什么问题，我一块和大家交流。今天是第一天，情况特殊点。
 Caoqirong:	郭博士：您好！ 薛晖是我最好的朋友，今天她告诉我您来论坛了，一刻都不想耽误，马上登入，一口气读完了上面的信息，此时难以用言语表达激动的心情。敬佩呀！ 冒昧地闯入，请容许我先做个自我介绍吧。我出生在益阳市，在湖南吉首大学和湖南师大都读过书，1992至1994年曾在日本东京都国立音乐学院学习，1994年底回国至今在深圳工作。我现在被深圳市教育局派送，参加深圳市第11期3个月的海外培训班，现在在美国纽约圣文森山学院学习。5月28日来美国，已快半个月了。如果没错的话，您在哥伦比亚大学，我们应该相距非常近。

	非常感谢薛晖老师"雪中送炭"，能在这认识您，感觉是得到了救星呀。因语言的障碍，在参观学习中，好多东西只能看到皮毛。昨天我们参观了一所中学，看到了他们年级管乐队的训练。今天参观的是一所特殊学校，看了他们的合唱训练，孩子们都是一、二年级的小学生，表演三声部的合唱却非常的和谐。我也为孩子们表演了中国舞，他们非常感兴趣。遗憾的是没看到音乐教学课，与他们音乐老师交流课堂设计，好像他们采用的是我们以前的传统教学模式。所以，心理非常疑惑呀！不知现在美国中小学音乐教学的状况如何？郭博士您是专家，非常希望得到您的指教。盼！ 另外，还想请教您对《不让一个孩子掉队法案》的看法。在国内时就听说美国布什总统提出的口号是"不让一个孩子掉队"，因此非常向往这种教育。但来美国后才发现，其实并不是在国内想象的那样乐观，操作起来好像有点困难，美国的文化和国情使得大部分学校和老师都不太接受，尽管推行的力度很大，但证明孩子是否掉队的衡量标准是各州的升级考试。不知是否是我理解错误，好像老师们在为了孩子能通过升级考试，在不断地给"掉队"的孩子们个别辅导，有些像国内的应试教育了。非常抱歉，我的问题可能超出了音乐学科，不妥之处请大家原谅，很想明白其中道理。谢谢！
 郭声健：	曹老师，谢谢你在这里给我留言，在这里见到老乡，的确不容易啊。你们来到这三个月，可能刚好是学校放假的时间，听课会不那么方便了。我听了你的介绍，倒是很羡慕你们的，你们可能是集体活动，有集中安排。而我，都是个人活动，如果没有自觉性的话，玩一年只怕也没有什么问题，当然我不会那样。但是，我对中小学音乐教学，真的如上面所说，就是一孔之见。所以，你千万别讲什么专家不专家的，你还了解点皮毛，我只怕连这程度都没有。其实，你如果有机会看到他们上课的话，你会发现，每个学校，每个老师都不一样，这既是我自己的感受，也是这边的老师跟我交流时告诉我的。我听到的一些课，有上得很好的，有上得很有特色的，但也

	有上得在我们看来是非常传统落后的。所以，我们很难说美国的音乐教学水平一定会怎么样。 当然，我们来这里，就是要尽可能发现他们好的地方，而不是来找他们的毛病的。对于他们这样的教学体制，我觉得如果苛刻地要求他们讲究教学艺术，就像我们的公开课一样，上得那么精致漂亮，根本就不可能。因为，他们的工作量是那么的大，都是从上午第一节课上到最后一节课，我有时候连听课都觉得非常累，撑不住。所以，我非常感慨，这里的音乐老师(其他学科也一样)真的太辛苦了！这样一来，我更是很少去找他们的什么毛病，即便我觉得他们的课上得并不好， 也会深表敬意。所以，如果你真的发现，他们的教学就是我们的传统教学模式，千万不要有什么意外，这很正常。而且，我还觉得，传统教学模式，也并不是一无是处的，它有它的优势所在，否则，就不会有那么强的生命力，能成为“传统”了。许多传统的东西其实是很有价值的，可我们现在却把它跟“落后”划等号了。我们现在搞课程改革，其实，科学的态度，应该是渐进式的，推倒重来绝对不是教育规律所允许的。哦，随便聊聊，扯得远了些。 《不让一个孩子掉队法案》，其实是我们的音乐老师非常需要了解的一个问题，如果我回国有机会跟大家交流的话，我会从这个法案谈起。这个问题，我倒还是有些研究和体会了。但一两句话也讲不清楚，今天我没时间聊了，这两天很累，我从外面听课刚回家不久。以后有机会，我们可以对这个问题进行交流。我只想先说一句——你理解的没错，这个法案，其实就是一个应试教育的法案。由此看来，应试教育在美国人看来并不像我们那样的人人喊打(其实是假打)，应试教育也并不是一无是处啊。否则，美国总统为什么还要签署这么一个法律啊，他再愚蠢，也不至于愚蠢到这个地步吧。这是题外话。那么，题内话是什么呢？那就是：《不让一个孩子掉队法案》正在让包括音乐教育在内的艺术教育掉队。对这个问题，以后有时间我再和大家具体聊聊。 由此，我想到，我们国内对美国音乐教育、艺术教育的宣传多少还是有些片面的。

Caoqirong:

非常感激郭博士的“点石成金”呀。看来，今天是我来美国后收获最大的一天，哈哈。确实美国老师比我们要辛苦多了，今天我见到的音乐老师就用几乎接近失声的沙哑声音，在组织学生排练。

薛 晖：

谢谢郭老师，谢谢曹老师。你们关于美国音乐教学的探讨，让我们了解到了很多美国基础音乐教育的信息，受益匪浅。

美国的音乐教育，确实不如我的想象。他们的常规课堂音乐教育，可能也还存在一些问题，教学效果也可能不太理想。从郭老师和曹老师的介绍中得知，他们艺术教育的重点放在了我们国内称之为“音乐特长教育”上。由于经济发达，学生人数较少，他们有条件大面积开展器乐、合唱等音乐教育，而加强器乐、合唱等音乐教育，是学生音乐能力得到提高的根本。我想这也是为什么他们的常规音乐教育效果并不理想，而他们的学生最后的音乐能力并不弱的原因所在吧。

郭老师一再提到了，在美国，音乐教师都是自组教材教学，其实国内的音乐教学中很多教学内容也是由音乐教师自组，特别是在初中和高中两个学段。这是我们了解到的一个普遍存在的现象，与美国有几分相似。只是不知在美国，音乐教师自组教材主要是哪些方面的内容？是侧重于我们国内所强调的经典音乐，还是通俗音乐？主要是哪些教学领域的内容？感受与鉴赏、唱歌的比例如何？教师们是否一定按各州制定的音乐课程标准来组织教学材料？

还有一个问题，郭老师一再强调他们的音乐老师很辛苦，教学是从第一节排到最后一节，为什么会有一天的音乐课，他们的音乐课时是如何规定的？是如何安排每周的音乐课时的？我国目前义务教育阶段音乐课时安排是，小学1～4年级每周两节，5～6年级每周一节，初中每周一节，还请郭老师给我们介绍相关情况。感谢！

覃紫樱：

昨晚上网，听薛老师说论坛来了一位叫郭声健的音乐博士，只觉得名字好熟悉哦，迫不及待地跑到论坛来，还真的被郭教授的那么多头衔和著作镇住了，然后对你们的讨论只敢欣赏不敢发言。

今天想想，不论我们这些小学的音乐老师在你们的面前多么的微小，但我觉得，至少我应该把我们这种对音乐大博士的尊敬和崇拜告诉您，应该把我们对学习新的音乐教学信息的迫切心情告诉您。由衷地欢迎您的加入，也希望能通过您的帖子增长我们的见识，让我们知道更多音乐教学的信息。再次欢迎！衷心感谢！

郭声健：

此刻是美国东部时间凌晨一点了，我是想到论坛来瞟一眼后，准备洗澡睡觉的，没想到薛晖老师留了问题在这里。只能先简单说几句了。

首先，感谢覃老师的热情。覃老师在帖子里说我是音乐博士，其实不是的，我是教育学博士，1997年在北京师范大学教育系拿到的学位。音乐方面还得多跟大家学，有些还要启蒙，你们才是我的老师。还有，哪有什么高大、微小啊。我们这些人，只晓得放点空炮，虽然我以前也是中小学音乐老师（还是乡镇中小学），但要说上课，要跟大家比，那我绝对是末流的老师之一了。所以，我非常崇拜和羡慕上课上得好的老师，他们才是真正的音乐教育家。

回到薛晖老师的话题上来。说美国是音乐特长教育，还是不够准确，因为那就是他们的音乐课堂教学。而我们所理解的音乐课（这里叫 general music lesson）某种程度上是他们为了那些不想选或不能选器乐课和合唱课的人设计的，比方像高中，学生必须要拿到规定学分才能毕业，如果学生不选我们所理解的特长课程，怎么办呢，所以必须要开设这样的普通音乐课，这是一种情形。另一种情形是学校配备的师资少，设备也不够，在这种情况下，也只能上普通音乐课。所以，应该说这边的器乐课和合唱课，都是我们的普通音乐课，是在课内上的，不是在课后开展的。

关于教材，这个问题真的不好回答。因为，可以说完全是凭老

师的自我意识行事，老师喜欢什么就教什么，这是第一条原则。在这条原则基础上，再来考虑迎合州制定的相关要求。这就是我前面谈到的，没有一种强制性措施和监督机制来给制约。我们可以设想一下，如果我们国家取消教材，我们的老师又会怎么去自组教材？我想这应该是差不多的。

好，关于课时的问题。我举两个例子，大家一看就明白了。

某个小学，500 个左右的学生，只配备了一名音乐老师。大概是 34 个班，每个班一周一节音乐课（他们另有戏剧、舞蹈课），这 34 个班的课只有一种排法，就是每天七节课（周五六节课），从第一节到最后一节。老师除了中午吃饭，完全没有休息的机会，因为，这个班还没出教室，另一个班就在教室外面排队等候了。我真的没有任何夸张，实际情况就是这样。毕竟只有一节课，学生很喜欢，所以，其他课都是 35 分钟，音乐课是 45 分钟（加了课间休息的 10 分钟）。

某所高中，要求每个学生在高中阶段必须修一年的音乐课，才能达到毕业要求。这一年的课程怎么开呢？不同年级的学生组合在一起，分成若干个班，每个班每天在固定的时间上课，天天要上。比如，A 班的课都安排在每天的第一节课上，那么，这 A 班的学生，就像按时上下班一样的，每天第一节课就来了，而且要持续一年。所以，音乐老师每天的课也是排得满满的，第一节 A 班，第二节 B 班，第三节 C 班……一直到最后一节。当然，有的学校如果师资配备情况稍好的话，音乐老师每天可能只有 5 节课，有的就 6 节，有的是 7 节。但我没有发现过 5 节以下的学校。

薛　晖：

郭老师，谢谢你这么晚了还给我回复。

惊讶于美国中小学音乐教育与我国有如此大的差异。他们常规音乐课的意义与我们完全不同，在我国是普及教育，在美国则成了个别教育，这真是我没有想到的。我国高中新课改后，高中由原来的一门音乐欣赏变成了现在 6 个模块，学生除了必修《感受与鉴赏》模块获两个学分，还要在其他 5 个模块里选修一门获得一个学分。

为此，我问过相关课程专家，如果有学生在校学器乐或声乐，已达到相当高的专业水平，可否获得一个学分（不用选修模块学习）？回答是不行。看来中美两国在教育理念上还是有很大差异的。

我对他们音乐教学的安排很感兴趣，个人认为也很合理。听深圳去美国学习的曹老师讲，他们一、二年级就能唱三声部合唱，且声音很和谐，这一定得益于他们音乐教学的如此安排。我想，如果学生合唱水平如此高，就已经解决了音乐学习中的许多问题，音乐感受能力和表现能力自然也就高了。反思国内的常规课堂音乐教学，很多情况下，学生学得了一些音乐知识，认识了一些乐器，聆听了一些乐曲，学会了几首歌曲，最重要的音乐感受能力和表现能力还谈不上有多大的提高。这确实是值得我们思考的问题。

同时也惊讶于美国老师的精神。如果学校只有一个老师，就是每天将课排得满满的，老师累得精疲力竭，也要担当起每个孩子的音乐教学。这与国内也很不相同。在国内，一个音乐教师的学校很多，特别是农村，但音乐老师最多每周上到 16 ～ 18 节课，排不下的课就由班主任或其他科任课教师兼职。我不知道，是什么原因能使美国音乐教师心甘情愿地如此超负荷工作，是教师的敬业精神使然，还是出于一种无奈的选择，或还有其他原因？

还有很多的问题，再慢慢向郭老师请教。感谢！

在美国向你请教的是我最好的朋友曹琪蓉。她给我传来了在美国考察的录像，确实与我国有些不同，主要是合唱、音乐剧表演，学生还演唱了一首中国歌曲《萧》。不知美国是否也存在像我国一样的情况，国内学校向外宾们展示的一般是经过精加工的表演节目，与平常的音乐训练不是一回事。

郭声健：

关于中小学老师工作量的问题，我说的只是音乐老师，其实其他学科也是一样的，比如体育，也是从第一节排起的。应该说，和我们国家的老师相比，美国中小学教师的工作量普遍要重。这样的工作量，在他们看来，就是很正常的。其实这只是一个方面，另一个给人印象深刻的方面是，每个人的敬业精神和工作热情。这

一点，是我们这些来美访学的人交流得最多、感受也最深的。当然，这不只是学校老师，各个行业都这样。全身心投入工作，在他们看来是天经地义的事情。这也得益于美国这边相对简单的工作和人际环境，只要努力工作就行，大家根本不要花任何的精力去处理什么关系，尤其是上下级关系。我们是下级要想法讨好上级，而这边，我听朋友介绍，哪有什么给领导送礼一说啊，员工的职责就是工作，在新年或什么别的重要节日，只有上司请下属吃饭的，跟我们完全相反。

还有一点，你别看这边的音乐老师都是这么辛苦地工作，其实远不止这些。我认识的几个纽约的中小学老师，全部都是哥伦比亚大学的在读硕士生和博士生，小学老师攻读博士学位，在这边很正常。也正是考虑到这个原因，哥伦比亚大学教育学院的研究生课程基本上都安排在晚上上课。比如要想拿到博士学位，除了写论文等之外，必须要修满 90 个以上的学分，硕士大概是 40 多个学分。一般是一门课程开一个学期，大概是 2 个学分。90 个学分，这意味着有 40 多门以上的课程要修。如果说是硕博连读，修完这 40 来门课程要花至少 6 年以上的时间。学费呢，一门课程一般是 1100 美元以上，那么，修完这些课程的费用大概就是 10 万美元以上。

别以为他们天生就爱学习，这是没办法的事情。他们对学历层次的要求就这么高。所以，像哥伦比亚这么著名的大学，其音乐教育专业博士、硕士学位的培养目标中，很重要的一项就是：培养中小学和幼儿园音乐老师。

对了，有老师问到美国音乐教师的工资待遇问题。这个问题在美国一般是不能问的，这属于个人隐私，是一个忌讳的问题。但我看到过一个材料，应该每年 6 万美元左右。

我已经完成了《美国音乐教育考察报告》一书的撰写，等我回国后，会尽快出版。那里面，对我上面回复的许多问题，有更具体的描述和分析。虽然是一孔之见，但也可以算是为我们音乐老师朋友们打开了一扇了解美国音乐教育状况的小小窗户。就算是我在这里给这本书做个广告吧，因为，我会把该书所得的全部稿酬捐献给灾区学校，所以，也就不介意大家说我打广告了。我当然也希望老

	师们能够加入到我们这个小小爱心活动中来。买一本书，就是为灾区的孩子献一份爱心，就是为音乐教育事业做一份贡献。
 Gary827：	曾经看过一篇文章的介绍，国外的中小学音乐教育将表演、鉴赏、作曲作为学校音乐教育的基本内容，是这样吗？我觉得现在我们的新课改也是朝这个方向发展的。
 薛　晖：	郭老师真是一诺千金啊，真的每天来论坛看看老师们的留言，并一一认真回复，让我感动、感激。 郭老师的回帖有点让我迫不及待想读你的《美国音乐教育考察报告》一书了，想从你的书中了解我所不知的美国音乐教育的诸多情况，充满期待。 美国教师学历如此高，又担负如此繁重的教学任务，还能有如此的工作激情，实在难得。而且他们的工资相对于美国的生活水平和他们的工作量而言，并不是很有优势。真的很敬佩他们的敬业精神，从这点来说，我们真应该向他们学习。但也正如你说，他们没有后顾之忧，不要在其他与工作无关的事情上浪费自己的精力。他们虽然工作辛苦些，但活得单纯，活得自在，这可能也是我们所难以达到的境界。 还是想请问郭博士，美国音乐老师自组教学内容，会以什么样的形式呈现？是以教案的形式呈现，还是以自编教材的形式呈现（像国内的校本教材），或者教学方式大于教学内容，主要是运用音乐材料来开展一些音乐活动以提高学生的音乐感受能力和表现能力，而教学材料则不太固定呢？谢谢！
 郭声健：	先谢谢桃花江的 Gary827 老师，我对桃江有感情，我曾经在那里呆过三年时间，那是我后来考研究生的起点。 “国外的中小学音乐教育将表演、鉴赏、作曲作为学校音乐教

	育的基本内容"，这些肯定都是音乐教学的基本内容。你可能指的是综合教学的理念吧，对这个问题就不能笼统地回答了，因为我前面讲过，在美国没有千人一面的教学形式和方法。但是，可以肯定的是，作为一种教学理念，美国的音乐教育还是比较强调学科综合的。然而，这种学科综合跟我们理解的又不完全一样。由于中小学是开四门艺术课程（视觉艺术、音乐、舞蹈、戏剧），所以从某种意义上讲，这种课程设置并没有鼓励艺术学科之间的综合。那么，我听到更多的是艺术学科和其他学科之间的综合，尤其是在小学，很多州并没有规定必须是取得艺术教师资格证的老师才能上艺术课，那么，部分学校就是由其他学科教师兼教音乐的，甚至在其他学科中融入一点艺术教学的内容，也被他们视为是艺术教学。而且，在小学教师培养方面，他们也要开设音乐课，目的就是为了能够将来兼教音乐。他们倡导的是将音乐贯穿在其他学科中进行教学，但我认为，这还是有一定难度的，这也只是一种理念上的倡导。至于具体到一堂音乐课，是不是总是考虑多种内容的融合，这很难说了，每节课有每节课的重点，而且最重要的是，老师完全可以自行决定。 　　回到薛晖老师提的教材问题。其实我们都把这个问题想得复杂了。就我所接触到的老师来看，根本就没有什么教材，包括自编教材或讲义，都没有，甚至很多还没有教案。我至今找到有教案的就一个老师，我和她约好了，将她的教案提供给我，我看了，其实也比较简单。我希望翻译出来在中国出版，但现在她还没有把完整的教案提供给我，我只拿到了一个单元，估计我走之前应该是没问题的。从这份教案中，我们可以看出她的教学内容的安排。 　　我在音乐课堂上见过的资料包括：打印的歌词，每节课上课时分发给学生，然后在唱完后收回，不同班级反复使用；看到过一本竖笛教材，那堂课是竖笛课；看到过一个学校的音乐教师的图书角里有基本乐理知识练习册；看到过打印的分发给学生的单元或学期学习安排（就一张纸，也很简单）；看到过要求学生自己在课堂上做音乐报告的要求，也是打印分发给学生的。大概就这些。

这么说吧：我觉得他们的教学中，教学内容本身并不是目的，在我们看来，也许完成了教材上的教学内容，我们的任务就完成了，而实际上，教材只是一种媒介，必须要通过它才能提高学生的素养。比方说，唱一首歌《我是一个粉刷匠》，我们不要认为，学生唱会了它，我们的教学目的就达到了，实际上，会不会唱它真的无所谓，这不是关键问题。关键问题是要通过唱这首歌，提高学生对音乐的体验、表现能力。

所以，如果从这个角度来说，老师教学生什么歌，歌本身并不重要。这跟我们的观念是很有冲突的。我们编写教材，七挑八挑，挑出来的歌，被认为是学生一定得唱会的，否则就表明学生音乐素养差。其实，这是一个误区，这也是导致学生不喜欢音乐课的一个很重要的原因。我们认为应该唱的，学生就是不喜欢，这种歌，教了又有什么用？在课堂上唱熟了的歌，学生也许一辈子都不会再唱它了。

对这边孩子的歌唱水平，我在多篇文章中都谈到，真的令人羡慕。当我听了小学的课之后，我找到了部分答案。从学前班到小学五年级，在课堂上唱的全部都是学生喜欢的流行歌曲，而且都唱得很好。儿歌只是用来律动。一节课，要唱好几首歌（不完全是学唱）。你说，这些孩子怎么唱不好歌，从小就这么唱，肯定能唱得好，唱的都是他们喜欢的歌，兴趣也大得不得了。

我对美国中小学音乐课堂教学的归纳是：自由、轻松、愉悦。我想象不出这里的学生会有不喜欢上音乐课的。

由此我在设想，有一个问题，可能我们的学生会不停地问：为什么我们的音乐课就不能唱我们喜欢的歌呢？大人们到底是怕什么呢？

Rensisi：

郭声健博士，您太值得我敬佩了！我想请问您：现在新生儿中弱听儿童的出生率越来越高，面对这些孩子，如何用音乐来激发他们对音乐的兴趣？

郭声健：

哈哈哈，常德老师提的问题真可爱。

你们千万别以为我就什么都懂啊，我其实很多方面都感觉自己是白痴。像“现在新生儿中弱听儿童的出生率越来越高”，我就真的搞不清楚，还第一次听到这样的信息。所以，在这里跟大家交流，的确能够增长我的知识。

至于“面对这些孩子，如何用音乐来激发他们对音乐的兴趣”这个问题，我想说，如果这些孩子还是新生儿的话，那就别操之过急了。小孩子，让他们开开心心享受童年的快乐，这最重要。很多孩子的音乐兴趣，不是父母刻意培养出来的，也许有天生成分，也许因一个偶然事件而引发。一旦兴趣来了，门板都挡不住的。我自己的小孩，我从来就没想到过要去培养他什么特长，可没想到从高中阶段开始就迷上音乐了，现在读大一了，已经迷得有点过头，迷到了让我非常担心的程度。

但是，作为音乐教师，培养学生对音乐的兴趣，这就是我们的责任了。

不好意思，我以后可能会控制说话，言多必失啊。而且，我怕误导大家。

薛　晖：

对郭老师的观点非常赞同，对美国的音乐教学方式非常向往。掌握教学内容不是音乐教学的最终目的，最终目的是通过音乐学习提高学生的音乐感受能力与表现能力。在这方面，我国的音乐教学确实有些走入误区。虽然“不是教教材而是用教材教”提得很响亮，但在真实的音乐课堂中，郭老师上述的将学会一首歌曲作为整堂音乐课教学目标的现象普遍存在。我每次在与老师们的交流中也一再强调，唱歌课不仅仅是学会一首歌曲，更重要的是要能在歌曲的学习中提高学生的音乐感受力和音乐表现技能，但似乎还很难引起老师们的共鸣，唱歌教学中还是重唱会而轻表现。“唱学生喜欢唱的歌”、“一节课唱几首歌”，学生怎么会不喜欢音乐课。如何真正实践“以兴趣爱好为动力”的课程理念，美国音

	乐教学方式值得我们借鉴。中国孩子真的是“我想唱歌可不敢唱，小声哼哼还得东张西望”，想唱的歌不能唱，不想唱的歌不愿意唱，索性不唱。
 Caoqirong:	今天学校组织我们去了大西洋城，进行美国文化考察，来回坐了6～7个小时的车，回到宿舍已是晚上11点了，因时差的缘故，而且在这的每天都安排得很紧张，中午基本上只有半个小时吃饭时间，对于长期有午睡习惯的我，感觉还是非常辛苦。不过，我会把在这里的每天都当作在美国的最后一天，好好珍惜每分每秒的学习机会。看到上面的帖子，虽打字比较慢，但还是忍不住简单说几句。 郭博士对美国的教育了解得非常透彻呀，我参观的几所学习确实都只有一位音乐教师，全校的音乐活动都是他（她）的任务，和他们交流时，老师的嗓音都是哑的。 薛老师说的：“美国是否也存在像我国一样的情况，国内学校向外宾们展示的一般是经过精加工的表演节目”，我看到的不是这样。他们接待我们非常自然，而且我们参观时，是不能影响他们正常教学的，一般的学校都不给我们拍照录像，学校对家长有承诺，要保护学生的肖像权，我们只能在学校允许的情况下，在后面偷拍。我传给薛老师的录像，基本上都是学校同意后偷拍的（不能公开传），学生演唱的那首中国歌曲《萧》，是他们正好在学习世界各国音乐的主题，其中一个班在做“中国”的主题，学唱了中国歌曲《萧》，不是为我们专门准备的。这次四川地震影响太大，他们有个小学三年级的学生下课后，还跑过来问我，是不是中国四川发生地震了？那里的人都回不了家吗？那里的孩子是不是很可怜？我说“是的”。我看到的合唱、音乐剧的表演都是很随意的，没有服装，没有精美加工。 再次感谢薛老师给我提供这么好的学习机会，能向郭博士请教。

郭声健：曹老师说得没错，这边对学生的肖像权是非常强调维护的，所以，我都没能留下什么影像资料，甚至拍的照片都不多。我记得第一次给一位老师提出这个要求时，她告诉了我被允许录像的程序：先要征得学生本人、家长、校长的同意，最后要得到纽约市教育局的许可。听她这一解释，我都吓坏了，以至后来拍个照片都不敢，而且去听课，尤其是有的学校我要去多次听课，真的不忍心拍照，怕影响别人的正常教学秩序。

和曹老师一样，我也很感谢薛晖老师给我一个这么好的学习机会，能和老师们通过网络平台面对面交流，真的是再好不过了。到今天，我们的越洋对话持续五天了，老师们提出的问题五花八门，看得出，大家对美国音乐教育的点点滴滴都非常好奇和感兴趣，我一定会尽我所能，把自己了解到的情况介绍给大家。

美国对中国音乐教育几乎一无所知，我们对美国的音乐教育其实也是知之甚少，希望通过这段网络越洋对话，我能够为亲爱的老师们开启一扇了解美国音乐教育的小窗。

02.

美国中小学音乐教师从早上第一节课便开始了每天的教学，一天的课时五到七节不等，身体累但心情轻松，工作充满了激情。我们的情形却截然不同，课时少、束缚多，昨天担心流行音乐让学生“中毒”，今天害怕知识技能革我们的命，真的是举步维艰，无所适从。

Dodozi：

郭老师真的让人敬佩，百忙之中耐心地给我们解答问题。而且每一个问题都说得很细。真的很感动。

我也还想了解一下，郭老师说，美国学生很多也唱流行歌曲，因为都是老师自组教材，但是他们的流行音乐当中是不是有很多歌曲既流行、孩子们喜欢，又适合学生来唱呢？

毕竟像国内，真正来说，流行的大部分是“爱情”题材，而且不用教，学生都会唱，有些歌词写得不好，学生唱确实不适合。是不是美国的流行歌曲比国内的流行歌曲适合青少年唱的要多得多呢？

郭声健：

Dodozi的问题提得好。虽然我不很熟悉美国的流行歌曲到底是些什么内容，但我还是愿意跟你分享我的想法。在美国，我去教堂听过很多次他们演唱的歌，大多都是歌颂爱的，比如《我对你的爱永不变》。但这种爱是对上帝的爱，是描写人与人之间的爱，是一种大爱，一种普世的爱。我觉得这种歌曲，美国学生就的确很适合唱。我在美国，已经听了很多现场的音乐了，包括多部百老汇音乐剧，但给我印象最深刻的还是教堂里的歌。还有，美国的许多歌曲是关注社会问题的，这些歌可能也以爱为主题，比如爱父母，爱特殊人群，爱贫穷的民族等等。这种爱也是一种普世的爱，大爱，这样的歌曲都很适合孩子们演唱。当然，到了高年级阶段，对男女之间的爱情，在美国那是根本就不回避的，高中生很多都是有异性朋友的，这很正常。所以，对他们来说，唱唱男女之情，也不是什么了不起的事情了。因此，我认为，在美国，不存在我们所担心的问题。

再看看国内，你说，"毕竟像国内，真正来说，流行的，大部分是'爱情'题材，而且不用教，学生都会唱，有些歌词写得不好，学生唱确实不适合"。我觉得你这问题提出来好，这就是讨论了。我是这样看这个问题的：

首先，我们音乐老师的教育职责是不是就是定位为"教"？其实我在上面已经间接地谈到了这个问题。是不是老师只有"教"了学生不会的，才算是老师了呢？我认为，对音乐教育而言，这话不很严谨，提供给学生感受、体验、表现音乐的机会，让他们在音乐课堂上获得审美的体验，应该更加重要。比如唱歌，上面薛晖老师也很认同我的观点，为什么我们一定要认为教学生新歌，才算是教学呢？让学生在课堂上多唱几首他们熟悉而喜爱的歌，那有什么不好？那是一件非常好的事情，学生会很高兴的，你只要有给他表现的机会，不管是单个的还是集体的，他们都很满足。

我曾经在一篇文章里说过这样一个问题，到底中小学十几年读下来，我们的音乐老师教了学生多少新歌，我们可以统计出来。但我们谁敢说，我们教的这些新歌，到底有几首是学生记住了的？有几首是学生在课堂之外唱过的？既然他们在课堂之外根本就不唱，那我们为什么非得要教他们这些歌呢？我当然是想说明一个问题，才把这些话说得极端一点。其实，我并不反对让学生唱教材上的歌。只是这里面的确还是存在一个问题，即我们是在教学生"我们认为他们应该会的东西"，而不是教学生"他们所需要的东西"。

我想老师们一定会有深切的感受：现在的教材中，已经有一些经典的流行歌曲了，这些歌曲大多是学生会唱的，是不需要我们再教的，比方《让世界充满爱》等。每当老师上到这样的教学内容的时候，学生就很开心，老师也很轻松，对不对？我猜想应该是这样的。你说，这又有什么不好呢？那么，我们由此想到一个问题，学生会唱的歌，一定要老师在课堂上才能教会吗？其实，大家都清楚，绝大多数学生会唱、喜欢唱的歌，都是他们自己学会的。既然如此，

	为什么我们还要死死抓住那几首歌不放呢? 所以，我一直认为，音乐课，本应该是学生最喜欢的课，但现在许多学生不喜欢上，那是因为，音乐课堂上的音乐生活，远远比不上他自己的课外音乐生活那么快乐。 第二，再简单聊聊“爱情歌曲”的问题。我觉得，这里面也存在一种误解。学生喜欢唱爱情歌曲没错，那是因为最流行的就是爱情歌曲。有的歌词的确写得不好，不适合学生唱，那我们就坚决不能在课堂上教唱那些歌曲，毕竟我们的国家不像美国。但是，所谓的流行歌曲就真的只有爱情歌曲吗? 显然不是。是因为我们对流行歌曲的一概排斥，才导致我们难以（或不想）去发现那些适合学生唱的流行歌曲的。 另外有一个问题也值得探讨，到底什么是流行歌曲，什么不是?我不是这方面的专家，我不懂，但我相信老师们都懂。是根据歌词来判断，还是根据曲调、音乐元素来判断? 流行歌曲和非流行歌曲，到底有没有严格的界限，如果有，体现在哪些方面? 难道是创作年代的差别问题? 反正我搞不清楚。不过，我由此想到了另外一个问题恐怕在我们许多老师心目中，流行歌曲和非流行歌曲的差别就是成人歌曲和少儿歌曲的差别! 在我们的心目中，小孩子就只能唱《两只老虎》，他们根本就唱不了别的歌，因为他们还不具备唱那些非少儿的成人歌曲的能力。但事实果真如此吗? 成人歌曲，并不意味着难唱，对于一般的歌曲来说，只要学生喜欢的，就不难。可在我们的意识中，小孩子就只能唱小孩子的歌，就只能唱那些很幼稚的歌。 当然，小孩子唱小孩子的歌，绝对没错，但“只能唱”小孩子的歌吗? 不见得。只要是内容健康的，学生如果能唱大人的歌，为什么就不可以唱呢? 我们出生的那个年代，的确都是唱少儿歌曲，可那是社会背景造成的啊。因为，那时候，没有流行歌曲，能唱的歌，是革命歌曲，更多的是少儿歌曲。记得那时候，能偷偷听到邓丽君的歌多幸运（邓丽君的歌也不是都不健康啊，现在她的许多歌还在反复传唱着呢）。想当年，李谷一的一首《乡恋》（应该算是大陆流行歌曲的首创吧）让多少人为之动容啊。可现在，随处可听的都是流行歌曲。全民都唱都听，为什么我们的孩子就不能唱、不能

	听？再说，现在的孩子，音乐素养已经和我们那个年代无法相比了，他们整天都能接触到音乐，即便不上音乐课，他们的音乐素养也不见得低到哪里去。所以，小孩只能唱小孩的歌，这个观念我觉得应该要改，否则，我们音乐老师就是在自己为难自己了。如果他们喜欢唱、也能唱大人的歌，那就大胆地让他们去唱，在课堂上，至少我们的音乐老师还是可以把握歌词的内容吧。这让我又联想到一个问题：我们现在一直都在责备作曲家为什么不写少儿歌曲了，这也是历史发展的必然，写出来谁唱？没人唱谁写？这话再说，就扯远了。 今天本想简单说，结果反而说多了。许多话，可能偏激，但或许我只是想把问题谈透，并不见得我这个人的观点就一定如此偏激。大家有选择地听，是最好的。我主要是想引发大家来讨论和思考。
 Xiaoxi123：	一口气读下来很受感动！大家都在为学生的成长各抒己见。大家的观点都很好。通过学习，我有两点感受： 第一，美国的学分制是拓展学生的知识。 第二，中国的应试制是丰富学生的知识。 它们之间都有其存在的合理性，这与文化差异有关。
 薛　晖：	郭老师，谢谢你的"多说"，能理解你的偏激。这能让我们看清很多问题的实质。虽然可能一时还很难做到那样，但明确方向、理清思路后，教学行为也会随之改变，希望这种改变能带给孩子们一片新的音乐天地。
 玉　成：	感谢郭老师的精彩回帖！ 上周一直在厂里赶制一个东西，没能上网来学习。今天下午一直都在看，也有所思考。关于美国音乐课，郭老师介绍得相当详细了，看来教师的自主性还是非常强的。以学生为本，音乐课

	在老师的手里就会充满快乐，而以音乐学科本位为本，情况则可能会有所不同。注重学生的体验、参与，音乐更多感性，因此也与学生的情感联系得很紧密。想来，与雷默先生的理论应该是较为契合的。 不过，可能问题还有另一面。学科知识的结构也应该是一个重要的内容，我个人觉得是理性的，富有逻辑的一方面，似乎也应该有一定的位置。音乐教育的功能，如果在感性与理性方面严重不对等，也未必是好事。只是这一方面，我还没有学习完雷默先生的理论，不敢妄言。就我目力所及，布鲁纳的知识结构学说，还应该有一定的影响。想请郭老师谈谈这一方面的内容。对于音乐课的内容，无论是内容大于形式，还是形式大于内容，都应该有内在的逻辑依据，我觉得可能在这个依据的正当性上我们还要花些时间去思考。 前面介绍郭老师的文章，可谓著作等身，不过无形中可能也给了我们一定的压力。我写点感想，如果是手写的，肯定歪歪扭扭的啦。不过，郭老师说得非常好，也正如在郭老师的网站里的情况一样，对话、交流，会有更多的思想火花涌现。所以，版主在此呼吁：畅所欲言！（也算为自己壮胆呵。）
 郭声健：	好，又来说几句。每次来其实都是匆匆忙忙说的，毕竟我要做其他事情，还要完成自己既定的访学任务。但我会不时地看看有没有大家的回帖，特别是我怕有大家的提问，不及时回，让老师们等得着急。 关于在网上讨论问题，我也像玉成一样希望大家畅所欲言。千万不要以评判谁对谁错为目的，也不要怕自己说错什么，如果这样的话，我也根本就不敢说话了。学术问题，我一直跟学生讲，是没有什么对错之分的，它不是政治问题、道德问题。所以，我希望大家不是仅仅看看热闹，若这样，我都很难坚持下去的。 但这样的交流有没有作用呢？我个人认为，作用很大，这不是因为我在这里发言，而是因为通过这样的交流，可以澄清很多观念

上的问题。而这一点，我一直觉得，比让大家模仿一堂课更重要，而且重要得多。

我到美国后，对于这点，感受尤为深刻：如果只是从课堂结构、教学方法上来看的话，我觉得美国的音乐教学值得我们学习的真的很少。但是，看了他们的课，对我的启发却非常大，而这恰恰就是观念上的收获。上次谈到美国老师的工作量问题，我就准备说这样一句话的：从课时上看，美国老师非常辛苦，若我们像他们这样有如此大的工作量，我们会累死去；但从精力上看，我们的老师非常辛苦，若他们像我们这样有如此多的束缚，同样他们也会累死去。不知道，这句话老师们是否理解和认同。而之所以美国老师还并没有累死，我认为就是完全得益于他们的教学观念。但我相信，一旦我们的老师们突然之间要从第一节课上到最后一节课，只怕很多人会选择辞职了。

再谈谈玉成提出的问题：你说“学科知识的结构也应该是一个重要的内容，我个人觉得是理性的，富有逻辑的一方面，似乎也应该有一定的位置”。这一点我非常赞同。但是，我们反思一下我们的音乐教学，这方面又恰恰是我们最大的失败。我们越重视越强调它，效果就越差。新课改说要淡化知识技能，说得不好听，那不是因为此前的音乐教学这方面做得太好了，而是因为这方面做得太差了，却又没有办法去解决这个问题，所以，就索性淡化算了（我这话也是故意偏激点，我从来不曾说过这样的话）。不管是课改前还是课改后，我们谁敢说，我们的音乐教学给予和构建了学生的音乐学科的结构？恐怕谁也不敢说这种话。我们一直在努力这么做，但学生就是不领情，他就是不让你构建。这折射出的是一个什么问题呢？也许是我们构建学科知识结构的方法途径出了问题，或者是在这方面没有与学生达成一种基本的共识。这就好比给学生建一栋房子，你为了不让他去网吧，因为那里空气混浊，网上的东西又不健康，所以，我们就想着给他建个房子，甚至是别墅（享受音乐家的待遇）。但学生不要，为什么？因为住了好房子，他上不了网了，他宁愿在街上流离失所，享受自由，也不愿意被困在家里。那么，在什么情况下他会高兴地接受我们给他搭建的房子呢？前提就是不影响他上网，不影响他获得快乐。

可能上面这个比喻不一定很恰当，我是随便举的例子，没太思考。我想表达的意思是：只有当我们认为重要的东西学生也认为重要，只有当他欲从音乐教育中获得快乐这一点不受影响的时候，他才欢迎你去给他构建学科知识体系。但我们的音乐教学的确很难做到这一点。这样一来，我们就要理解学生了，我为什么要所谓的学科知识啊？没有这学科知识就会死人啊？我就要快乐！如果你的学科知识让我能够更好地体验到音乐的快乐，那学生当然会欢迎啊。这个道理，其实我早在《艺术教育论》一书中就谈过了，知识技能、学科知识结构等等，只有当学生认为需要的时候，只有结合在学生的艺术活动中传授和构建的时候，它才是有意义的。

所以，我一直认为，"淡化知识技能" 的提法是错误的，知识技能越多越好，它绝对不可能和审美对立，知识技能掌握得越多，审美体验的程度就越深刻。我们现在的问题是知识技能的教学出了问题，导致学生不喜欢，而这并不是知识技能本身出了问题。当我们对知识技能教学无可奈何的时候，有两种解决的途径：一种是改革，改革知识技能教学，让学生喜欢我们的教学；另一种途径就是放弃，我不教知识技能，问题不就没有了吗？于是就有了 "淡化知识技能" 的口号出现了。可是，其实谁都知道，第二种途径是一种不负责任的逃避态度，是不可取的。这也是为什么我们的音乐老师在新课改过程中，感觉不太适应的原因。明明知识技能重要，可为什么我们就不能教了呢，或一定要淡化呢？所以，说来说去还是那个老问题知识技能、学科知识体系，都是很重要的，是不能放弃的，我们面临的任务是如何改进我们的教学，一定要让学生感受到我学这些东西很重要才行啊，否则，他又会想，我不学这些东西会死人吗？

好，我们再看看美国。我稍微谈简单点吧：在美国，非常重视学生的音乐表现。学校的乐队、合唱队，因为本身就是音乐课程，所以，参加的学生多得不得了。而大家知道，乐队、合唱队，这就是典型的知识技能训练了。但乐队、合唱队给了他们充分的表现机会，这是青少年最为需要的啊。他们学到知识技能，是马上可以派上用场的啊，是可以在老师同学们面前、在家里、在社区充分自我表现

一番的啊。你说，这个时候，他们还认为学知识技能不重要吗?

我在前面介绍过了，美国的高中生，玩乐器的，基本上都能玩好几种乐器，这都是建立在自觉自愿学习、享受学习的基础上的。美国人太有自由了，他们才不吃你那一套强迫的东西呢，你逼他学，他偏不学，老师奈何不得他。当他们的乐器玩得那么好，当他们的多声部合唱唱得那么美的时候，我们还怀疑他没有学科知识结构吗? 这表明，学科知识结构并不是房地产商建房子，有了钱有了地皮就盖，先不管卖不卖得出去。学科知识结构这首先要征得你的构建对象的认可才行，只要他需要，就好办了。

再看看雷默的音乐教育哲学。大家知道，在美国，有两种所谓对立的哲学流派，即雷默的审美的音乐教育哲学和埃利奥特的实践的音乐教育哲学。其实我认为，也并不怎么对立，尤其是雷默在修订他的书之后，观点应该是比较接近的，不是明显对立的。我跟这边的教授们聊过这个事情，他们觉得更让人信服的还是埃利奥特的哲学观，当然这不一定是普遍的看法，他们觉得雷默的理论还是虚了点。埃利奥特的哲学观，很显然是强调音乐实践活动，离开音乐实践活动去谈审美，那是空谈。为什么埃利奥特的哲学观似乎更有市场，那是因为它更贴近目前的美国音乐教学实践。而且，美国的研究特别重视实证研究，这种纯理论的研究成果非常少（他们叫哲学的研究）。当然，雷默在美国音乐教育界还是很有地位的，毕竟是老一辈音乐教育理论家了，今年的全美音乐教育协会的年会，还为他颁发了终身成就奖。

又差不多花了我一个小时啊，就此搁笔。回头一看，错别字太多。都是打字的问题，大家见谅。

忍不住再啰嗦两句：我知道我讲的这些东西都不是什么理论，也都是老师们懂得的，不管对观点认不认同，大家只是没有说出来而已。我呢，主要是凭借不管是否是“水货”的博士和教授“头衔”，在这里“自信”一把，其实我和大家在这方面唯一的差别就是自信心。我希望也相信，如果我们继续讨论交流下去，迟早有一天我会变得不自信的。

Lh70：

郭老师！久违了，欢迎你的到来！我是Lh70，曾经在你的博客里留言过。在浏览你的博客过程中，被你的善思、勤耕、率真深深感动。为你自豪！为湖南教育精英自豪！也为中国音乐教师自豪！

陈　瑾：

看了郭老师的回复，我在想我们现在的音乐教学可否以器乐教学作为突破点来进行知识技能的教学呢？

其实，现在的很多中学生乃至大学生，都希望自己能够掌握一种乐器的演奏技巧，可以不是非常精通，但是能够独立演奏并能在众人面前表演。由于我国人口众多，不能像美国那样进行小班教学，所以当前只能更多考虑一些课堂乐器的演奏和学习。目前在我们国家的音乐课堂里实施的器乐学习主要有两种：第一种就是用一些常见的打击乐器为所学的歌曲伴奏；第二种就是学习口琴、竖笛等乐器（这两种乐器是目前我国中小学最为普及的乐器）的演奏。就这两种形式而言，第一种还不能算是一种严格意义上的器乐教学，学生可能刚开始有些新奇，但过一阵子可能就会对这种形式的器乐练习产生不满足感了。而第二种教学才是他们所期盼的，就我国目前的情况而言，能够学习音乐特长的毕竟还是少数。

说起来，口琴教学在我们上小学的时候就有，那时候老师教给我们吹的一些技巧，我虽然多年不吹口琴了，却还仍然记得。后来就是吹竖笛，我记得我大学实习是在湖北省的一所重点中学，学校的音乐教育开展得很好，学生每人都有竖笛，每次下课总有学生在走过讲台时问我们“老师，下次上课是否需要带竖笛”，当我们告诉他们不用的时候，他们的眼神里面明显有失望！说实话，我们在大学时根本就没有学过这个，自己都不会吹，后来我们问实习学校的老师学校的器乐教学是如何开展的，回答是每学期的最后四周每周一节课，学生盼这几节课就像是盼过节一样。可是，说实话，我后来看过某些学校的全体学生的竖笛演出，场面实在

	是非常浩大，可是却因为竖笛本身的音色并不那么动听，而让人少有美感，这样的器乐学习的成果可能也是无法让学生将此乐器伴随一生的。 所以我的想法是，我们需要一种音色动听、方便集体学习与演奏、方便携带的乐器，并保证器乐教学在当前音乐教学中的分量，将音乐知识的学习融于其中。
 玉　成:	今天早上去株洲听课，得知郭老师昨天回了长帖，所以赶回来第一件事就是来看，一口气读完。郭老师花了一个小时，我十分钟不到就学习完了，是不是有点太快? 从回帖可以看出我们与他们是两条线，虽然可能目标一致，但效果却有差别。从音乐实践出发，从学生最感兴趣的内容出发，学科结构照样可以有，而且更牢固。而我们的实践，虽然提得很高，实质可能只是点缀而已。音乐老师都累，但性质并不一样。不过，话又说过来，我们的教育环境目前还不会让音乐老师像他们那样累。 说到音乐技能，郭老师点中了要害。不是我们不重视，而是怎么重视都做不太好，所以只好绕开它。音乐学科存在的依据如果没有了技能这一块，很难说是充分的，根本绕不开。关键是我们如何把技能训练更加富于音乐性，更加贴近学生的心灵。记得原来郭老师曾经谈过教学艺术，实际上通过我听这么多课来看，老师们可能在这个方面比较缺乏。技能本来就应该是艺术化的，是从动人的音乐中得来的，我们为什么非要提炼出来，把音乐的汁液都先榨干? 无论怎样，雷默先生的影响是公认的，他的书也会有更多的人去读。 而从回帖中得到的最大收获，却还不是这些。郭老师的“信心”说，给了我最大的力量。在武汉学习的过程中，我就意识到了一个非常重要的方面：勇敢地发出自己的声音。虽然考博落第，但把这种意识加强了一下：怕什么，永远有不知道的知识，难道

	非要等到老得不能动的时候才敢发一次声？今日看到远在美国的郭老师又一次明确地鼓励，更坚定了自己的信心。我想，各位老师如果都能找到这种坚定和自信，至少可以生活得更快乐些吧！
 Dodozi：	来学习。 今天的公开课没上好，让孙老师见笑了哦……
 玉　成：	不是吧，赵老师，每次唱都那么打动我！课的事，另开一帖再进行讨论即可。我们主要请教郭老师，不能浪费宝贵的时间呵。
 陈　瑾：	各位老师，晚上好！我是郭老师的学生陈瑾。 在郭老师的网站上获知了这个论坛，感谢敬业的薛老师和孙老师给我们又提供了这样一个很好的学习园地！我们在日常的学习中深感对一线的教学了解太少，这个论坛里的很多内容都是一线的音乐教师们留下的，对于我们来说正好是非常有益的补充。我们大多数同学对中小学音乐教育的确没有什么教学经验，有时候写点东西，谈到中小学音乐教学的现状，要么就是来自于间接的经验，要么甚至是凭空想象。由于不了解情况，有时候对于现在的音乐教学的某些情况我们会表现得过于悲观，有时候又可能是盲目乐观，所以多到课程资源网上看看，真的是受益良多啊！ 我们到这里来主要是向各位老师学习请教，有时候也会留下一些不成熟的只言片语，请各位老师指正！
 郭声健：	既然上来了，尽管没有人提出具体问题，我还是自说自话几句吧。说说评课的事情，因为赵老师谈到了她上的公开课。 我看到赵老师的心情有些沮丧，表明老师们对所谓专家的“评

课”过分地看重了。我也评过课，记得那年薛晖老师在吉首搞全省的赛课活动，好几百人的现场，我上午下午评了两次（小学中学分开的）。评课，对于评课者来说，其实是很有挑战性的一件事情，最大的挑战在哪里呢？要让被评者口服心服，要让老师清楚自己的课好在哪里，问题又在哪里，要让大家知道怎么改进并获得启示。真不容易，而且，像我这样的自己又不会上课，却头头是道去给别人评头品足的所谓专家，只怕也不只我一个人。所以，每次评课，我一定要非常真诚地跟老师说：虽然我在评课，但并不表明我就能上好这堂课，我是肯定上不好的。若不把这句话先交代清楚，我就觉得自己缺少点做人的基本修养，对老师们的劳动成果不尊重。

但是，老师们也要理解，既然是评课，评课者肯定就会既肯定成绩，也指出问题，而这个时候，可能老师们的注意力往往集中在到底会提出什么问题这一点上了，会害怕因为问题的提出而全盘否定了整堂课。其实，正如我现在给学生看文章一样，一篇文章修改无数次，都可以挑出毛病的。教学同样是这样，你再怎么精致，绝对不可能精致到挑不出毛病。另外，让我们老师们去挑别的老师的教学上的问题，不也照样是非常简单的事情吗？挑不出问题，那才是真正的不正常呢。所以，我想跟老师们说，既要虚心听取专家们、老师们的评课意见，也绝对不要认为有个什么问题，就是件丢脸的事情。你能上公开课，你的课能让专家们去听，足以表明你上的课很不错了。

这是我今天要表达的第一个意思，安慰一下我们的赵老师，也希望老师们对这个评课有一个客观的认识。

我还想聊的一个意思是，到底什么样的课是好课的问题。好课，是评课老师说了算？是评课老师认定的？恐怕这只是一个方面。我觉得最有发言权的还是学生，还是老师自己。学生喜欢上的课，是好课；老师自己上课感觉轻松并很有成就感的课，是好课。

我在这边听了几堂在我们看来是传统守旧到了极致的高中音乐课。整个一堂课下来，学习的内容就是学生在电子琴上学弹几个小节的爵士乐（不过，那也是50多人的大班）。可以说，毫无教学设计和教学艺术可言，教学内容也是地地道道的技能训练课。老师在

	课堂上被学生唤来唤去，到处指导，并拿着个评价卡，即时地给学生打分，几个好学生也是临时充当了辅导老师。大致就是这样的过程。课后，我写下了下面这段话: 听完这两节课，我一直在想，如果我是学生，我喜欢上这样的课吗?其实很难理性地回答这个问题，因为，毕竟我只是听了一堂课，若考虑一年连续下来的200多节课，也许对这堂课的评价就不一样了。所以，如果排除理性因素，不考虑平常我们所持有的教学理念之类的条条框框，就凭感觉来回答这个问题，我还是会说，我喜欢。原因很简单，那就是:这样的音乐课既轻松愉快，又能学到点东西。这样设身处地换位思考，又让我产生了更多的疑问: 作为第三者，我们认定的好课，学生是否一定喜欢呢?我们认定的差课，学生是否一定不喜欢呢?
 邓　兰:	一口气读完所有的帖子，收获了知识，也启发了思考，同时也很感染于老师们对于音乐教育工作的激情和对问题不断钻研的热情，也感动于郭老师坚持对每个老师问题的细致回复。久未参与到论坛的交流中，我真实地感觉到了自己的落后，所幸什么时候开始都不迟，所幸说得怎么幼稚也不怕遭人笑话，因为学习才是最主要的目的。 关于音乐课堂引进流行音乐的问题，我也想在此说说我的一些想法。学生常常会对音乐教学内容不满意，表示更希望在课堂上感受到更多的流行音乐，但这也许并不是内容本身的原因，而是与我们在教学中对艺术内容的不合适呈现相关。假想一下，如果我们在让学生欣赏流行音乐时，不厌其烦地给学生讲解其中所反映出的道德倾向，折射出的社会现状，详细地、枯燥地脱离音乐本身来分析它的曲式结构、音符构成，我相信这样一来，学生对课堂上的流行音乐也不会有多大的兴趣。因为流行音乐的美已经被大大曲解了，那么同样的，学生不喜欢音乐课堂上的音乐，是不是也和我们没有合适地呈现音乐有关呢?使得学生无法从我们提供的音乐中得到应有的心理满足，而这种满足却可以从流行

音乐中得到。很多时候，我们只是看到学生喜欢流行音乐，却未曾细想，他们为什么喜欢。是因为流行音乐永远处于时代潮流的前沿、直白地唱出了他们的心声吗？的确如此，但这只是表面的原因，更直接的原因在于，在流行音乐面前，他们没有压力，他们可以主动选择自己的喜好，他们可以更自由、敏锐地感觉到什么样的流行歌曲直击他的心灵，以致于无法自拔。但是，这其实不是只有流行音乐才能给予人心灵的感觉，所有的艺术都应该是心灵的艺术，都能使人释放压力，都能契合人内心的喜好，都能让人的体验自由徜徉。可为什么，学生偏偏在艺术课所给予的艺术中，却总是很难获得这些呢？

另外学校艺术教育本来就要提供给学生在生活中无法很好体验到的艺术，以给他们单一的艺术生活注入大量新的活力，丰富他们的艺术生活。所以在选择流行音乐进入课堂的时候也一定要讲究个度，如果学生在生活中大量接触到的是流行音乐，而在学校艺术生活中也是大量接触到流行音乐，那么对于他们多元艺术素养的培养可能也并没有什么好处。所以，在适当地引进流行音乐进课堂的同时，是否更应该思考的是我们该如何采取学生喜爱的方式呈现艺术，我们该如何去读懂学生的艺术心理，从而在教学中营造与其心灵相合的艺术氛围，这样无论是从教学内容还是学习心理而言，都不构成学生不喜欢艺术课的主要原因。

当然，我的实际教学经验十分的少，所言可能并不符合实际情况，也许只是一种想当然的思考，因此我很希望各位老师和学友多多批评指正。

心之旅：

是啊，我非常同意邓兰的观点。教学内容的选择一定需要音乐教师进行理性的思考。

流行音乐之所以那么深受广大学生的喜爱，除了其本身的音乐语言十分契合学生的心灵律动、易于让学生接受外，更重要的一点，应该感谢影视音像等媒体的宣传作用，这些流行音乐在不经意之间就让学生耳熟能详，如数家珍了。所以，课堂教学再度引进流行音乐，是不是一种资源浪费啊？

我想作为音乐教育工作者，应该更多地去考虑如何最有效地利用有限的音乐课堂教学，要用心挑选出经典的音乐作品去滋养学生的音乐生活，提高学生的音乐素养。当然我们不反对在课堂中提及流行音乐，甚至也可以去赏析点评流行音乐，但绝对不应为主流。

音乐教育工作者除了要发现学生的音乐兴趣点，更重要的是要去有意识地引导学生的音乐兴趣，提高学生的音乐欣赏品位。一味地去迎合学生的兴趣就失去教师之为教师的根本意义了。

郭声健：

针对上面我的两位学生对流行音乐进课堂的观点，我在自己的网站论坛上谈了一点看法，但不是针对流行音乐本身的，而是由此引发的思考。

我想如果一个小孩子不懂事，很任性，任性到他就只喜欢吃所谓的“垃圾食品”肯德基，其他东西都不吃，宁愿饿死。可父母明知肯德基没有营养，应该吃米饭才好，这时，父母可能有三种办法来解决这个问题：一、不吃米饭，就让他饿死，不管付出多大代价，反正不再给他买肯德基；二、就让他吃肯德基，营养就先不考虑了，别因为饿肚子而严重伤害了身体；三、先还是适当给他吃点肯德基，但不能让他吃饱了，得让他有饿的感觉，但又不至于饿死，但通过吃肯德基又吊起了他的胃口，然后伴之以晓之以理动之以情的引导。可以肯定，一个正常的父母，第一个办法是绝对不会被采用的；一个明智的父母，也是不可能把责任全部推给肯德基，而去起诉肯德基的。

上面肯德基的问题，还的确存在营养不良的问题，吃多了可能对身体有害。由此我想请教大家一个十分愚昧无知的问题：我们想尽千方百计，通过音乐教育提高学生的音乐修养和审美品位，到底是为了什么？

在中小学音乐课堂上，让学生享受经典的、高品位的音乐，想法很好啊，这是我们所有人的期待。但这里面还是有一个观念问题没解决，当然这是从我的角度来看，也是从现实的角度来看的。我

们的音乐教育到底要干什么？当我们的学生不喜欢你那一套的时候，你是首先让他喜欢你那一套，还是不管三七二十一，强制性地非得让他接受你那一套不可呢？如果现在的学生在课堂上喜欢我们精心挑选出来的、我们认为很有必要掌握的经典音乐作品，那这个问题还需要讨论吗？我不是因为我自己的音乐修养水平不高，才说这样的话。我们音乐教学的最大的问题，还是我们从根本上并没有从学生出发，而是从音乐出发，或者是从自身出发，来设计我们的音乐教学的。

“音乐教育工作者除了要发现学生的音乐兴趣点，更重要的是要去有意识地引导学生的音乐兴趣”，这句话怎么说呢，我认为，发现学生的音乐兴趣点，目的就是要引导学生的音乐兴趣，就是要提高学生的音乐欣赏品位，而不是去一味地迎合学生的兴趣。

还有，多少年来，我还是坚持自己的一个很愚蠢的观点：我们不要把音乐教育设计成一种先苦后甜式的教育模式。你跟学生讲：我知道大家只对流行音乐感兴趣，对高雅音乐没兴趣，但是同学们啊，现在苦一苦，哪怕你不喜欢，不感兴趣，多听点高雅音乐，将来会有好处的啊！傻瓜学生才吃你这一套，学生需要的，就是现在要快乐。音乐教育现在不能给学生快乐，还指望未来给他们快乐？假如说，在学生意识中，音乐课能够像语文、数学等课程一样，直接关系到他的升学，我想也用不着老师苦口婆心去劝说，去花大精力培养他们的兴趣，让他们喜欢了。这就是音乐课与其他课程的最大差别，我们首先得给予学生的是此时此刻的快乐，不要把我们的教育期望定位在若干年之后。至少现在的事实表明，我们的音乐教育，根本就没有那么大的深远影响力。

这让我也想起我自己指导研究生。我很欣慰的是，跟着我三年，很多学生都有实质性的提高，可是我们师生之间都知道，这种提高是怎么来的，是我骂出来的，是被我逼出来的。我为什么敢骂他们，敢逼他们，那是我找到了他们的软肋：他们必须毕业，他们没有勇气放弃学业，或半途而废。但是，我们的音乐老师能这样对待我们的学生吗？不能！因为，学生最清楚，不上音乐课，也不是什么了不起的事情（我也觉得是这样）。所以，当发现学生不喜欢自己的课的时候，老师必须想办法去讨好学生，当然这中间就包括适当的迎合

	学生的音乐兴趣。 其实，任何事情都是一样的，不要把简单问题想得太复杂了：要让人接受，就先要让人喜欢。就像找对象，你要想你中意的人接受你的爱，并最终和你走进婚姻殿堂，当还没有感情基础的时候，你一定得想办法让他喜欢你，愿意接受你。你明知他喜欢打麻将，这不是个好事情，但你先也要陪着他玩玩再说，因为只有这样，你才有同他进一步接触的机会，才有让他喜欢你的可能（流行音乐，姑且就把它比作是麻将吧），当他一旦跟你相处的时间多了，发现了你这个人真的不错，这个时候，你的吸引力自然就比麻将大了，你就可以让他陪你玩高雅的东西了（比如说整天听高雅音乐）。 我打这个比喻，是想说明，当我们的学生不喜欢音乐的时候，我们首先要让他喜欢音乐（不管是什么音乐，只要是真正的音乐，就不存在什么下贱的音乐）；当我们的学生不喜欢上音乐课的时候，我们首先要让他们喜欢上音乐课。可能是我太不了解目前的音乐教学实践了，还是以十年前的眼光来看待的，或许，现在我们的学生都非常喜欢上音乐课了，那我们就一定要多给他们一些高雅的音乐，因为营养价值高啊。不过我打的这个比方，有些不完全妥当，找对象可以死缠烂磨，我永不放弃，你反感我我也不管，我反正就这么缠着你，相信总有一天会感动你，坚持就是胜利嘛。可是，我们的音乐老师，只怕没有这么多时间去磨学生，如果学生不反感你磨他，那只怕等到你磨出效果来的时候，他早就毕业了。 搞了这么多年的音乐教育研究，我真的越来越觉得自己的无知，这种无知主要体现在，现在根本就搞不清楚音乐教育到底要干什么。说了半天，其实想说的可能就是一句话：不让学生喜欢自己的音乐课，目标最伟大，都没有意义。 流行音乐的问题，的确是个老调重弹的问题。最近在论坛上讨论这个话题，可能是因为我介绍美国的中小学音乐教育所引起的。我不是个崇洋媚外的人，从不认为美国的东西都是好的，而且我说了，若从教学形式、教学设计等角度看，美国的音乐教育真的可能还比不上我们。但是，很多的观念，我们不得不承认，是有可借鉴之处的；而现实的差距，我们也更是不得不承认的。不说从普遍角

度上讲中小学生在器乐方面的差距有多大了，只说歌唱水平，那真的不夸张，我们的学生和他们比差距很大啊，这可不是我一个人的看法。小学二三年级学生能唱三声部歌曲，这是我们亲眼所见的，这就是正常水平。我在上边的帖子上解释这个问题时就说了，他们的演唱水平这么高，原因就是歌唱得多，小学一年级的孩子，一节音乐课至少都唱了三到四首歌。不过，的确，他们唱的，基本上都是流行歌曲，我不敢说他们是因为唱流行歌曲才使得他们的歌唱水平高的，那会招致一片批评声。但我起码可以说，唱流行歌曲，不会招致他们的歌唱水平降低。我可以把他们歌唱水平高的原因归结为天生的，或许这样的观点大家容易接受。

这话又扯远了，其实我是想说：从流行音乐成为音乐教育争论的话题开始，几十年来，基本上都是在争论流行音乐能不能进课堂，要不要进课堂，多少比例进课堂的问题，至少我到现在为止还没有发现有人提出来：中小学就只要学习流行音乐就可以了。然而，不管有没有人提，这个问题现在似乎已经成为了人们批判的靶子。由此看来，学术研究的确是很有趣的。

从上面的帖子中，我刚又想到了一个好选题啊，只可惜做不出来。专业音乐工作者，绝对是高雅音乐的代表，如果能够调查出他们和其他非专业音乐人士的幸福指数的差距，那就真能说明问题了。（当然，最好要调查出其幸福指数中到底有多大比例是高雅音乐所带来的。）

邓　兰：

郭老师上面问道，“我们想尽千方百计，通过音乐教育提高学生的音乐修养和审美品位，到底是为了什么？”这个问题的确令人困惑，因为同时还有一个问题似乎是无法得到准确答复的：究竟凭什么判断学生的音乐修养和审美品位的高低呢？我们不是总是说音乐教育主要是让学生获得审美的体验，让学生的心灵在艺术的海洋中自由徜徉吗（这个似乎不需要教，学生自己在平时的音乐生活中就能得到了）？我们不是说在音乐面前怎样的体悟都是应该被尊重的，都是没有高低贵贱对错之分的吗？也许我们的教学

	不但不是提高了学生的音乐修养和审美品位，反而是在学生和音乐之间横插了一杠，让本来喜欢音乐的学生，本来期待在学校音乐课堂上能够得到更丰富的音乐生活的学生，因为失望又退回到原有的状态中去，甚至厌恶音乐课堂了。 我说的十分幼稚，完全是此时兴起的想法，请各位谅解。
 郭声健：	你这个问题不幼稚，问到点子上了。本来在美国时间的今天上午，我就打算把这个问题提出来的，是一模一样的问题。而且我会以自己为例，来彻底剖析一番我的音乐修养和审美品位到底怎么样，想为了搞清这个问题我也不怕丢人现眼。但后来还是忍住了，因为，今天我发言太多了。不过这个问题，将来某个时候冲动了，可能还会说说。
 月过无痕：	非常喜欢咱坛里的氛围，每个角落都弥漫着民主上进的气息。钦佩郭老师款款道来、循循善诱、耐心细致的指导，被薛姐姐、孙哥及各位老师辛勤、真诚和全面的探讨而感动。 感觉美国音乐教学是目标与行动一致，说到做到；而国内是目标理想是一套，客观实际是一套，理想与现实严重脱节。 我想请教郭老师，美国中小学音乐教学的评价体系是怎样的？用何种形式考核教师的工作和评价学生的学习？对于教师的敬业精神，您觉得是出于职业道德的责任、投身事业的热情，还是有一种评价机制或者环境氛围激励约束他们？对于学生学习的评价，既然没有统一的教材，教学内容相对自由，那么实施定量评价有什么样的标准？
 玉　成：	现在不快乐，将来也未见得快乐，这句话对于音乐课堂上的学生来讲真的很重要。 我们对于流行音乐进课堂，到底进行过多少严肃的学术研

究？好不容易引进一点内容，还把它们当成经典教，无意中还是“流行中的经典”，那还是经典。这些作品，是老师眼中的流行，其实可能学生从来都没有听过，那只是他们出生以前若干年流行的而已。不信调查一下，现在还有多少学生熟悉张学友这个“歌神”呢？

我们担心流行歌曲质量不高，流传不了太久，只觉得经典内容可以传之久远，很多年后再听仍然感动，等等。其实，此流行伏，彼流行起，各流风骚于一时，还没有等到我们担心的那个时刻，新的流行歌曲已经风生水起。流行，就是流行，永远有新鲜血液补充，否则就不能称为流行了。这是否也可以理解为不断创新？经典就那么多，对于当下的我们而言，增加的频率和数量基本可以忽略不计，那么学生就体会不出更多的创新。

唱流行歌曲，如果重在体验，训练歌唱技能，很好。流行歌曲或可看作是工具，反正是流行嘛，等到不流行的时候，我已经掌握了丰富的技能，也不可惜。你再给我严肃音乐，也有了一定的基础，易于接受些。

最后忽然想到，还说不定谁更长久呢。流行就像太阳，每天都会升起，不以任何人的意志为转移，而经典有时还做不到这些。郭老师觉得呢？

Caoqirong:

哈哈！一天没上论坛，还真跟不上大家了，好热闹呀。我在这说不上什么道理，只想把看到的现象和大家分享，更盼望听到郭博士深层次的见解呀。

今天参观了一所纽约比较好的小学，学校有 60 多个种族，22 种语言的孩子，他们分尖子班和需辅导的班（主要是母语不是英语的孩子），尖子班有更多的课程，满足孩子们“吃饱”，需辅导的班会有更多的老师关注他们，家长也非常满意。因今天这所学校的音乐老师请假了，遗憾没得到音乐方面的信息，但可贵的是，我们不管走到哪间教室，老师都在轻轻地播放着各种音乐，调剂课堂气氛，有古筝曲，有轻音乐在伴着孩子们看书写作业。孩子们在优美的音乐声中，非常安静……校长介绍说，学校以音乐艺

	术来辅助教学，效果很好。
 郭声健：	谢谢曹老师跟我们大家分享你的所见所闻。 玉成这段对流行音乐的论述真的不错，很能说明问题，我很喜欢。但比我更赤裸裸，会有人不以为然甚至反感的。其实争论流行音乐和经典音乐，都解绝不了问题，也不是问题的实质。本质的问题，还是要弄清楚，我们音乐教育的目的到底是什么? 月过无痕提到的问题，其实我也了解不多，再一个我也不是很清楚老师你指的这个“评价体系”的涵义。我曾就这个问题专门了解了一所高中学校的情况：该校每六周有一个各科成绩公布，成绩单是要学生带回给家长的。这里面就包括音乐课程的成绩。那么每六周就有一次成绩这意味着什么呢? 每六周的成绩又是怎么出来的呢? 前面一个问题其实表明他们的评价是一种地道的过程评价，而不是我们的最后那一锤子买卖。第二个问题，影响成绩的因素或成绩的来源有这几块：第一块是课堂的音乐表现，比如老师布置学生练习演奏一段小乐曲，那是要考核的，老师每次都会给一个具体的分数；第二块是叫做 presentation 的形式，这是美国最常见的一种活动形式，大概意思是“报告”“陈述”“演讲”(其实都不很确切)，就是老师布置给学生一个作业，类似于研究性学习形式，学生在课外完成，然后在课堂上交流，一般都是制作了课件或打印了资料，这是一个很重要的评价项目，老师也会给一个具体的分数；第三块是考核平常的出勤情况，包括是否有迟到缺课情况。大概就是这几个成绩加起来，就有了每六周的一个成绩了。当然有了这个成绩，学期的成绩也容易出来了，可能最终还参考一下一个学期来学生对某些课外活动的参与表现情况。我要说明一下，这只是一个学校的操作模式，到底有没有通用的操作模式，我不得而知。 另外，我还通过收集相关的资料或观看录像，得知另外的一些评价方式，这都是讲对学生学习效果的评价。包括：教师组织学生聆听一段音乐，让学生在听完这段音乐后写出自己的感受，并记录下这段音乐的主要旋律。教师与一个一个学生的直接对话交流，

这是在教师办公室进行的，交流的话题很广泛，涉及到学生对音乐与音乐价值的理解、对一个学期来学生自身在音乐方面所取得进步的全面回顾、对老师音乐教学的评价等。还有的评价方式包括：学生撰写关于所听音乐会的专业点评文章；学生撰写的班级音乐日志；学生聆听音乐会后的问卷调查答卷……应该说，对学生学习评价的方式，和各个学校各个老师的教学方式与教学内容是直接关联的，由于学校和教师的教学本身就是五花八门，所以，评价方式必然呈现出百花齐放的态势。不要以为每个州有一个音乐课程标准，就会搞统一的评价标准，我们有一个国家标准，可实际上对学生音乐成绩的评定，并没有按照那个标准来，一回事。老师说“对于学生学习的评价，既然没有统一的教材，教学内容相对自由，那么实施定量评价有什么样的标准？”这个问题，实际上我在上面间接地回答过了。这是不可能有什么量化评价的统一标准的，想想看，我们既有国家统一标准，更有国家统一教材，我们也没有办法实施统一的量化标准，美国怎么可能有呢？

关于“用何种形式考核教师的工作”这个问题，我还真不清楚。我想应该不会对音乐教师有什么特别的考核标准，对各科教师都一样。但有一点我想说的是，这边的老师，工作量那么大，我想也不可能有像我们那样的这评比那比赛的，这方面不太可能作为老师工作的考量标准。“对于教师的敬业精神，您觉得是出于职业道德的责任、投身事业的热情，还是有一种评价机制或者环境氛围激励约束他们”这个问题，恐怕三言两语也讲不清楚，这更多属于人事聘任制度的问题。教师的敬业精神，那的确是没得说的，为什么这么敬业呢？为什么这么投入呢？当然是教师喜欢这份工作，是一个方面，因为不喜欢，就走人了。但是，恐怕不敬业、不投入不行啊，随时都有可能失业啊。这边的用人制度是非常简单的，只看你工作好不好，不看你跟领导关系好不好，校长如果很赏识你，那是因为你工作好。但至于到底怎么衡量工作好不好呢？现在，《不让一个孩子掉队法案》要求阅读和数学两门课程州里组织统考，这个成绩对数学老师和阅读老师是有考量价值的，其他的学科，尤其像音乐课程，给学生的成绩是不具有可比性的。这个时候，音乐教师是否受学生

	欢迎，是否受家长欢迎，是否敬业（这也是可以观察得出来的）等，可能就成为主要的评价指标了。对于这个问题，也许这边并没有我们想象的那么复杂，因为，这样的用人制度，老师不太可能不敬业，除非你不想干这份工作了。但我们的情形不一样，因为，实际上还是一个铁饭碗，工作搞不好，我就花工夫去搞好领导关系，工作搞不好，只要不犯大错，就不会被开除。 啊？月过无痕原来是曾月啊，这么雅致的名字，我还以为是哪位老师呢，害得我对你这么客气。
 玉　成：	期待着《美国音乐教育考察报告》的早日面世，那样对美国音乐教育会有更全面、深入的了解。郭老师曾说过，在那里听过不少音乐会，能否就此谈谈？毕竟长沙的音乐会不是很多呵。另外，不知郭老师留意过那边的出版没有？ 月过无痕，难道悄悄从办公室里飘了出去？多谢夸奖啊。真切感受到你的成长，一起进步呵！ 关于背景音乐这一条，真的是让我眼前一亮。在上学的时候，曾经想过，把背景音乐引入课堂，也算是隐性课程的一种具体细微的形式吧。只是，我们这里似乎还缺乏这种对音乐的理解与宽容。一位师妹要写这方面的论文，几易其稿后，在开题时还是放弃了。理由是，这种背景音乐很难跟教育联系到一起。我觉得比较遗憾。郭老师对此怎么看？
 陈　瑾：	讨论得真是热烈啊！ 到底什么是流行音乐？有人理解流行音乐和通俗音乐是一个意思，而实际上现在学术界并不认同这种看法。我们现在希望学生喜欢和学习的民歌小调也曾经就是某一个时期的流行音乐，而现在的学生却并不一定会喜欢它们。流行音乐的流传应该是具有时间意义的，这个时间意义的长短并不确定，有时候可能是很短的时间，有时却有很长的生命力。

看看我们引入音乐教材中的流行音乐，的确如孙老师所说并不是我们现在的中小学生眼中的流行音乐了。我们的希望是将流行音乐纳入音乐课堂中，拉近学生与课本音乐的距离，而实际上学生并没有领情，因为这些在他们眼里也已经是老歌重唱了。

另一个方面，我们先来说个例子，青年歌手大奖赛可以说我们学音乐的人都会愿意去听，可是如果说这些唱法中你最喜欢听哪种，我相信大多数的人都会选择通俗唱法（这次的比赛改成“流行唱法”了）。这是为什么呢？其实关键还是演唱形式的多样化，和情感表达的丰富性，他们的表演看起来比其他唱法更真、更投入，而多样的表演形式又为这种演唱增强了更多的可视性。其实我们可以把这种体验借鉴到中小学的音乐教学中来。没错，流行音乐是进课堂了，可是他们进课堂的形式是怎样的，老师们又在用怎样的形式来介绍这些课本中的流行音乐呢？如果现在我们都假设这些流行音乐都是学生所喜欢的流行歌曲，而教师还是以原来的方式来教学生演唱或欣赏，就会出现一些新的问题。学生学习流行音乐的途径大多数情况下都是在各种场合听到了这些歌曲然后模仿来演唱，课堂上再教，有时候就会出现他们都已经会唱这些了，从而打乱了教师事先设计好的教学节奏。那如果是欣赏呢，欣赏的是学生很熟悉的歌曲，学生就不太会安心欣赏了，很多人都会自发地随曲演唱，这又打乱了教师的设计。我们都说要以学生为主体，可是真正在做的时候，又有多少老师是把自己放置在学生的位置上去想想他们需要什么，或者他们需要什么形式的音乐教学。我们的音乐教学是否也需要向流行音乐学习一下，不要再那么多的模式，而多来一点百花齐放？

再来谈谈孙老师说的背景音乐的话题。

郭老师曾经启发我们做一些个案研究，这是音乐研究的一种很重要的思路，目前我们国内这种研究不是太多了，而是太少太少了。

其实背景音乐就可以作为一个长期的个案研究的项目，这种研究，基层的老师更有便利哦。找几个当前基本情况相当的班级进行长期对照研究，看看没有背景音乐的班级和有背景音乐的班级在学习效率、学习动机、学习成绩、课堂反应等方面是否存在

	明显差异。我个人觉得这样的研究课题从实践出来，而不要从理论到理论，就是有价值的课题。 不过现在做论文，很多人会选择比较保守的题目，也许新意不多，但是过是没有大问题的。这种观念的滋生，对于研究本身肯定是驻足不前的。
 郭声健：	陈瑾对流行音乐的论述，同样很有道理，而且说到点子上了。我在上面的帖子里也涉及到了教师为本的问题，的确是这样：第一，我们的老师，辛辛苦苦备课，结果因为教学内容可能学生早已熟悉了，教学的进程不能按老师的既定方案前进，老师可能就难以接受，就会想，为什么你要了解我教你的这些东西呢，害得我现在都不知怎么教了；第二，我们的老师，还是简单地把音乐教学理解为就是教学生不懂的东西，这个观念不改变，我们的音乐教学质量永远就不可能有实质性的提高，也许我这话讲重了点。正是因为有了这个概念，才使得老师无法接受自己在课堂上让学生来表现，老师没有教学生不懂的，那不显得老师很无能吗？所以，流行音乐，刚好撞到老师们的枪口上了，因为，流行音乐学生都熟悉。我们不妨设想一下，假如目前京剧像流行音乐那样普及，学生熟悉得不得了，老师可能照样会对京剧头疼的。 为什么一定要让我们的学生永远停留在白痴的水平上，我们才高兴呢？究其根源，还是因为学生懂得多，就革了老师的命。我想，一些口口声声高雅音乐挂在嘴边的人，一旦进了卡拉 OK 厅，只怕也专拣最流行的歌来唱。如果我说，让我们的音乐课堂，成为学生的卡拉 OK 厅吧，估计会有很多人说我简直胡说八道。但仔细想想，如果我们的音乐课堂真正能够成为学生的卡拉 OK 厅，那才是学生真正的幸运。卡拉 OK 厅里，没有老师，学生自学成才，有多少老百姓的歌唱水平就是从这里训练出来的；卡拉 OK 厅里，没有评委，学生无需表演，尽情用音乐表达自我、体验音乐就行；卡拉 OK 厅，是个舞台，学生谁都可以上去一展自己的歌喉，学生在那里体验着从音乐教室里解放出来的感觉。

我们可以比较一下卡拉 OK 厅和中小学音乐课堂的实质性差别是什么：是歌曲体裁的不同吗？不是！卡拉 OK 厅里储存着上万首的歌，流行的、美声的、民族的、经典的、中外的、戏剧的什么都有，比教材上的经典歌曲更经典，当然比教材上的流行歌曲更流行。是教与不教、学与不学的差别吗？也不是，别以为只有学校课堂才是教学的地方，才是提高人们音乐修养的地方，在这里有老师，那是卡拉 OK 本身，有学生，那是演唱者，就如我刚说的，多少老百姓的歌唱水平就是从卡拉 OK 厅里提高的。为什么学生会唱这么多歌，我实在没有教他们？其实老师们都是音乐行家，最清楚个中原委，歌曲最佳的学习途径是听，是跟唱！我在纽约这里听了小学一年级到五年级的课，竟然几乎听不到老师一句一句带领学生唱的场景。这足够说明问题的了。

那么，学校音乐课堂和卡拉 OK 厅实质性差别到底是什么？我个人认为有两点：一是学习方式的改变，在卡拉 OK 厅，那是真正的自主学习了，其实我们都知道，音乐又不是什么高科技，一旦学生来兴趣了，对于中小学音乐教学内容来说，再复杂的乐理知识都变得简单了，自学是完全有可能的，我是指业余水平，我们的学校音乐教育本来就是让学生具备业余水平；二是卡拉 OK 厅为学生提供了音乐表现的舞台，也为学生提供了音乐鉴赏的机会，而这一点，恐怕就是我们的学校音乐课堂最致命的问题。

我每每回想起在这里听的几堂小学音乐课的场景，我就感动：老师把手一招，20 来个学生，紧紧地齐刷刷地围着老师和钢琴站着，在老师的伴奏下开心地唱歌。那哪是老师在教他们啊，老师充其量就是个伴奏，主唱是学生。一堂课下来，老师的吉他很少离手，随时随地给学生的演唱伴奏，即便发现学生唱得不好的地方，也更多是让学生跟着自己的歌声一起哼唱。在高中，我也看了他们的合唱队的课（那就是普通的音乐课，不是我们的课外活动），合唱队员们索性都站在教室里的合唱梯台上，唱得多来劲、多投入啊，老师呢，主要的任务就是伴奏和适时地指导。

上面发言的两位老师都说得好，当我们把学生熟悉的流行歌曲看着是提高学生音乐表现能力的一种工具时，它就不再是“毒药”了。

	同样的道理，流行音乐，照样也可以成为我们音乐鉴赏的一种工具。这一点，我就不多说了，我翻译了一篇文章《美国偶像进课堂——一条鉴赏音乐的新路》，写得很好！有机会大家可以看看，我即将出版的书上会有这篇文章，以及对这篇文章的评价。大家知道，“美国偶像”就是美国的“超女”、“快男”（“超女”、“快男”据说就是模仿这个节目做的），美国的音乐教师可并不像我们这样排斥这档节目，不仅不排斥，还很追捧。小学课堂上，我都会听老师在激励学生时说孩子们想不想做“美国偶像”啊？学生异口同声回答：想！ 　　好啦，关于流行音乐的问题，我不再发言了。因为，仔细想想，它的确不是音乐教学的根本性问题，可能只是我们习惯于把我们的音乐教学的不成功（甚至失败）要找一个替罪羊而已。好好审视我们自己的教学，真正从观念上进行调整和转变，肯定比总是把责任推给别人要好。 　　因为上面这个帖子耽误了我的时间，玉成的几个问题，我就简单回复了。 　　一、研究背景音乐对教学的辅助作用，这是一个好题目，在国内还是一个新题目。在美国，与这方面相关的研究比较多，当然，不仅仅是让学生在其他课堂上听听背景音乐了，他们现在很强调音乐和其他非艺术学科的融合，不仅仅是要求音乐老师要注意音乐和别的学科的联系，而且更强调其他学科的老师，在教学中运用音乐。尤其在小学，这边不硬性要求音乐老师是专职的，在小学教师教育阶段，他们就为了能够胜任未来兼职音乐教师工作，有专门的音乐课程学习。这一点，我在前面的某个地方好像介绍过了。 　　二、这边的出版物，我没怎么留意，我也不想分散自己的精力，我是以音乐教育教授的身份来美国访学的。并且我给自己的定位主要还是老师，而不是编辑。 　　三、关于音乐会，也不知从何介绍起。听了几场音乐会，也看了好几部音乐剧，最深切的感受，恐怕还是下面这一点：高雅音乐并非高雅之人独有啊，也并非我们想象的那么庄重，比方要穿着正式啊，真的不太讲究这些。尤其是音乐剧，那就有一点类似于我们长沙的歌厅文化了，除了不准拍照，要关闭手机之外，其他我看都

	很随意。当然，观众肯定不可能在里面叽叽喳喳、交头接耳的。但是，看到开心时笑，听到激动时鼓掌，这些都是非常随意的。所以，感觉很放松，没约束。这就是我最主要的感受。 另外一点呢，就是老年观众多，真正的年轻人很少。不要以为这里的中小学生就都喜欢这些高雅的东西，跟我们国家的学生一样。有一次我几个朋友去看音乐剧（是《歌剧魅影》，因为我看了，就没有陪她们），刚好赶上是中学生包场，朋友出来跟我说，好多学生就在里面睡大觉呢。对了，我看了一场很特别的音乐会，是纽约爱乐乐团为 3 ~ 6 岁小孩子专门举行的音乐会，这个就非常有特色了，我的博客上有介绍。《人民音乐》2008 年第七期登出了这篇文章。 又及：薛晖老师，如果老师们能积极参与交流的话，我有信心和兴趣把这个帖子维护好。我有个建议，可否把这个帖子的标题改为“与郭声健等对话音乐教育”，这样大家才可能更踊跃地发言。如果是“欢迎来指导”的话，大家礼节性地鼓鼓掌就散了，我也就走人了。因为，这标题只能由发帖人改，所以还得辛苦你一下。 关于流行音乐的话题，上面讲了不再谈及。但在我自己网站的帖子上，依然还有几位同学在讨论着，我又忍不住多嘴了。现在把相关的几个帖子再复制过来，供老师们批评、交流。
 杨　丹：	看了这系列发言，我的感触很多。尽管十一点多才下火车，但还是忍不住想说两句。我教大二的音乐鉴赏课快一年了，虽然面对的不是中小学生，但我认为道理是一样的。在课堂上，凡是涉及与通俗音乐相关的内容时，我能明显地感觉出学生的积极性很高，而在讲授对他们来说相对陌生的古典音乐的内容时，就感觉要困难一些。所以，有段时间我甚至把通俗音乐当作“灵丹妙药”一样，不管讲什么内容，都要去找找有没有相关的通俗音乐，好像不弄点通俗的东西来吊住他们的胃口他们就会没兴趣一样。而最后到复习的时候，事实也说明，我用了通俗题材做引子或穿

	插的内容都给他们留下比较深刻的印象。但是我有时候会问自己，如果没有这些通俗性的内容来开路，情况会怎样？难道一讲古典音乐就得依赖通俗的东西来吸引学生吗？这样做究竟是好还是不好？ 另外，我鼓励他们自己在课后准备他们喜欢的任何内容，做成 PPT，在上课时来跟班上的同学分享。这个举措比较受学生欢迎（说实话，我这是自己找麻烦，这样就把我的教学计划和班级进度打乱得一塌糊涂，我有 10 个班，但不代表这 10 个班上台讲课的同学是同步的），出乎我意料的是，不但有很多同学愿意上来讲课，甚至还有些人准备得非常好，有上芭蕾的、豫剧的、云南民族音乐的、约得尔调的等等。有些课件还做得很成熟，虽然讲课过程不见得多完善，但是听课的同学积极性还比较高，讨论也还比较热烈。但是我又在想，这样的形式能够让学生参与，也有一个较好的课堂氛围，上课过程中也有音乐审美的体验，学生们看上去也还挺愉悦，可是，这种愉悦感是来自于音乐，还是来自于对于同学讲课的新奇，或是来自于能自主参与的快乐呢？这种形式是否会影响对于音乐知识内容的掌握呢（因为学生的课件可能在音乐知识上不很完善）？就像邓兰姐前面说的，即使学生们自己准备的内容不见得很高深，但对音乐的感受和体验不分高低贵贱，我们也许不应该在中间插一杠子。我觉得也是这样，但是我还是会怀疑，不插这一杠子会不会让学生上过课之后像过眼烟云一样就忘了，还是说课堂上的体验和感受的过程（不管是通俗还是经典的），比他们记住的音乐知识更重要呢？ 我在这之前没有过音乐教学的经验，这一年时间也不断在摸索，而且应该还有更长的摸索过程。看了老师们的发言，我结合自己的教学实践谈了一点看法，可能很幼稚，有些方法也不见得很合理，请大家指正。 还想说一句，前面郭老师说的："专业音乐工作者，绝对是高雅音乐的代表，如果能够调查出他们和其他非专业音乐人士的幸福指数的差距，那就真能说明问题了（当然，最好要调查出其幸福指数中到底有多大比例是高雅音乐所带来的）。"正好我昨天

	还和梁丽丽在讨论这个问题。首先，毫不避讳地说，我去卡拉 OK 是只唱流行歌曲的，而且非常爱唱。其二，关于幸福感的问题，我们每天口口声声肖邦、莫扎特、昆曲京剧，说句良心话，我们对这些音乐的热爱程度与精通程度也许不如一个业余的音乐发烧友。音乐专业的人爱流行音乐，非音乐专业的人精通古典音乐，这种现象是存在的。这种幸福感的差异也许真是个有趣的话题。
 郭声健：	哈哈哈，有意思。我上次跟儿子在网上就音乐的问题，对话了近三个小时，我明显感觉对音乐尤其是对流行音乐的了解，我还远不如他多。幸亏我还会讲点大道理，所以也能对他有些启发。 杨丹关于让学生做 PPT 的事情，非常好。请你不要怀疑这个事情是否会对学生在音乐方面有什么影响。若有影响，也请你放心，绝对是积极的影响。只要他们做的东西与音乐有关，就肯定没错。这就是这边盛行的 presentation。杨丹老师好好干，一定会成为一个很优秀、很成功的老师的! 教育的对象是人，对教育的探索是非常有艺术性的，也是很有趣的。最近跟我儿子的交流(不是上面说的交流音乐了)，我就深深感到这门艺术的深奥程度。
 心之旅：	这两天，反复在自家论坛和省课程资源网上学习老师们的精彩发言，真的很想再说点什么，每次提起手指头开始敲键盘的时候又放了下来。为什么呢? 一是本身自己就没想得太清楚，二则还是担心说错话，还不仅仅是怕说错话，更纠结于心的是怕人见笑，怕人说我的理解太浅薄太幼稚! 但思考再三，还是想明白了一点，真的无所谓啊。学习嘛，交流嘛，说错了招致批评，其实也是一种幸事，也是一种提高。所以，无论我说得如何，都恳请大家批评指正。 其实，教育理论工作者和一线的教师看问题的角度和方式还真是不一样。教育理论工作者(我们姑且把自己也称作理论工作者)

	总是倾向于对教学的一种理想化的追求，追求教学的一种应然境界。而一线教师则更关注每一次的课堂实际效果，关注学生的兴趣所在，关注学生的参与程度和表现程度，追求的是一种实然研究。于是乎，流行音乐就成了教学内容的首选，即便是上古典音乐的课也要想尽办法找到一些流行音乐的语言与古典靠拢。 可我还是固执地认为，作为一个优秀的音乐教师，总应该利用目前现有课程资源教给学生一点优秀经典的东西。经典的东西就那么不让学生喜欢吗？经典的东西就如此难以让学生学到一些知识技能和提高他们的表现力吗？我曾经在一所大学给非音乐专业的学生上过两年的音乐欣赏课，我就总是选一些经典的音乐给大家听，尽量用一种大家能听得懂的语言和尽可能多的音乐内外的信息来帮助学生理解和感受。从学生的反应来看，真的觉得他们很喜欢我上的课（也许是自作多情）。所以我认为关键还是在于教师本身的音乐修养及其教学艺术水平。 关于幸福指数问题，我也想说几句。其实，我认为我们的幸福指数与我们的音乐修养深浅是息息相关的。的确很奇怪，我经常会在一些发烧友面前自惭形秽，即便不面对发烧友，即便走进音乐厅，我们经常扪心自问，我们到底能听懂多少交响乐，又能听明白多少歌剧呢？究竟是音乐艺术太复杂，我们根本就掌握不了，还真是因为我们在做学生的过程中太缺乏必要的训练呢？我们的不幸福是因为我们经常不能听懂音乐，我们的不幸福是因为我们的音乐修养不足以去指导如今的学生。 关于弟子不必不如师，师不必贤于弟子的话题，我觉得这仅仅是作为一名老师应该具备的涵养，应该有宽阔的胸怀允许学生比自己强。但是，如果一个老师长期以这句来宽慰自己的话，恐怕也只能让学生保持一时的好感，最终产生不信任和厌恶感。其实很多时候，音乐教师的人格魅力来源于其高深的音乐修养和对音乐艺术的探究精神，最重要的是教师的人格魅力往往是吸引学生走进音乐课堂的最重要的因素。 所以，我还是坚持认为流行音乐之所以流行真的是因为它的节奏、它的织体、它的旋律契合了这个时代的律动。试想想，我

	们这些号称专业音乐工作者的同志们走进卡拉 OK 厅，不也是想找流行歌曲一吐为快吗？ 所以，我还是坚持认为，教师还是应该做教师应该做的事情，应该多教一些经典给学生，不管是流行中的经典还是传统的经典。毕竟，音乐艺术浩如烟海，我们不利用有限的时间多教些经典恐怕还真的是一种教学资源的浪费啊。 其实，还是要找到我们的核心问题，到底音乐教育如何做才能提高学生的音乐修养和审美品位？到底以什么样的标准来衡量我们的音乐修养和审美品位呢？有统一的标准吗？或者我们再进一步启问，需要找到统一的标准吗？ 说来说去，好像我还是没说得清，好像还是在把经典的东西当作至高无上的艺术在追捧。其实不是，我的本意是想说，学校课堂、影视传媒、卡拉 OK 厅都在有意无意地做着音乐教育的工作，而我们的教师只是其中在学校课堂中起一部分作用。这部分作用要尽可能地把教学效益最大化！
 郭声健：	是啊，不吐不快，就要让自己吐出来，不吐不快就是一种很好的研究状态，我的许多东西就是这么吐出来的。上面这个帖子，是我看过的心之旅老师最有激情、也最深刻的文字之一了。 “而一线教师则更关注每一次的课堂实际效果，关注学生的兴趣所在，关注学生的参与程度和表现程度，追求的是一种实然研究。于是乎，流行音乐就成了教学内容的首选，即便是上古典音乐的课也要想尽办法找到一些流行音乐的语言与古典靠拢。”这段话，表明你对目前的中小学课堂还是不太熟悉，我们的中小学老师如果能做到这个样子的话，就好啦，那就不存在我们此前对这个问题的讨论了。就是因为老师们不敢这么做，或不会这么做，于是这个问题才成为了讨论的话题。正是因为大家都和你一样的“固执”，总想着要“教给学生一点优秀经典的东西”才对得起音乐教师这个光荣的称号，才让他们受累了。当然，这其中不乏有许多优秀教师是不累的，是高水平的，随便教学生什么东西，学生都是喜欢的，这就是你说

的人格魅力在起作用。当学生喜欢你的时候，你的任何东西在学生看来都是好的。可是，恐怕还是有大部分老师没有你那么幸运，因为他们的教学对象不是大学生。

关于幸福指数与音乐素养的关系，你上面说的这段话——“其实，我认为我们的幸福指数与我们的音乐修养深浅是息息相关的。的确很奇怪，我经常会在一些发烧友面前自惭形秽，即便不面对发烧友，即便走进音乐厅，我们经常扪心自问，我们到底能听懂多少交响乐，又能听明白多少歌剧呢？究竟是音乐艺术太复杂，我们根本就掌握不了，还真是因为在我们在做学生的过程中太缺乏必要的训练呢？我们的不幸福是因为我们经常不能听懂音乐，我们的不幸福是因为我们的音乐修养不足以去指导如今的学生。”我还没有完全听明白你的意思。你应该算是专业音乐工作者了，你姑且都感觉到自己的音乐修养低，不足以让自己感觉幸福，那普天之下千千万万的从来没有受过专业训练的人（至少90%以上吧）不都比你更痛苦吗？但毫无疑问，事实上并非如此。你这里又引申出了另一个话题，那就是“到底怎样才算是听懂了音乐”，这又是一个很老的争论话题，十多年前，是周海宏博士吧，就曾写过《音乐何需懂》的文章，这话题扯远了，还是不在这里聊的好。

先说明一点，我们因为都没有去统计过音乐到底带给大家的幸福有多少，所以在这里说的话，都是猜测，没有任何科学依据。要依我的猜测，刚好相反，音乐带给非音乐专业人士的幸福感极有可能比专业人士要多，甚至要多得多。否则的话，不仅成千上万的卡拉OK厅要倒闭，高雅的音乐厅也可能要关门，只要留下专业音乐工作者表演的舞台就够了。其实，人生一辈子，真正做到职业、事业、兴趣、幸福相统一的人毕竟是极少数，那真是人生的一大幸运啊。要说这极少数的人都集中在专业音乐工作者这个领域了吧。这好像也不见得。几年前，我跟台湾一位著名的青年钢琴家朋友聊起过这个事情，她主动跟我谈起了她的感受。她说（大概意思）：当我走进教堂看到人们对音乐的那种如痴如醉的状态时，真的非常羡慕，那是音乐让他们那样的投入和忘情。可是我做不到，因为职业的毛病，我不管在什么场合，不管听到什么音乐，都会从专业的角度去理性

地分析它，很难让自己真正纯粹地去欣赏音乐。

其实，心之旅帖子的最后一句话，还扯出了另外一个值得我们讨论的话题：对于中小学音乐教育来说，到底什么才算是“教学效益最大化”？很多问题慢慢讨论吧。

陈　瑾：

曾经有一段时间我带学生在一个中学实习。

我们的实习生在那所学校上音乐课，每次针对教学的内容总会找一些相关的流行音乐的素材作为导入或者补充。我听他们上课的时候感觉这样挺好的，下面的初中学生对于这些内容也抱以极大的兴趣，有了一个切入点，教师再介绍课本上的音乐内容或者我们这里所谓的“严肃音乐”的内容，教学效果便有了一定的提高。

我的观点是，不管是“黑猫”还是“白猫”，只要能更好地为教学服务的那就是只有用的“好猫”！但是这个学校的一名老教师却并不认同这样的做法，他很严厉地批评了这些实习的学生：“严肃音乐何时沦落到了需要流行音乐去拯救的地位啦，难道任何严肃音乐都需要借助流行音乐才能有一席之地吗？”这句话使实习学生感觉无所适从。

当然以上所述大概是5年以前的事情了，我想课改实施了这么多年，加上通俗音乐正式编入了教材，老师们的意识应该更加开放了。对待很多事情的观念都不能僵化或一成不变，时代在不断发展，我们总是在提“以学生为主体”，可是形式上的学生主体很容易做到，真正从形式到内容的严格意义上的以学生为主体却还任重而道远！

玉　成：

现在每天早上第一件事就是来学习这个帖了，精神大餐也。

本来想对帖子维护，现在版主的权限很小，只有置顶或加精的权利了，连编辑帖子都不能，怕我累着了吗？郭老师行云流水，洋洋洒洒，不过很少分段，可能看起来有点费力呵。小声问一句，

	可否多分几个小段？然后每段前空两格？本来应该我进行修饰的，奈何程序设计不许啊。 请郭老师以及各位老师支持一下呵！谢谢！
 郭声健：	回复玉成版主，你的建议很好，以后我一定注意。 只是我在这里讲的话，都是未经思考、构思和过滤的，想到什么写什么，甚至是写到什么想什么，所以，根本就没有那种空格空行的概念了。而且每次都是想少说几句，那就不存在这个问题了，但每次都是说着说着就啰里巴嗦了，所以就出现了这种所谓的“行云流水”的问题。 苦了大家啦，抱歉啊！今天我就开始有这个意识了。
 薛　晖：	谢谢郭老师，花费了你不少宝贵时间，洋洋洒洒给我们回复。但我想你是乐意的，我们更是受益的。我代表所有老师感谢你。 你提出改帖子主题的问题，我马上办。但改后也不一定有你期望的那种探讨产生，在这样的帖子里，音乐老师是很怕开言的，你应该能理解。但一定有很多音乐老师在关注此帖了，也在认真地学习了。请一定不要闪人啊。 湖南省的高中新课改培训正在进行中，音乐学科分两批培训，近段的精力主要在那边了。可惜郭老师远在美国，不能来跟老师们聊聊美国的音乐教育了。但我一定会介绍他们来认识你。
 郭声健：	谢谢薛晖！ 你说得很对，和老师们交流，我不仅乐意，还很开心。 我知道老师们不太习惯这种方式交流，生怕自己说错了什么，其实哪有啊。在我和我的研究生心目中，真正的音乐教育家是一线的老师们。我一直给我的学生灌输这样的观点，大家也都非常认同这个观点。所以，我们也是诚心诚意来向老师们取经的，当然，我

也可以借此机会把我的一些见闻和思考介绍给老师们。

为了活跃气氛，其实老师们可以问各种各样的问题，也不见得就局限于音乐教学领域。比方大家对美国社会的什么方面感兴趣的，都可以交流，只是我可能也不一定清楚。不过，了解多少说多少，大家也会谅解我的。

新课改培训一定很忙，薛晖你就不要太操心这边了。

薛　晖：

正如郭老师说，“淡化知识与技能”是想“绕开知识与技能”，但音乐老师“绕开知识与技能”之后，好象不知道教什么了。这也是现在课改后的音乐教学有些找不到方向的原因。

郭老师也强调“知识与技能很重要，且掌握越多越好”。确实如此，但这只能是一个理想的状态，因音乐学习时间有限。在有限的时间内，应该有侧重地学习。在小学音乐学习中，我们往往将“知识”与“技能”平等对待，甚至更强调音乐知识的学习与积累，在“技能”方面又过分强调“识读乐谱技能”的提高。其实，歌曲演唱技能的确在小学音乐学习中很重要，应该得到强调。演唱是学生表现音乐的最主要的技能，演唱也是一种综合性的音乐表现能力，演唱水平在一定程度上还能代表一定的音乐水平。演唱技能的学习也完全可以做到在学生“有需要”的情况下，让学生积极主动地学习。学生喜欢唱歌，而且喜欢唱自己喜欢的歌，这要求我们在选材上要关注这一点。

Gary827：

很荣幸，我感觉在我国，艺术教育要更受重视哦。至少我们的老师都是经过专业培训的。尤其在这个平台上，我更能感觉到音乐教师的魅力与威力所在。

知识与技能的淡化，我认为这是需要一个过程的。最初，我是很迷惘的，在这一块，一淡化就感觉是消失，可当实践多了以后，就发现不是这样。说得具体一点，应该就是对它们进行趣味教学，让学生在无意识当中掌握知识技能。这是我作为一个一线的老师得到的一点微不足道的心得。

王　蓓：

郭老师，您好！我是长铁一中的王蓓。薛老师早就通知我您每晚在网上与我们交流的好消息。可我一直就没找着地方，有点呆，不好意思！今天看了邮箱里您留给我的信才上了这个网站，看完以后心里激动不已。

我对您既熟悉又陌生，因为您为我点评过课，我们也在一起有过交流，但是每次都没有直接交流过。可能是我从小就有怕老师的毛病吧，知道您很和蔼我还是不敢向您请教。我一口气读完了所有的帖子，最大的想法就是期盼您早日回国，我一定要争取考上您的研究生，向您多学习。到时您别嫌我笨啊！

我觉得帖子里的每一个问题都很好，都是困扰老师们教学的实际问题。尤其是新课改进行到现在，很多新老教学法的选择与衔接、学生兴趣与教材的不统一，都使老师们有一定的困惑。感谢您将美国的学情与教师教法、评价体系等介绍给我们，给了我们一个很好的借鉴机会，我受益匪浅。

我在反思您说的：我们的老师一直在想法教学生不会的，而那又恰恰是学生不感兴趣的，结果越教越糟，最后连老师自己都不知道该怎么样教了。因此，我联想到周边一些受学生喜欢的老师和一些成功的公开课，他们的确是在教学生熟悉又喜欢的内容。在此基础上，当学生敞开心扉接受你了，那么你再教什么都是那么顺畅了。所以，做一个学生喜欢的老师是成功的关键，而能让学生喜欢并不是一味地迎合，应是学生崇拜的、有本事的孩子王。这是对老师综合素质的挑战和考验，难咧！我在教学中也慢慢积累了一些经验，但还很不够，仍在努力中。

还请您多多指导哈！

郭声健：

桃花江的Gary827老师好！

看了你留的两个帖子，我很高兴，我认为你的两点认识都是很

	好的。 第一点，让技能教学充满趣味，让学生在无意识状态下掌握技能，这很好。我们的音乐教学就是要追求这样的一种效果，让学生在我们的音乐课堂上，既快乐，又学习和掌握了知识技能。 不过，有一个问题我还是想跟你交流一下。你说“知识与技能的淡化，我认为这是需要一个过程的”，这句话似乎表明，你在教学中所进行的趣味教学尝试，目的就是为了实施“淡化知识技能”的理念，这可能就不对了。准确地说，这不是你的不对，是提出这种所谓新理念的人的不对。这句话，影响太大，甚至有点害人，让我们的基层音乐老师无所适从，很迷茫，都怀疑是不是知识技能不要了，教学知识技能是不是就错了。我从来没有说过这种极端的话，但我觉得，不能不说了，因为，“淡化知识技能”这个口号的危害性真的很大，已经影响了这么些年了，这种影响不能再持续下去了。我在前面的帖子里分析过了提出这个口号的真正原因，就是因为我们的知识技能教学出了问题，不受学生欢迎，我们就索性淡化它，以这样一种极端消极的方式来回避问题，那是自欺欺人，问题不可能得到根本的解决，这就是典型的“倒洗澡水把孩子也一起倒掉了”的做法。解决知识技能教学问题的唯一途径，就是改进我们的教学，就像你探索的这样，让知识技能教学充满趣味性，让学生真正通过音乐实践，意识到知识技能教学对他们的重要，及时提供给学生音乐表现的机会，给他们一个施展知识技能的舞台，等等。 这方面，我相信我们的老师们一定积累了大量的经验。其实各个学科都是这样，都面临同样的问题。所以，我对这个问题的总的看法是：知识技能不仅不能淡化，反而应该加强，而如何加强知识技能教学，这才是我们课程改革要解决的最重要的问题之一。试想想，解决以往音乐教育中长期存在的问题，把知识技能淡化就是了，那还需要什么新课改！这些话，我一直忍着没说，因为我不想让人觉得我带有私人情绪在说话。也许，会有人说，我根本就不理解这个“淡化”的意思，也许吧。这就是中国文字的魅力，“淡化”一词，我们也可以赋予他“加强”的含意嘛；或者解释说，我们现在淡化，是先退一步，把拳头收回来，然后再重拳出击，以退为进，去加强

	知识技能；或者解释为不把知识技能作为主要的教学目标，而只把它作为教学手段，作为让学生进行审美体验的基础。那不就直说这些话得了……反正，都会有道理讲的。这一点我毫不怀疑。 可能大家以为，我们这样的做法，是学西方发达国家的。如果我没来美国，我也就相信这样的宣传了。但我来过之后，我多少还是有点儿话语权了。我要说，恰恰相反，我发现了一个非常有意思的现象：我们现在学习的东西，刚好是国外已经放弃的东西，而现在国外（具体指美国吧）正在改进和加强的东西，刚好就是我们过去的东西。也就是说彼此之间都在向对方的过去学习，而过去的东西正好是各自认为不好的东西。这里面的焦点，就是对待知识技能的问题。这不仅是音乐学科，各个学科都如此。 这个问题，刚好涉及到桃花江老师提到的第二个问题，我下面也想专门谈谈。 我要谈的这第二个问题，是由桃花江老师的这句话“我感觉在我国，艺术教育要更受重视哦”所引发，同时又是跟我上面谈的第一个问题紧密联系的。 这个问题，也是我来美国访学的一个很大收获，让我清楚了美国艺术教育、音乐教育目前的处境到底怎样。因为，此前，在国内所看到的资料，真的让人想象着，美国的音乐教育是多么美好啊，艺术课程还是核心课程，艺术课程还有国家标准，艺术教育的地位，一定是很高、很高的啊。但过到这边来一看，完全不是那么回事。所以，我有一种冲动，很想尽快地回去告诉我们的老师们，相比之下，我们真的是很幸福的了：首先，不管怎样，国家还是重视这一块的，只是因为受到了很多别的因素的制约，我们才没有办法和别的学科相比。而在美国，就是国家出台的法律文件让音乐教育、艺术教育没有了地位。其次，在工作量方面，和美国同行比较，我们是相当轻松的了。就是说，无论从大环境上讲还是从小环境看，我们都要比美国同行幸运。所以，当我看到桃花江老师上面这句话的时候，我感到很高兴。有这样的一种认识，会让我们保持更好的心态。 我曾在别的文章中写过这样一段话： 关于美国音乐教育现状，国内同行大多有着并不十分全面和

	客观的认识，一致认为以艺术课程被确立为核心课程为标志，包括音乐教育在内的艺术教育在美国学校教育中的地位是很高且很稳固的。于是，许多人对美国音乐教育羡慕有加，而对我们国家音乐教育所处的不利处境愤愤不平。然而，事实并非如此。通过和这边音乐教师的接触了解，通过查阅相关文献资料，我基本上能得出一个可能令人诧异的结论：目前美国音乐教育所处的生存发展环境不仅不比我们国家的好，反而更为窘迫。为此，全美音乐教育协会近年来一直在为学生争取受音乐教育的权利而奔走呼唤，把让所有的孩子都能接受音乐教育作为自己的奋斗目标。也因此，当我跟这边的同行报告“中国音乐教育的优势和面临的挑战”时，有老师来信说：没想到中国的音乐教育和美国一样，也面临着许多相同的问题。与此同时，这边的老师又羡慕我所介绍的中国音乐教育的中央集权制管理体制以及国家对音乐教育所给予的重视。我很能理解这位老师的心情，因为美国与中国刚好相反，我们是国家重视，有具体要求，只是地方不能切实执行；而美国则是国家的政策法律导致了地方对音乐教育的不重视。这也是我认为美国音乐教育地位比我们更为窘迫的主要原因。 　　那为什么说，这个问题又跟我上面帖子回复的第一个问题紧密联系呢？因为，我要介绍的这个问题，刚好就是关于知识技能的问题。这就是在前面曹老师问起过我，当时我没有具体回复的一个问题，是关于《不让一个孩子掉队法案》(NCLB)。关于这个问题，我也写了专门的文章，为了节省时间，我把这段文章转贴过来： 　　这部法案是如何导致美国中小学教育的“应试教育”倾向，而这种“应试教育”倾向又是如何影响音乐教育地位的呢？ 　　2001年布什总统上台后，高度重视教育改革，特别是基础教育改革，为此，他签署这部被普遍认为是继1965年基础教育法颁布以来的最重要的一部基础教育法律。NCLB法案的主要目标是缩小学生成绩之间的差距，为所有孩子提供高质量的教育，以培养出具有教养的中小学毕业生。为此，联邦教育部要求各州要建立综合、全面的体系，支持一些学区的基础薄弱学校的调整和改进，努力使得学生每年都取得显著进步，争取到2014年，所有学生在阅读和数

学技能上都能够达到熟练目标。

这部法案还要求各州建立和实施责任标准，通过对学生的“核心科目”成绩的测试，以确定教育是否获得成功。该法案确认英语、阅读、语言艺术、数学、科学、外语、公民与政府、经济、艺术、历史、地理是“核心学术科目”，这便是一度被我们大肆渲染的“美国将艺术列入核心课程”。当然，这对于此前一直无名无分的边缘课程“艺术”来说，的确是打了个翻身仗，扬眉吐气了。但是，从上面我们也不难看出，中小学教育中几乎所有的必修课程都被列入了核心课程。不仅如此，艺术学科还有其自身的特殊性，因为它是分解为音乐、视觉艺术、舞蹈、戏剧等四门具体课程的，而 NCLB 法案并未具体确认艺术学科里的各门单独课程的核心学科地位。

该法案中对音乐教育影响至深的内容，无疑是要求各州为证明学生学术上的成功必须对有关科目进行测试，这便是导致美国基础教育中出现“应试教育”倾向的条款。根据 NCLB 法案，每个州必须对所有所公立学校三到八年级学生的阅读和数学进行测试，同时，对九到十二年级学生也至少要测试一次，在 2007—2008 学术年，科学课程也必须接受相同的测试。这些测试必须以各州制定的学术内容和成就标准为依据，其余科目是否测试则由各州自行决定，没有满足上述规定的州将失去联邦政府的教育财政支持。

很显然，这一法案对基础教育所产生的影响是巨大的，它让音乐以及其他不需要测试的科目陷入了困境。只测试阅读和数学，这迫使学校管理者和教师常常通过增加这两门课程的教学时间，并花更多的精力用于学生准备应付测试。而这些增加的时间都是从其他的非测试科目那里搜刮来的，音乐课常常是被最先掠取的对象。美国教育政策研究中心的一项调查结果表明，2006 年，用于音乐和其他艺术的教学时间已经削减了 22%。对于音乐教育来说，这的确是一个很可怕的数字。

其实，对音乐教育的影响，不仅仅体现在课时的减少这一方面，同时也直接影响到音乐教学本身的质量。随着对阅读和数学测试的进一步重视，其他科目的老师则常常被要求将他们的教学与这两门课程联系起来，也就是说，其他课程的教学要给阅读和数学以

促进作用。为此，许多音乐教师不得不寻找音乐教学与阅读、数学两门课程相关联的途径，并要力争在理论上和实践上都证明音乐教学是有利于提高学生的阅读与数学课程成绩的。这种倾向明显是有悖于音乐教学的自身特点和规律的，有本末倒置之嫌，并极有可能导致音乐教育的异化。过去，当我们的音乐教育异化现象严重的时候，美国的音乐教育者感到难以理解；现在，当我们倡导以审美为核心，坚持音乐为本的时候，美国却正在陷入异化的误区。

可能大家还没有完全理解这上面的我写的东西和知识技能的关系。是这样的：在美国，就整个中小学教育而言，所谓的基础知识基本技能，主要就是指阅读（英语）和数学的基础知识和基本技能。很显然，这个法律目的非常明确，就是要普遍提高学生的阅读和数学水平，在这两门课程上不让一个孩子掉队。

我在这里再顺便介绍下美国的教育管理体制，大家应该也都知道的，这样更易于让我们了解这个法律的影响力。美国的教育权在州，联邦政府及其教育部没有管理教育的实际权力，谁出钱，谁就有权。正因为这样，我们熟悉的《美国艺术教育国家标准》是没有任何约束力的。也正因为这样，联邦政府的教育法律文件的影响力也不可能太大。但这部法律不一样，因为，它有一条让下面各州不得不考虑执行该法律。这部法律规定：联邦政府将为《不让一个孩子掉队法案》的实施投入巨额教育经费，具体说，哪个州按照这个法律的规定统考了数学和阅读，就可以申请到这笔教育经费。我们知道，美国的钱，绝对不是乱花的，各个州教育经费的紧张状态，从来都是这样。所以，能在联邦政府申请到这笔额外的费用，大家都会想尽一切办法。所以，这个法律颁布后，各个州都不得不对阅读和数学进行统考，这样自然就导致各个学校必须重点保证这两门课程的教学质量，这就包括增加课时。而增加课时就自然要增加经费，那么其他学科自然就成了受害者。我前面说了，首当其冲的受害者就是艺术学科。

可见，从宏观角度来看，知识技能教学已经成为了美国中小学教育中的重中之重了。而从微观角度看，各个学科也是对知识技能教学给予了更多的重视。像前面我介绍过的，美国的音乐教学，如

	果说跟我们的音乐教学相比，那对知识技能的重视程度要高多了，所以，学生普遍会唱歌，学生普遍能够玩几件乐器，这显然是重视知识技能的结果。只是可能他们的教学方法跟我们不一样，学生喜欢学知识技能。即便是很穷的学生和很穷的学校，用塑料水桶和两根棒槌作为打击乐器，他们所表现的打击乐水平和节奏感，那真的是一绝。 刚看到了王蓓老师的这段留言，讲得好！就凭你这段发言，我都要鼓励你将来争取机会继续学习深造。学习是无止境的，我上面都介绍过了，我在这里认识的中小学音乐老师，都是哥伦比亚大学在读的博士生（其中一个本来是硕士，今年拿到硕士学位，下半年继续攻读博士学位）。继续深造，不仅仅是为了拿到一个学位，更重要的是能够让自己养成思考问题的习惯，让自己对工作尤其对教学工作有一个更加深刻的认识。
 王　蓓：	没想到郭老师今天这么早就上来了。我觉得您这句话说得好："知识技能不仅不能淡化，反而应该加强，而如何加强知识技能教学，这才是我们课程改革要解决的最重要的问题之一。"音乐的知识技能是音乐本体的东西，没了这些音乐就如同空壳，也许我说过了。只是我们现在要关注的是如何让这种知识技能在学生不抗拒的心理下接受与学习，从而掌握与具备。 我发现其实学生不是不喜欢、不愿意去学习知识技能，只是如果没有很好的兴趣与导向，他们就不会心甘情愿地去学习。我尝试过用学生喜欢的带有流行元素的音乐或歌曲提高学生的兴趣后，老师再引导他们比较自己与演唱功底较好的歌星之间在演唱技巧上的不足，再去教授一定的技能和知识，就显得轻松、愉快。而且老师自身能否放开、有激情，也是很重要的。还有就是教师自身要有广博的知识面，音乐方面的素养要很好，其他方面的知识也要有，让学生觉得你是个无底洞，充满好奇，当他越想探秘就越会走近你，那么你的目的就达到了。 通过这些年的反思，我最大的感想是，没有亲近不了不爱音

	乐的学生，关键是看你自己能否走近学生，让他喜欢你。说了一通废话，郭老师别笑我！ 对于小曾月的发言我有同感。的确，现在很多老师只重赛课不重常规课。其实，常规课才是最能打动学生、吸引学生的。我又想谈谈自己的亲身感受了。 我去年下乡支教回校后，学校安排我接初中三年级的音乐课。这个年级三年换了三个音乐老师（算上我）。可以说，学生见多识广，如何让有这么多经历又面临中考的学生喜欢我的确是个难题。所以，我认真扎实地备好每一课，有精美的课件，还有丰富系统的教学内容，经过几周后我发现，学生虽然没与我有太多交流，但眼神由陌生到期盼。恰逢学校的青年教师赛课，我出色的表现得了特等奖，让学生有了一丝崇拜。于是，学生亲近我、喜欢我，期盼我的到来。我的音乐课越上越轻松，效果也越来越好，我有莫大的成就感。所以，我说常规课是基础，赛课是画龙点睛之笔，两者的融合能成就你在学生中的地位，实现教学目标。 至于给学生听歌或放碟，我觉得要有所选择。有些优秀的音乐电影是可以给学生欣赏的。如《放牛班的春天》就是很好的影片，无论从主题内容到音乐都很美，学生越看越喜欢。但这只能是一种教学手段，不能作为主要的教学内容。
 郭声健：	是啊，让学生喜欢了我们，就等于让学生喜欢了音乐。可正如王蓓老师说的，真正要让现在的学生喜欢我们，那的确不是一件很容易的事情。除了自身具有较高的综合素养之外，教学观、师生观、职业观、幸福观等等各种观念的正确与否都太重要了。 王蓓老师的话，不是废话，是真话，是体验，尤其是我们的研究生同学要好好看看。来自实践的东西，太有价值了。相比之下，我的可能才是废话，而且废话连篇。 好，今天就谈到这里。半天过去了，我得做我自己的事情了。

王　蓓：

郭老师在前面所说的两个问题解答解决了我长久以来的一个疑惑，原来很多东西在中美两国之间都是共存的。所以，学会珍惜也是一种幸福。这是我下乡后的最大感受。读了郭老师的留言，我感触更深。比起工作量来，我们的确是幸运得多。比起其他，我们也没有太多不平等，所以珍惜已拥有的，体现自身的价值是最重要的。不知我的想法是否对？

Xiaoxin：

郭老师，您好！

我是师大2000级的，在大学最后一年有幸听您上过课。我们区这一个学期的音乐教研主要讨论的是知识技能技巧教学。知识技能在整节课中既不能多得让学生产生压力，又不能过少。我想问问国外的音乐教师是怎样掌握知识技能教学的“度”和“法”的？（比如唱歌课中怎样要求学生的声音？怎样处理乐曲中的音乐符号？等。）

郭声健：

Xiaoxin老师好，谢谢你给我提出问题。

难得有人陪我说话啊，先允许我趁这个机会聊点别的好吗？因为最近一个时期我的生活非常单调，每天都在房间里，很少出门，除非出去买点菜才下个楼。在房间里干吗呢？主要是翻译一篇哥伦比亚大学教授写的博士论文，我准备翻出拿到国内去出版，我必须在回国前把这个翻译初稿拿出来。（对了，这篇论文刚好是写高中器乐创作教学中的互助学习和民主行为，和你提的这个问题多少还有点关系，不过我今天不准备介绍它。）可是，我也不能整天搞翻译啊，每天能够坚持4～5个小时翻译就很吃力了，它比自己写书辛苦得多。所以，除了翻译之外，就是维护自己的网站，或上网浏览新闻，也趁机看看境外对国内的报道。

不过，最近十几天，我又多了一项工作，和老师们在网上交流，虽然有时候一天可能也要花掉我几个小时时间（多的时候可能3个小时），但我感觉生活充实多了，起码有人跟我说话了。我曾开玩笑说，

到美国来一年，不仅英语没学会，而且汉语也不会讲了，因为没人跟我说话啊！这件事，既能分散我一点精力，更让我觉得它很有意义。所以，在这里，我得感谢薛晖老师和各位老师给了我一个这样的机会。

偶尔我也在傍晚的时候下楼去散散步。在马路上，我几次看到遛狗一族，一手牵着狗，一手拿着个塑料袋和手纸。后来我知道了，他们是及时地把“狗便”(这是我造的一个替代“狗屎”的新词，文雅点)用手纸抓起来，用塑料袋装着，然后丢到垃圾桶里。我恍然大悟啊，美国实在狗不少，怎么我从来就没有在马路上看到过狗便呢，原来如此！这种场景我看到过多次，非常感慨，这美国人真的文明。而在我们国内，狗主人一般都是很高贵的，谁还去清扫狗便啊？脏死了，那些事情都是专业清洁工包干的。今天傍晚，我又出去散步了，两天没下楼，算是给自己放放风。走着走着，不经意间看到了一块告示牌，上面写道：这是法律——请及时清扫您的狗便，违者最高罚款450美元(另一条是不许随地倒垃圾，罚款额相同)。原来，美国人的文明是罚出来的啊！

这事让我得出一个结论：同样的一件事情，可能在一个国家是问题，在另一个国家就不是问题。就像这个清扫狗便的事情，在我们国家，宠物狗越来越多了，这给环境卫生的保护带来了问题。然而，在美国，这根本就不是问题了。

Xiaoxin老师给我提的关于知识技能教学的问题，恐怕也是如此。我想告诉老师们的是：音乐知识技能教学，在我们国家是个拦路虎，是个大问题，可是在美国，我认为它根本就不是一个问题！

音乐知识技能教学的问题，长期困扰着我们的老师们，也正是因为这个问题太难解决，于是，新课改就提出“淡化”它，试图通过“淡化”来减轻这个问题给音乐教育和音乐教师带来的种种压力和困惑。显然，这是不对的，这个问题，我在前面的帖子里已经谈得够多了，不能再说了。事实也表明，“淡化”解绝不了问题，而且也根本就“淡化”不了，这也是为什么有这么多老师总跟我提出这个问题的原因。依我看，没有提出淡化知识技能这一口号之前，这个问题，似乎还不是一个大问题，自提出了这个口号之后，这个问题就变大了。因为，它让我们的音乐老师左右为难、无所适从了。

其实，我很害怕谈这个问题，因为，我只能谈原则，那都是比较虚的东西，那都是讲起来容易做起来难的东西，很难给老师们真正意义上的启示。到底怎么解决知识技能教学的问题，我想，办法在我们老师们自己的手上，路在我们老师们自己的脚下，最终还是要靠我们自己去实践、去探索。

不过，我还是乐意就我了解到的美国的有关情况跟大家做个交流，虽然是一孔之见，甚至有些可能是自己的猜想，但仍希望给老师们有所启示，至少在让我们对这个问题保持良好的心态方面有所启示就好。

（不好意思，已经凌晨一点了，这个问题我想好好说一说，肯定一下子讲不完，索性明天早上起来讲。）

为什么说在美国的音乐教育中，实际上不存在我们所理解的知识技能教学的问题呢？我们不妨来简单分析一下：

首先，从教育管理的层面看。美国是个地方分权制国家，教育权在各州，联邦政府教育部没有具体管理各州教育的权限，这在上面我跟大家已经分析过了。这样的一种教育管理体制，势必就不可能有像我们今年的“京剧进课堂”这样的争议问题出现。教育部规定进课堂的京剧曲目必须是哪几首，这种做法只怕也是在国外闻所未闻的事情，政府管理部门根本就不应该管这些具体的教学问题。同样的道理，就音乐教学而言，到底是淡化知识技能，还是加强知识技能，知识技能的比例应该占多少，等等这些问题，一方面，从全美的角度而言，不可能有某个部门，也不可能有某个人来提出这样很具体的操作问题；另一方面，即便是各州政府教育厅，有管理艺术教育的相关部门，但他们的管理，是非常明确的，是一种宏观管理，谁还有工夫来具体过问和管理音乐教师怎么去上课的问题啊。他们管的就是校长，校长你要按州的规定开设艺术课，配备师资，保证场地和设备等这种事情，做不好的话，会有相应的问责制。即便是校长，他也不可能去管理音乐教师是否该淡化或加强音乐知识技能教学的问题，他也没这闲工夫。在校长眼中，这也完全是音乐教师个人的事情。音乐课到底怎么上，上些什么东西，州里有一个

课程标准，你音乐教师大致按照去做就行了，而教学的具体内容，因为没有教材，你音乐老师自己看着办，这是你分内的事情，也是你应该有能力处理的事情。校长我管你的是：如果学生不喜欢你的课，如果有家长反映学生不喜欢你的课，那么，你走人！如果学生和家长就是需要你教知识技能，你不教，或你教不好，你走人；如果学生不想上你那种枯燥的知识技能课，你又没有办法改进，你走人……所以，我个人认为，像在美国的这样一种教育体制下，包括我们所谓的知识技能教学的问题在内，这种具体的教学层面即到底应该怎么教的问题，完全是音乐教师个人的问题。个人问题，该由个人去解决。

其次，从教育哲学的层面看，或从教育理念的层面看。大家也知道，美国的历史很短，就300来年，应该说在美国历史的发展进程中，杜威的实用主义哲学是对美国社会影响最深的哲学观，"实用主义" 的理念，反映在各个领域。在教育领域里，杜威的实用主义教育学，恨不得把学校都办成微型的社会，它既是工厂，又是农村，真正能够让学生在"做中学"，"教育即经验"（杜威还专门写了一本《艺术即经验》），这种教育观认为，只有这样学到的东西，这样通过在做中学积累起来的经验，才是真正有用的知识和技能。应该说，实用主义教育观，曾风靡一时，虽然现在不再那么盛行了，但其对美国社会和美国教育的影响，是根深蒂固的。所以，美国社会，其实是一个非常务实的社会，反映在教育领域中，他们不会有什么停留于口头上的东西。那么，具体到音乐教育领域，我在上面的某个帖子里也简要谈到，虽然，雷默的 "审美的音乐教育哲学观" 并不否定音乐实践，也强调通过音乐实践活动这一唯一途径来达到审美的目的，但人们还是有点把他这种音乐教育哲学观和埃里奥特的 "实践的音乐教育哲学观" 相对立。因为，他们觉得后者在音乐实践问题上旗帜鲜明。

音乐教学活动，本身就是一种音乐实践活动，或者说，音乐教学活动，既是教师的一种教学活动，又是学生的一种音乐实践活动。在这样的一种哲学观之下，既然教学活动就是学生的实践活动，怎么还有可能存在知识技能要不要教，要教多少，要怎么把握度的问题呢? 没有知识技能，就不可能进行音乐实践，至于教多少，如何把握度，一方面还是有一个州的课程标准在，另一个方面，也是最为重要的一个方面，就是实践说了算，音乐实践的需要说了算(这也就是我们经常强调的，让学生在亲身经历的音乐实践中去学习掌握知识技能，让学生在亲身经历的音乐实践中去产生学习知识技能的需要)。因此，对美国音乐教育而言，通过实践活动，传授知识技能，获得审美体验，这不是说说而已，他们就是这么做的，倒还真想象不出会有什么别的做法。对他们来说，审美不是挂在嘴边的，他们不会提出以“审美为核心”的所谓理念，因为，以审美为核心，到底怎么个“为”法，怎么个“核心”法，怎么去具体实施，对待这些问题，他们不会玩太极。

第三，从课程设置和师资配备看。上面两条原因，我认为基本上能够解释，他们为什么不可能提出“淡化或强化音乐知识技能”的口号或理念，他们为什么不会存在我们现在所存在的这个令人头疼的问题。我想，在他们的脑海中，通过音乐教育，让学生掌握知识技能，这好比数学课教学生 1 + 1 = 2。没有人怀疑让学生掌握 1 + 1 = 2 的必要性。这是必须的。同样的道理，通过音乐教学，让学生会唱歌、会玩乐器，这也是必须的，也不会人有人去质疑它的必要性。否则，那就不是音乐教育了，那还要音乐教育干吗? 其实，当学生和老师认为某样东西是当然要学的时候，最难的东西也不是问题了。在美国，知识技能在学生和老师看来就是这种当然要学的东西。假如学生不学，他怎么能够参加音乐实践活动呢? 且不说这边的音乐表演活动多，就说课堂上，本来就是一个学生音乐实践活动的场所，学生不学怎么能上课，怎么能参与音乐活动。反观我们现在的问题，我们的老师认为当然要学的知识技能，可我们的学生不认为这当然要学，因为，他们并没有发现这些东西可以即时派上用场啊! 归根到底，还是我们给学生提供参与实践活动尤其是表现活动的机会太少了。我想这一点，应该成为我们解决知识技能教学问题的突破口。

我此前也简单介绍过一点信息，这边的音乐课程设置，跟我们不一样，音乐课有两类：一类是普通音乐课，另一类是合唱课和乐

队课（或器乐课），而按照我们的观点，先不去考虑普通音乐课上些什么东西，只看合唱课和器乐课，那不就是典型的、完完全全的音乐知识技能课吗？哪还有什么度不度的问题存在啊。这是从课程设置方面看。那么从师资配备方面看呢？既然有专门的音乐技能课，除了在小学阶段因为技能水平还要求不高，不需要专门配备专业技能课教师，普通音乐课老师完全可以胜任专业技能课。到了中学阶段，有条件的学校，就比较讲究师资配备的专业性程度了。我这里举个例子让大家看看，或许我们对这个问题可能就一目了然了。

这是纽约市郊一个比较富裕的社区。该社区有4所小学（从学前班到5年级）、1所初中（6到8年级）和1所高中（9至12年级）。该社区总共只有6所学校，音乐教师队伍多达14人，具体成员包括：4个小学普通音乐课教师；2个小学器乐教师；1个弦乐教师是初中和小学共享；1个初中普通音乐课教师；1个初中合唱教师；1个初中器乐教师；1个高中管乐教师；1个高中弦乐教师；1个高中合唱教师；1个音乐督学（该督学另在高中承担1/4的声乐课工作量）。虽然6所学校14个音乐教师，绝对人数并不很大，但综合考虑学校规模和教师工作量，这样的师资配备是非常充足的。前面我曾介绍过，美国中小学的人数规模比国内要小很多，特别是像这种郊外社区学校一般来说更为精致。同时，每个音乐教师的课程安排都是从第一节课到最后一节课，按平均每天6节课算，每个音乐教师每周的教学工作量则达到了30节。

上述师资配备在我们看来是非常新奇的，普通音乐课和专业技能课的教师是分开配备的，普通音乐课教师小学多，到了初中和高中就减少甚至没有了。我曾介绍过，美国中小学的乐队或合唱队是谁都可以参加的，甚至专业基础可以从零开始，和普通音乐课完全一样，也是一种普及型的课程。因此，这些学校的乐队和合唱队都很多，有的甚至要求所有学生都必须参加。当然，在高中阶段是实行学分制的，选择乐队和合唱队，就可以不上普通音乐课了，只要学分修满了就行。

在课程设置上，该社区的小学所开设的普通音乐课一周两次，每次一个半小时（学前班至5年级），实际上相当于4节课；弦乐课一周一次(4～5年级);管乐和打击乐课一周一次(5年级)。另外,还为5年级和6年级开设了合唱选修课。而在初中,所有6年级学生每周5天都要上普通音乐课,而7年级和8年级学生每周上普通音乐课要持续一年半的时间。另外有两个大的合唱队,这是所有学生必须参加的;还有一个小的合唱队,这是选修的,主要由8年级学生组成。所有的合唱队都是一周5天,每天都上课。天天都练合唱,自然这里学生整体的演唱水平高。器乐项目包括一个小管弦乐队和几个小弦乐队,另外,有一个初级管乐队和一个高级管乐队。所有这些乐队每天都集中排练,并提供个别和小组辅导课。高中有四个合唱队可供选择:一个混声合唱队、一个女声合唱队、一个混声歌舞队、一个新生歌舞队。此外,还有一个小室内乐合唱队在冬假期间表演,就像"弦乐合唱队"在春假期间表演一样,该校每年还有一次年度音乐表演活动。该校器乐项目包括一个管乐队、一个音乐会乐队、一个军乐队、一个弦乐队、一个管弦乐队、一个爵士乐队和几个室内弦乐队。另外,还有一些以"生活中的音乐"为主题的普通音乐课则提供给那些需要满足毕业要求所需学分的学生或那些没有参加合唱队和乐队的学生选修,一门《音乐理论1》课程则提供给有较好音乐基础的学生选修。

说明一下,这是一个好学区,而且也很重视音乐教育,大家不要以为美国的中小学音乐教育都这么好,其实他们的两极分化现象也是非常严重的。我不知道大家看了这份资料有什么感受,我当初看到它的时候,真的是眼花缭乱。我想,看了这份资料,大家也该相信了,在美国,的确是不存在什么知识技能教学问题的。所以,我在前面说过了,美国的老师就是工作量太大,身体累,但教学自主性强,乱七八糟的困惑少;而我们国家的老师工作量小,但这困惑那困惑、这问题那问题、这关系那关系,太多了,心里累。看来这老天真在搞平衡,反正不让我们活得太轻松。

03.

最可爱的女人，是那种不需要任何化妆就让人感觉漂亮的人；最动人的音乐课，是那种真实自然而不需要特别精雕细琢就能吸引学生的课。上一堂好课并不难，难的是一辈子上好课。上公开课的优秀教师人数有限，常规课上得好的老师则不仅没有指标控制，而且永远珍藏在学生心中。

月过无痕：

忙着给李老师做课件，没及时回帖。感谢郭老师的详细解答，从音乐教育的差异中可以看到两国经济、环境、传统和思想观念的很多不同。

自从在出版社上班后，常有机会去中小学听一些音乐课，大部分是公开课。也曾走进过音乐教学的常规课堂，老师们对公开课都很认真负责，课改意识、课程理念都能得到贯彻落实，而常规课却十分随意，给学生听歌、放碟，基本上没怎么重视。而实际上，常规课才是教学实施的主要手段，教学目标的实现，教学内容的完成，学生素质的提高，完全得依靠常规教学来实现。而公开课虽然体现了教师的教学水平和教学理念，但不是教学实际情况的真实反映。很多学校的状况是：公开课精益求精，常规课爱上不上。这就好比开发商的楼盘，样品房高档精致，美观大方；住户房粗制滥造，漏水漏电。真正要提高我们的教学质量，还是要多注重常规课啊。如果哪天我们的老师能把每节常规课当作公开课一样来上了，那我们的教学质量绝对上升很多台阶。

郭声健：

不好意思，因为我专注回复前面的问题，刚又没有及时看到曾月和王蓓的最后帖子。谢谢你们陪我。

我们的音乐教学，我感觉有点捡了芝麻，丢了西瓜。什么东西太精雕细琢，丧失了自然的天性，可能就不好了。这话以后再说吧。

月过无痕：

“什么东西太精雕细琢，丧失了自然的天性，可能就不好了”，郭老师这句话对我的启发很大。因此，尽管郭老师说了这个话题以后再说，我还是忍不住又说几句。

其实我在前面的帖子里说的常规课如果能像公开课一样就好了，我指的是上常规课的态度和积极投入探索的精神。而在操作上我也不认同那种精雕细琢的方式。淳朴是做人的可贵之处，真诚是艺术的追求，我想，教学的高境界应该也是“自然”真实。今天上午看了几个课例片段，有一节日本的课，学生分组探讨，用声音表现各种意境，有一个组经过讨论后用吹啤酒瓶、手抹玻璃杯的声音伴随简单的敲打木琴的声音表现夜景。学生对充当乐器的材料信手拈来，学生表现的过程随意轻松，不受任何拘束，效果非常好。什么民主和谐的氛围啊，重视音乐实践的理念啊等等，可以说都体现出来了。而反观我们的一些公开课，整个过程感觉“假”，老师上课的台词背了又背，学生表现的环节彩排又彩排，这种课更像一场表演，一场作秀。

我是站在门外看音乐课堂，也没学习过音乐教育，所以很多发言都是胡说八道，让郭老师及各位老师见笑了。

郭声健：

“其实我在前面的帖子里说的常规课如果能像公开课一样就好了，我指的是上常规课的态度和积极投入探索的精神”，曾月的上述发言很深刻，尤其是这句话讲得好。

前面我谈过了，在美国，哪有这么多的教学评比啊。一方面，这么大的工作量，老师没有精力去搞这样的活动，教育管理部门管的事情，也都是宏观层面的事情，不可能管你怎么去上课（怎么上课，那是老师自己的事情），而是通过各种评估考核（主要是对学校、对校长，而不是对老师个人）来确保课程设置、师资配备、物质条件保障等方面的落实。另一方面，这么大的工作量，老师的课上不好，学生不喜欢，每节课要花很多时间维持纪律（美国课堂上是非常随意的，小学还好，到了高年级，吃东西都很随便，更不要说坐得好

不好，说不说话了），搞得老师自己的情绪也低落得不得了，那老师还不累死去。所以，把课上好，具体说，把课上得学生越喜欢，自己就越轻松。把课上好，那绝对是老师的一种自觉追求，而不是做给别人看的。

在我国，也许正因为担心老师们没有这份自觉性，或老师们的水平不高，于是，就产生了专门的教研部门，就有了公开课这种特别的教研形式。应该说，这是百利而无一害的好事情。对于公开课，大家都讨论都很多了，我也谈不出什么新东西，在这里我主要说说公开课为谁而教的问题。

其实，我前面讲的“精雕细琢”虽然不是针对公开课而言的，但实际上公开课在精雕细琢方面是发挥到了极致的。精雕细琢顾名思义是需要时间磨的，而常规课是没有这么多时间让你来磨的，这就意味着，我们精雕细琢出来的课，到底有多大的推广价值，还值得怀疑，恐怕它更多的是像个老师和学生合作创作出来的艺术品，只能供人观赏，没有太多实用价值。我说这话，绝对不是否定公开课的教研价值，而是希望公开课不要成为奢侈的艺术品，而是期待它能够充分发挥出它的应有的领引作用。要获得这样的效果，有些观念必须要明确：

首先，公开课到底为谁而上？这个问题，肯定会有争议，一般会认为公开课，作为教研课，毫无疑问是要给下面听课的老师以启示，以示范。这话的确没错，但是如果是上给老师看的话，可能就会实质性地改变了教学的性质。做任何一件事情，一旦目标不同，服务对象不同，实际操作过程就必然不会一样。教学，永远的服务对象是学生，公开课也是教学，毫不例外。公开课上，学生依然是我们的服务对象，虽然为了教研的需要，让他们损失一节课的主体地位，也没有什么不可以的，但是，这不是问题的根本。根本的问题是只要我们的目标指向不再是学生，学生的角色定位也由原来的教学主体变成了配合老师表演的配角，那么，整个教学的方方面面都会跟着改变。

我相信，每一个上公开课的老师，在设计一堂课的时候，首先想到的就是如何迎合评委专家以及各位听课的老师，就会揣摩他

	们需要听什么看什么，他们会从哪些方面评价我的课。这时候，学生就不会有太多考虑了，希望学生的就是如何来配合我，而且也相信他们会很好地配合我，绝不会故意捣乱（这实际上已经有些不切实际的成分了）。好，当公开课老师的下意识里是为了听课的专家和老师来上课的时候，他的教学设计，一定会与常规课不同。在常规课上，学生是老师服务的对象，或者老师就图个自己轻松（这也好，只有学生喜欢自己的课，才可能轻松），那么我的教学设计，就是要想办法满足学生的需要和兴趣。而公开课，老师想办法满足的是听课的专家和老师的需要和兴趣，如何投他们所好呢？我一定要想办法体现出自己的教学艺术，体现出教学结构的完美，体现出教学细节的精致。因为，往往大家在评课的时候，就是抠这样一些东西。而精雕细琢一堂课并不难，难的是一辈子精雕细琢所有的课啊。不说其他的老师是否会去模仿学习，就说公开课老师，只怕即便是上相同内容的平行班级的常规课，依样照搬，也不想这样去上了。因为，教学语境完全变了，起码学生就不一定再配合了。 　　其次，公开课到底怎么评？随着新课改的实施，公开课的增多，大家教学水平的提高，可能还没有评课水平的提高那么快。我相信现在不管是专家还是普通老师，评课都会是一套一套的，我也“有幸”成为了这个评课大军中的一员。但到底怎么评课，不知道大家有没有过深层次的理性思考：主要是看公开课的精雕细琢，还是看其整体效果和教学气氛？主要是看公开课老师的表演，还是看学生的表现？主要是对照条条框框的理念去评，还是看具体的教学实践效果来评？等等。这些方面，相信大家都会考量，但孰轻孰重，可能就会有些不同见解了。 　　我的基本观点是评大方向、大原则，少追究细节；看教学气氛，看学生表现，看自然度，看即兴发挥，表演成分越少越好；暂时抛开条条框框，不要动不动就用理念去套，就看现场的情形，到底觉得好不好，尊重和信任自己的现场感受。另外，还有一条很重要的，看看公开课的教学到底有没有推广度，只好看，不好用的公开课，我觉得不要太倡导。这也是是否体现公开课价值的一个非常重要的方面。

上面两点，是针对公开课的。前面我说了，我讲的“精雕细琢”其实并不是针对公开课的。最漂亮的女人，是那种不需要任何化妆就让人感觉漂亮的女人；同样的道理，最好最美的课，是那种不需要特别精雕细琢就能吸引学生打动听众的课，是那种非常自然，甚至有些原始味（原汁原味）的课。这样的课，才具有永久的生命力。这样的课，不是一时一刻能突击出来的。我想，老师们都听过很多优秀教师的课，相信大家有一个共同的感受，优秀教师上的课，就是那么的轻松和自然！一站上讲台，一个点头和微笑，一动口说话，他（她）就已经深深打动和吸引我们了，他们根本就不需要太注重细枝末节的东西了。达到这个境界的确需要修炼，但也说明一个道理，很多东西并不是抠细节抠出来的（当然，在优秀老师成长的过程中，也可能的确需要这样的精雕细琢），优秀的教师，就是有一种无形的东西在散发着魅力，在给学生施加着积极的影响。

王　蓓：

看了郭老师关于如何评课的发言，我深受启示，也有同感。一堂优秀的公开课应该是一节能广泛推广的课例，供老师们借鉴和启示的样例，而不是一节具有特性（特定的老师、特定的学生、特定的环境）的课。这其实也是对老师备课的要求，要能面对任意的学生。

另外，关于“精雕细琢”的问题，我觉得如果从另一个角度，就是对刚走上讲台的年轻老师来说还是很有必要的。这种“精雕细琢”是对教师教学经历的磨炼和教学水平的提高，尤其是赛课和公开课的磨炼是很能锻炼人的。当自身的水平和经验达到一定层面后，这时候就应该返璞归真了。

我还想请教郭老师的是，评课中我觉得评价学生的表现应该是重要的。学生是课堂的主体，那么他们的受益程度和表现就是评价依据。而各个学段对于学生的表现应该是有区别的，如高中生就更应该以理性思考、思维的活动为主。但这往往是不容易看出来的。于是，课堂的静就会影响到评委的评价。还有，如果是像戏剧表演这样的选修模块，很多教师本身没有专修过戏剧表演，在表演技巧上不能给学生太多专业性的指导，但能让学生在学习

	过程中对戏剧表演的有关知识有认识，并能在前后两次的表演实践中有所提高，有了学习的兴趣和对戏剧表演积极而大胆的表现欲望，那么这样的课能否算好课？应该怎么样去评价？谢谢！
 郭声健：	接着王蓓老师的话题，再补充说几句： 任何事情都有两面性，“精雕细琢”同样如此。我前面也谈到了，优秀的老师，在其成长的过程当中，就可能经历了这样的一个塑造过程，这完全是有可能的。而且王蓓说的它有利于新教师的成长，这一点也完全是对的。大家知道，一个歌唱家和演奏家，不管其专业技能已经训练得多么的熟练，登台演出是非常重要的一环，这样抛头露面的过程，是非常有助于提高艺术家的表演水平的。同样的道理，上公开课，对于一位教师，特别是年轻教师的成长，也非常有好处，不管他的课是属于精雕细琢艺术型，还是朴实自然原生态型，都是很能锻炼人的。当然，我个人认为，即便从教师成长的角度来探讨公开课，我也觉得追求朴实自然，比精雕细琢要好（这两者或许也没什么太大矛盾，或许还能相辅相成，但是作为一种目标追求，作为一种教学风格定位，可能还是得有所侧重和取舍。到底是让公开课成为一件艺术品，还是一种实用品呢？两者之间还是可以或者必须选择的。我这里说的艺术品和实用品，是从听课教师的角度来谈的，而不是从学生的角度而言的）。总而言之，公开课对担任公开课教师的自身成长，毫无疑问是很有价值的，如果我们的新课改，在教师培训的过程中，能够让每个教师上一堂公开课的话，我想，这比听若干场专家讲座的效果都会好。只可惜，我们做不到这一点。 但是，事实上，我们之所以有公开课这种教研形式的存在，还并不是因为它对教师成长所起的作用，它是基于一种教学研究、教学示范、教学经验推广的意义而存在的。我们上面讨论公开课，也正是在这个层面上展开的。曾月那句话说得非常实在啊，我们只要在常规课堂上有那种钻研公开课的精雕细琢的劲头，特别是有那种对公开课的全心投入态度和积极探索精神，那就非常了不起了！

那样，我们的常规教学、我们国家的音乐教学整体水平，一定会有一个质的飞跃。但是，这事实上是做不到的。这好像和美国同行们的情形有些刚好相反哦：他们没有精力去搞公开课，那不切实际，因为常规课工作量太重了，太累了；我们则没有精力像上公开课那样去进行常规教学，那同样不切实际，因为，公开课投入的精力太多了，太累了。

关于王蓓提到的评课的问题，其实，我想了一下，好课和差课，都是相对而言的，是比较出来的。虽然它会有个基本的标准，但更多方面的衡量标准可能是随着时间、地点、对象、内容、场景，以及教育教学的整体水平的变化而相应有所变化的，是一种动态的标准。昨天我和我的一位在广东任教高中数学的同学聊起这个事，他告诉我说，广东的生源质量可能要落后湖南 20 年（大概是具体就他所任教的学校而言吧），感觉上一堂好课，做一个优秀的教师太难了。我说，按照这样的逻辑，是不是广东就没有优秀的教师，而湖南全都是优秀的教师呢？我同学说，那当然不是这样的。我说对啊，我甚至觉得在那样的环境下，更有可能涌现出优秀教师，因为生源很好的话，普通教师也可能上出很漂亮的课来，但那体现的主要不是教师的水平。举这个例子，只是想说明一点，好课差课是很难有一成不变的标准的。

美国的特殊儿童（残疾和智障孩子）大多是和正常儿童一起上课的，而我们国家更多的是专门成立特殊学校，很显然，这两种做法意义截然不同，人文关怀度相差甚远。从小让特殊儿童和正常儿童一块学习和生活，对他们的身心成长是非常有好处的。但是，这给学校教育带来了很大的挑战。我有一天去听了纽约某所小学周五一整天的音乐课。周五这一天，这位音乐老师只有 6 节课，比平常少一节，但是老师感觉是最辛苦的一天，原因就是这一天上课的六个班中，有三个班是有特殊儿童的。对有特殊儿童的班级上音乐课，甚至是有其他老师陪伴的，那样的场景很让人感慨啊。可能音乐老师怕我感觉他的课上得不好，所以，事先告诉我说，哪几个班是有特殊儿童的，显然，在他的感觉里，那几个班的课，可能没有另外几个正常班的课上得好。但是，听过之后，在我看来，根本就不是这样，甚至特殊班的课留给我的印象更为深刻，更让我感动。因为，在我心目中，我的衡量标准悄悄改变了。包含有特殊儿童的班级的课，能够正常地顺利地进行下去，那比正常班级的最为流畅的课都更能体现出老师的教学水平。所以，什么是好课，什么课不好，还真要看所处的特定场景。我们把大城市里学校的优质课搬到乡村小学去上，可能就不见得再是优质课了。

具体到王蓓老师在上面谈到的高中音乐课的评价，我想如果你是执教者，你毫无疑问比我更有发言权，即便我在现场听了课，我也觉得，教师自己的感受更为真实。好像我前面谈到了这个问题。到底什么是好课，最有发言权的是学生和执教者自己。我现在主要是给研究生上课，偶尔也出去做做讲座，其实我的课上得好不好，心里清楚得很，只要看学生（或听讲座的老师）现场的反应就知道了。只是有时候有点自欺欺人，不愿意承认这一点，明明感觉听众没什么兴趣，还总会找出些理由来安慰自己。自己的感受，永远是最真实的，别人说的话，尤其是夸奖自己的话，最好是信一半、不信一半。如果我没有猜错的话，王蓓上面谈到的课，可能就是自己经历过的事情，如果真是那样，那你就先相信一回自己吧。

当然，如果我们从学生的角度来考量一堂课的好坏，也还是有一些基本的标准的。比如，学生的参与度，如果是鉴赏课，好课就不能停留于学生举手积极不积极、发言积极不积极的层面，更要看他们的发言是否有深度，是否有自己的思考和观点，信息量大不大，这对于高中生来说，是完全有可能做到的。所以，我认同你的观点，课堂的静并不能说明什么。如果是你说的表演课，则不能主要看表演的水平，更要看表演的兴趣，看是主动表演还是被动表演，看是否激发出了他们的表现欲望。对于高中学生来说，敢于表演，甚至比高水平表演都要难，因为他们已经不再轻易地允许自己站出来“丢人现眼”了。

杨　丹：我觉得啊，我们的研究生同学们如果不去课程资源网论坛上看看绝对是遗憾。我这些天看了一线音乐教师们的帖子后，感慨

良多，被他们的敬业精神和钻研的态度所感动，同时也深感自己的渺小。

这个渺小的含义有多重，一是我们号称是学习音乐教育理论的研究生，往往不自觉地以理论研究者的身份自居，煞有介事地写一些文章，发表一些言论，去追求所谓的理论深度，去牵强地跨一跨学科。看了老师们的帖子，才知道我离中小学音乐教育甚远。也许我听过几节课，看过一些课例，也懂得国家相关政策文件，也学过教学法，甚至还去粗浅地研究过各种音乐教育理论。但是，我没有上过讲台，没有亲身接触过音乐课堂上的孩子们，没有过亲身的教学交流与感受，那么，很多想当然的东西会自然而然地产生，也会有些自以为是的想法。更重要的是，我们对于音乐教育的思考，会总是停留在这个自以为是的“理论”层面上。于是就出现了这样的现象：郭老师在新课程论坛上出现以后，音乐教师们纷纷提问，问的问题都是十分具体且细致的，而且还会抓住郭老师回答的内容中某些细节再问，并能理论联系实际地说出自己的看法（具体事例可见新课程论坛），讨论得十分热烈，迸发着思想的火花。而在我们的论坛中（指“郭声健艺术教育网论坛”），大部分都是研究生，我们都离郭老师很近，我们怎么就没有这么多问题问呢？我们顶多问问，“郭老师，美国音乐教育的情况怎么样啊？”诸如此类的问题。是我们不想问问题吗？我想更多的原因不是不想问，而是不知道问什么，不会问。为什么不会问呢？那是因为我们根本就不知道我们音乐教育中的一些细节，也可以表述为我们对中小学音乐教育的实践了解得根本就不透彻，可能知道个大概，但可以说比较浅薄，只略知皮毛。

我们在大学本科四年级的时候有一个教育实习的环节，暂且不说这个环节是否真正起到实效，至少它可以给我们走上讲台的机会，似乎这个环节的初衷其实也就在于让即将走上讲台的音乐教师们来提前预热一下，发现问题，提高能力。那么，在音乐教育专业的研究生学习阶段，是不是也应该有一个实践板块呢？我认为是可以设置的，并且是很有必要的。可能会有很多人提出非议，研究生怎么去上中小学的课呢？又不像本科生那样技能全面，能

	唱能跳的。这确实是一个现实的问题，但是我认为仍是可以解决的，研究生同学大部分都是音乐专业的本科生出身，专业的底子摆在那里，各人可以根据自身专业情况来设置课程，正好这也可以“逼迫”研究生同学们去注重一下专业技能的训练和发展，不要一读了研究生就蹲在电脑前而不进琴房了。这个实践的板块可能有很多方式，包括时间上、空间上、方法上，我想只要精心策划是能取得成效的。这样与实践亲密接触过的理论研究生，在研究起理论来的时候，会更有感受、更具体、更能理论联系实际，这样研究出来的理论也才能更好地指导实践，为实践服务。更严重一点说，这样的理论才是有意义的。 　　我们的音乐教育，不需要空中楼阁般虚幻美好的理论，而需要更脚踏实地的理论导向。从我自己的亲身经历来看，三年研究生阶段，除了学校安排的课程任务，以及理论研究所必需的阅读写作外，是有足够的时间给我们去实践去探索的，但这大把的时间我们好像都浪费了。这些只是我个人的一些反思，这里面用的“我们”并非指所有同学，只是习惯的一个代词而已，也许有很多同学不是我这样的情况，或许观点也有偏激之处，但受到音乐教师们畅所欲言的影响，我也畅言一把，有不同意见，让我们来讨论吧。 　　感到自己渺小的第二个原因是因为作为一个高校音乐教师，我目前没有发现有类似于新课程论坛这样的学术交流与实践切磋的园地。应该说，高校的音乐教育，不管是专业的还是公共的，都存在非常多的问题，有些问题也许比中小学音乐教育的问题更加严重。但这个领域缺乏学术交流的气氛，大学音乐教师们往往也更安于现状，没有去钻研的习惯。不过也许也是我孤陋寡闻，不知道这样的园地，但至少现在我没有发现，论坛中哪位老师知道有高校音乐教育（包括高师、音乐专业院校、公共音乐教育等）的学术园地，也麻烦告诉我一声。引用新课程论坛里老师们的一句话，“要是所有中小学音乐教师平时的课都有像公开课一样的钻研和探索精神就好了”（大致这个意思）。其实，需要钻研和探索精神的，岂止中小学音乐教师？高校音乐教师，乃至所有的音乐教育工作者、研究者，都应该有这样的精神。

	再次呼吁一下我们论坛里的同学们去看看新课程论坛里的帖子。
 郭声健：	杨丹说得很好啊。早几年前我就提出过这种现象，中小学改革热火朝天，高校则是不闻不问，稳如泰山，高校真的该好好反思啊。我们的中小学质量（不单指音乐）在世界上是不差的，扎实的基础知识是包括美国在内的西方国家所向往的。可是到了大学，就差了，而且差距很大，不到美国来看看，还不知道差距有多大。不说你们研究生，我这个教授在中小学老师面前都感觉到很渺小很渺小，我没有必要谦虚和说假话，也许是这种感觉积累多了，也许是年龄大了，我越来越有一种回报社会、特别是为我们的中小学音乐老师做点具体事情的心愿，包括花时间和老师们在论坛上交流，包括我计划回国后趁国庆节回老家探望老母的时候，顺便给家乡的音乐老师做个讲座，当然也包括计划中的爱心活动……我的这种心态，让我感觉人生更有意义，也更加充实。 另外杨丹说的一个现象，我也只是没有说出来而已。我这个网站已经办了两年多了，可是，一直就没有形成一种像课程资源网论坛这样的研讨气氛。不是我不想和大家交流，也不是我不敢回答大家的问题，主要还是大家不敢提问啊。怕提出来的问题幼稚，因为对中小学音乐教育实践我们太不了解了，而探讨纯粹的理论问题，则又心有余而力不足。其实，这样的一种交流，无论对你们还是对我自己，都非常有好处，真正能收到教学相长的效果。这也是我很乐意在网上和一线老师交流的另一个重要原因，即以此促进我自己的成长，这对我来说，是一个非常好的学习机会。 很惭愧，这些年来，我是不怎么看书了，也根本就不看杂志了，眼见自己就要被时代淘汰。当然，不看书也还有另一个原因，那就是，我们国家的理论研究状态并没有让人寄予太高的期望。大道理一套一套地讲，专家一批一批地出，但真正静下来深层次研究几个具体问题的成果还是不多。这种印象，可能也是我没有学习、孤陋寡闻所带来的偏见吧。

邓 兰：

郭老师在前面的帖子里提出“怎样让教学效益最大化”，这个问题太复杂，根据不同的教学主体、教学内容、教学目标、教学条件等等会有不同的实施策略和判断标准。但越是这样的问题，越是令人有去探究的欲望，一目了然的东西，反而无趣。因为这个问题涵盖的因素甚多，探讨起来不可能面面俱到，所以在此我想说的一小点是，教学公平化应该是保证教学效益最大化的一个重要的因素。

人人都喜爱艺术，都需要艺术，所以艺术教学应公平地对待每一个参与其中的人，让他们都能享受到艺术给予的生命的丰富。但教学中的公平如何达成？这不像说起来那么轻松。我们常批评在艺术教学中存在着只关注少数有特殊才能的学生，针对他们的才能施以特殊的培养，使他们在艺术上得到适于自身的发展，获得成就感，而对于余下大部分没有表现出特殊才能的学生，却是敷衍了事的现象，这自然是对这些一般学生的不公平。于是，为了做到公平，我们将资源公平分配，每一个学生都享受同样的教学，接受同样的教学内容、一样的教学方法、一样的参与艺术的方式等等。但是这样无视一些学生表现出特殊艺术才能的做法对他们又是公平的吗？这同样是不公平的，因为他们的才能在求同中被压抑，而这种压抑很可能会埋没一个未来的艺术家，这种貌似的公平并不比前一种不公平更公平，因为教育中的公平并不是以少数服从多数来表现的。虽然绝对的公平不可能存在，但我们起码可以让公平最大化，或者说最合理化，也就是说努力做到在艺术教学中让每一个学生都以他自己适宜的方式欣赏艺术、参与艺术、发展艺术的才能。

因此，对于艺术教学中一种折衷的做法，我也无法真正地认同。那就是既将资源公平地分配，一般地对待所有的学生，同时又关注到少数有特殊才能的学生。因为这种做法基于这样的前提：有一部分学生是有自我独特的、有发展价值的艺术潜能的，而大部分学生都没有这样特殊的艺术潜能，他们的艺术能力都是差不多的、不需要特别发掘的，所以都可以一般对待。但事实并

不像一般所认为的，有的人有艺术细胞，有的人没有。所谓有特殊才华的人，只是他们的艺术潜能得以被很明显地表现了出来，并且有出类拔萃的可能，但这并不意味着其他的学生就没有艺术的潜能等待挖掘、等待发展，他们只是有的还未及表现出来，有的能被表现却被“同一性”的要求所埋没。其实每一个人都是拥有特殊艺术智能（潜能）的个体，相对于身边的其他人，他都是特殊的，都需要被特殊对待。艺术教学就应该提供给每一个人按照自己的艺术潜能发展自我的机会，让每一个人都切实感觉到自我在这样一个艺术活动中独特的存在价值。他内在的艺术本能得到了自由发展，而在发展中，他又将在艺术中走向更宽敞的自由。只有这样的艺术教学，才不会埋没任何一个学生，这也应该是达成艺术教学效益最大化的前提之一。

很抱歉，我似乎又在阐述一种看似可望不可即的理想，但我始终认为理想与现实并不是格格不入的。难道仅仅因为理想与现实之间存在着差距，我们就畏谈理想了吗？一方面，理想本来就来自于现实的阙如，现实正是在追逐理想的脚步中不断进步，哪怕这理想永远无法实现，但我们是在无限地接近它，当然这其中要处理好长远理想和当前理想的矛盾。另一方面，没有足够的实践经验，使我不敢过多谈及实践的操作，即便有言，恐怕又是一番空中楼阁式的实践。所以在此，恳请各位老师予以指导。

Radar：

对于邓兰的上述观点我个人非常支持。小时候就发现了这个问题，老师永远无法做到公平二字，他们对于自己喜欢的学生或者成绩表现好的学生就“特殊”对待，对于学习成绩差的学生或调皮捣蛋的学生就表现得不喜欢，甚至有恶语。虽然这个公平二字永远无法做到，但是可以努力去尝试一下。

记得前不久看过两部电影，都是关于这个问题的。其中一部讲的是一个音乐老师对自己碰到的特别笨的学生，一定会特别对待，发现其特长，并引导区别对待。当他离开人世的时候，为他送行的都是国家各个岗位部门的栋梁之材，而这些学生当年被人

	鄙视，认为是无药可救的遗弃对象。而他却没有花时间照看自己的天生聋哑的儿子——本来是可以恢复听力的。直至弥留之际，儿子都恨他。这个故事有点极端，但是能反映一个问题：那就是每个学生都有自己的潜在的能力和兴趣特长，要善于挖掘、启发、引导，不要让那些“表现差”的学生“掉队”，这一步的掉队也许一生就会掉队。
 郭声健：	这几天来交流的人不多，可能大家都去参加高中新课改的培训去了。为了维护好这个帖子，我首先得从自己做起，别让它冷下去了，否则再要恢复元气就困难了，做任何事情都是贵在坚持，所以，我今天还是来坚持说几句。 说什么呢，就谈谈对新课改培训的感受吧。 此前我在一本书里谈到，新课改最大的收获，恐怕还不是课程标准的制订和新教材的编写，也不是理念的更新和学习方式的改变，而是我们老师们的教研科研意识的增强和教研科研能力的提高。我认为，这一点也最为重要，这要得益于频繁的、全方位的、立体式的培训。而培训效果的衡量，我觉得也主要应该看老师们是否通过培训，具有了教学改革的意识，有了这种改革意识，其他教学实践层面的改革及具体操作，才有可能真正得以落实。我们的老师，平常自我吸收的东西可能也并不太多，可能习惯于在这种突击式的培训中去学习别人的，去模仿别人的，去迷信别人的，而缺少了独立思考和自主探索的能力。我想，如果通过培训，老师们在独立思考和自主探索能力方面有所提升的话，那么，我们的改革才算是真正富有实效。我们平常讲，我们的教学要“授人以鱼，不如授人以渔”，这句话，其实对中小学教育来说，还并不非常准确。因为，中小学教育的一个非常重要的方面是基础知识和基本技能，这些基础的东西、真理性的东西，是需要我们直接传授给学生的，是不需要学生再去花时间自我探索的。但是，对于我们的在职教师培训来说，“授人以鱼，不如授人以渔”就比较贴切了。我想，对我们老师们而言，这个“渔”也还主要不是具体的方法和模式，而是教学改革的意识、

独立思考和自主探索的能力，以及勇于批判的精神。

在前面一个帖子里我曾谈到，我们的高校，我们的教师教育（特指未来教师的教育，即师范教育）应该怎么办的问题。其实，提高教师素质，在职培训只是一条途径而已，而且还不应该成为最主要的途径，培训活动可以说是特定时期的特定举措，而且历来我们的培训都有一种"补课"的性质。如果我们师范教育培养出来的未来教师都是合格的、称职的，是能够适应教育发展的步伐的，那么，是不需要如此规模宏大的培训的。当一个教师具备了基本的教师素养，像音乐教师来说，包括音乐专业技能素养、音乐综合修养和一般文化素养、教育基本理论素养、科研素养和职业素养等等，那么，不管是什么新课改，哪怕是推倒重来（这当然不行的）的课程改革，都是可以应付得了的。但目前情形却并不如此乐观，我们的老师可能对课程改革难以适应，或对课程改革的目标和理念难以理解，在这种情况下，我们只能够把希望寄托在在职培训上。

然而，在职培训，是有被动和主动的差别的：主动的培训，应该是立足现实，面向未来的，是对未来音乐教育发展之路的探讨，是设计未来发展的蓝图，或者是了解未来发展的趋势；而被动的培训，就如我上面说的"补课"，则是培训者灌输、传达上级指令和专家意图，被培训者无条件接受、遵照执行的过程。被动的培训，对于基层教师参与课程改革来说，显然是一种被动的行为，是别人（专家们）已经设计好了改革路线图，你只要去做，只要跟着他们走就行了。这里面就隐含着一种危机：少数人甚至个别人，就可能因此而左右整个音乐教育发展的方向。而实际上，真正的课程改革，绝不是一种专家行为，绝不能掌控在几个人手上，而应该是全体老师参与的、全体老师都有话语权的一种民主行为。而现在看来，我们的课程改革在这方面还是存在着一些不足的，这也就是为什么我们的课程改革完全有可能出现推倒重来、另起炉灶的这种严重违背教育规律的情况出现的主要原因。

我想，只有当我们的全体老师有机会参与改革进程，有知情权、话语权、表决权的时候，我们的改革才可能真正遵循着教育规律来

	进行。因为，课程改革，不仅仅是一种理性思维活动，它更是一种教育实践活动。改革方方面面的举措和理念，到底是否可行，可操作性有多大，其实，最清楚不过的还是我们基层老师。专家们再厉害，他也只有一个脑袋，他也不可能事事精通，因为每个人的研究领域或实践领域都是有所侧重的。课程改革，绝不是个人写学术论文，出学术专著，那是个人观点，是完全可以畅所欲言的。我们说，课程改革的成果，是智慧的结晶，这话没错，但并不只是专家们智慧的结晶，而是广大音乐教育工作者智慧的结晶。 　　课程改革，关涉到全体教师，更关系到千千万万的学生，因此，课程改革作为一种教育行为，必须遵循一条基本的伦理原则，那就是“零风险”。意思是说，我们绝不能冒损害一代学生利益为代价的风险去进行课程改革。所以，从这个角度说，我们的课程改革，一方面，必须慢慢探索，不能操之过急，不能只是为了完成任务；另一方面，我们不仅要听老师的呼声，若有可能，还要听听学生的呼声，所以，我认为，我们的新课改培训，不能只是让老师们来聆听专家讲座，只是让他们被动吸收、接受、遵照执行，更应该借这个机会，让专家们来听取老师们的意见建议，多听听基层老师们的呼声，要真正让老师们以课程改革的主人翁身份，参与到课程改革过程中来，甚至包括参与到决策的过程中来。而一旦老师们获得了这样的机会，就必须破除迷信，具有自主意识和批判精神，就要敢于向专家说“不”。其实，上面的专家们同样需要下面的老师们对他们进行培训啊！ 　　请不要机械理解我上面这些话的意思，我不是说，我们的音乐课程改革，必须得征求全国数万音乐教师的意见之后，才能迈出改革的步子。我只是强调，我们的国家有关行政部门、我们的课改专家，必须要意识到这个问题的重要性，真正把学生装在心里，把老师装在心里。而一旦我们树立了这样的一种意识，或许，我们的培训活动，无论在内容上还是在形式上，都会有创新，培训活动中专家和老师们的角色定位就更为准确，效果也会更好。 　　当然，我们最期待的是，我们的老师都是高素质的，我们不需要这样的大规模在职培训。也许，真正启动和推进高师音乐教育

改革进程，才是提高音乐教师素质、确保基础教育音乐课程改革顺利进行的最根本出路。这是另外一个话题了，以后再谈。

写完上面的话，我本来已经关机午休了，但想着我上面那句“专家也需要基层老师给予培训”的话可能会引起误解，还是从床上爬起来就此予以说明。

到底什么人算是专家呢，国家也没有哪个部门来专门认证这个称号，但一般从我们基层老师的角度看，高校的老师可能就属于专家了（专家这称号现在也太不值钱了，其广泛适用性，几乎和“美女”、“靓妹”称号相媲美了，就如见到女性就喊“美女”、“靓妹”一样，见到高校的人甚至只要见到不站中小学讲台的教育界人士就喊“专家”），于是，我也当之无愧地进入了专家的行列了。所以，说上面这句话，更多地含有自省的成分在里边。

其实，作为一名高校老师，我还是基本上了解目前高校的现状的：我们高校的老师，包括专门从事音乐教育专业的教学与科研的老师，真正了解中小学现实的真还不多。因而，我们的师范院校培养出来的毕业生——未来音乐教师，真正走上讲台就能胜任中小学音乐教学工作的，只怕也是屈指可数啊，这也是必然的结果。要说和发达国家教育的差距，我们的音乐教师教育（师范教育）的差距才真大。这个问题，有机会再给大家介绍。举一个简单的例子，上面好象也有我的学生谈到了，高校的实习环节，带实习的老师，有几个懂音乐教育教学的？有几个能够真正指导学生的课堂教学的？再举个例子，担任音乐教学法课程教学的老师，又有多少是对中小学音乐教育现状特别是课程改革现状了解得深透的？老掉牙的教学法，可以年复一年地上，因为，对于一届一届的新学生来说，老掉牙的东西也永远都是新鲜的。所以，我说，像我们这样的所谓专家，的的确确是需要基层老师来好好培训的。

培训什么呢？培训如何上课，介绍教学现状和现实背景，特别是让专家们懂得我们基层老师的苦衷。我们需要了解的东西可多啦到底我们现在的学生的音乐兴趣爱好是什么，我们学生的音乐基础怎么样，我们学校的教学设备等物资保障情况如何等等。尤其是老师们珍贵的实践经验、体会乃至教训，包括学生喜欢什么样的教学

	形式、评价形式，老师们在教学实践中的最大困惑或困难是什么……这些其实都要让我们的专家清楚才好，而且最好是既要有城市教师来培训，也要有乡村教师来担任培训者，要让专家们全面地掌握我们国家的音乐教育现状。只有这样，音乐课程改革的设计师们才能直面现实、针对性强、有的放矢地来勾画我国音乐教育改革和发展的宏伟蓝图，而不至于建立一种空中楼阁式的理论构想。也只有这样，我们的高师音乐教育——培养未来音乐教师的摇篮，才能适应基础音乐教育改革和发展的需要，才能满足音乐教师队伍的发展需求，培养出真正合格的、称职的中小学音乐教师。 所以，我说的“专家也需要基层教师的培训”是有道理的，绝不是在讲风凉话。可能，我们的专家也的确经历过一层层的培训，或许，三档专家接受了二档专家的培训，二档专家又接受了一档专家的培训。但是，我们想象不出，最高档次的一档专家是接受过基层教师培训的，甚至是真正倾听过基层教师的心声的。或许，专家们和极个别的优秀音乐教师是有联系的，但我想，这远远不够，优秀教师毕竟也是基层教师中的一个很小很小的特殊群体。如何保持一种专家与基层教师交流途径的通畅，恐怕是今后我们的培训也好，制定发展计划规划也好，都必须考虑和解决的问题。目前情形应该是，自上而下的途径是畅通的，这是我们国家体制上的优势，但自下而上的途径是不够畅通的。 令人欣慰的是，上面像我的学生陈瑾、杨丹等，都是高校教师，他们和我一样，充分意识到了向基层教师学习求教的极端必要性。他们带过学生实习，或任教教学法课程，深知我们现在的高师音乐专业大学生最缺什么、最需要什么，也像我一样深深体会到，作为高校音乐教育专业的教师，自身缺乏的是什么，最需要弥补的是什么，因此，当他们见到这个论坛的时候，非常兴奋。这种感觉我是很能理解的。因为，尽管目前在这个论坛上发言的老师还不多，但是老师们提出的一个个问题，显然都是来自教学一线的一个个真实可信的问题、实实在在的问题，这些问题的提出，足以启发我们去思考、去研究、去学习，或给我们以警示。所以，我要说，这个园地，虽然叫做“对话”论坛，但实际上，这就是一种基层教师培

训我们这些高校教师或研究生的一个好途径、好平台。

陈　瑾：

郭老师以上所言真是说到了我们的心坎里，现在的高师与基础音乐教育之间的联系真是太少了。除了几个有限的教授音乐教学法的教师以外，高师的教师少有关注或了解当前的基础音乐教育课改的，甚至一些最基本的动态都知之甚少，这实在是很可悲的。

目前在高师，对于年轻教师而言，必须有带实习的经历才能晋升高一级的职称，所以每到要报名带实习的时候，老师们的积极性还是很高的。但是这些老师中到底有多少是真正能够指导完成在中小学的音乐教学实习的呢？而对于目前高师的学生而言，他们本来就离中小学的音乐教学很远，我们完全不能指望上过一年的音乐教学法课，他们就能够胜任中小学的音乐教学了。所以说，教育实习是高师学生离一线的音乐教学最近的一段时间，这段时间对于他们教学能力的提高真是太重要了！然而，对于音乐专业的实习而言，也有着诸多现实困难，学校的音乐课本来就少，每人每周基本上只能排1～2次课，一般的情况下是每人一周只有一节课，所以大多数的时间，音乐专业的实习生都是在忙着班主任那边的工作。而我们大多数人都清楚，音乐专业的学生以后工作了去做班主任的可能性是很小的。所以我带实习的时候，一般都要求他们认真对待每周的音乐课教学，在备课和试讲上去提高，多思考。此外，就是要多利用自己专业的特长，帮实习的班级或学校排一些节目，也只有这样，才能真正体现出音乐专业实习生的特点。

说实话，作为高师的教师，我们现场听中小学音乐教师上课的机会也并不多，所以更多的时候我们会选择多给学生看优质课或示范课的录像。正如前面郭老师所说，这些课是“精雕细刻”过的，分析这些课的理念和思路，这对于高师学生的教学启示是显而易见的。而在示范课的选择上，我们也尽可能会找些可操作性强的，摒弃那些“作秀”的。有些有心的学生会记下详细的教学过程，然后在自己的教案中去模仿其中的思路，虽然说这也是一种复制，但是对于完全没有教学经验的高师学生而言却也是极有效的。

呵呵，随便说上几句，有表达得很不成熟的地方请见谅。

Dodozi：

郭老师，我来了。确实因为新课程的培训而没有来论坛，这些天我们都在学习，都有收获。

听了专家们关于教材的解析、教法的建议，还有非常优秀的课例，感觉自己充实了不少，因为自己在准备课，所以对这些是非常关注的。

其实我认为，公开课，往往首先关注的应该是学生，虽然有时说的话是设计好、背好的，但这些设计，都是为了能更好的吸引学生，并不是说给听课的老师听的。至少我在准备的时候是这样想的，虽然往往没做好，有很多没想到的地方。

或许每次的常规课都不可能上得像比赛课那样，但上了几次公开课后，也会对课的设计、思路有一些更好的理解，把好地方法、好的设计用到以后的教学当中。因为每一次的比赛，对老师（特别是才参加工作不久的老师）的成长都是一个非常好的锻炼机会，再累，也是值得的，因为这是经验的积累。

好的课，真正受益的是听课的学生。

我喜欢上音乐鉴赏课，我希望自己能给学生带来欢乐的同时，也让学生掌握一定的知识。想法是好的，但实践起来并不容易哦。因为经验不足，掌控课堂的能力也不强，有些时候上完课会有点失落，但当偶尔上了一节比较满意的课，看到学生在课后也会唱一唱，这对我也是一种鼓励。所以我经常对自己说：加油！

郭声健：

赵老师在上面谈到了公开课、优秀的课例、教师的成长等话题，这让我自然而然地进一步联想到优秀教师这个命题。听赵老师这么一说，我猜想得到，你一定是一个优秀的音乐老师，也是一个幸运的年轻老师。当然，优秀和幸运两者是紧密相联的。我们的公开课，都是优秀老师上，或者是给那些自身素质好、有培养潜力的、将来

一定会成为优秀老师的年轻老师上的。优秀老师的铸造是有一个过程的，而从目前我们国家的状况看，有机会上公开课的老师，是最有可能成为优秀教师的。所以，从这个角度讲，上公开课的老师是很幸运的。不过，这种幸运也是自己努力的结果，也是自己优秀的结果。所以，我们也期待有机会听听赵老师的课，期待见证一位优秀教师的成长历程。

但是，怎么界定优秀教师呢？这些年，对这个问题，我似乎有了更多或更深的认识。而且，我自己也一直朝这个方面努力着。首先，我们不能狭隘地理解，课上得漂亮的老师，就一定是优秀老师，更不能认为，公开课上得多的老师就一定是优秀老师。课上得好，这只是衡量一个老师是否优秀的一个方面，当然是最重要的方面之一。除此之外，还有很多东西需要考量，自然这些方面可能都是紧密相联的。比如，老师自身的全面综合素质、老师的教研科研意识与能力、老师的职业道德和敬业精神等等。我想，任何一个老师，有了后面这几条基本的东西，上出漂亮的课，应该是不成问题的，那只是迟早的事情。但是，课上得好的老师，尤其是某一堂公开课表现出众的老师，倒不一定必然地在其他方面也很突出。因为，还是那句话，上一堂好课并不难，难的是一辈子都上好课。一堂好课，很可能会有许多的偶然因素成全之，如，刚好是自己最拿手的教学内容，刚好碰上了一个好的班级，刚好得到了高人指点或受到了某种相关的启示等等。但一辈子都上好课，就不容易了，那更多地要取决于老师的职业道德、敬业精神，以及正确的人生观、积极的幸福观等等。尤其是如果没有良好的职业道德和敬业精神，是不可能做到一辈子上好课的。

我刚说，我现在对优秀教师的理解，似乎有了更多或更深的认识，其实是发现我的认识越来越简单了。在我的心目中，真正优秀的教师，是“既教书又育人”的教师，而且我更看重育人的方面。最近我老跟我的朋友们、学生们聊起这个陈旧的话题，的确，“教书育人”是陈词滥调了，没有人不知道这个词。可能是我悟性比较差，一直到现在这把年纪才真正开始领悟它的真谛。人是教育的出发点和终极目标，传授知识技能也好，传承文化也好，最终的指向还是人，

	还是为了学生全面和谐地发展，过上幸福美满的生活。我想这一点，大家都是有共识的。好好反思我们的教育，在这方面还是很存在一些问题的，这也不能具体怪某个老师，整个社会大背景和教育大背景就这样。 　　中小学教育，升学率压得老师喘不过气来，这是压倒一切的任务，领导只是不敢公开说，一切围绕升学率，一切为了成绩，至于其他方面，只要学生不犯法就行了。大学阶段，老师们上课进教室，下课出教室，其他时间人影都难见到，大学校园，绝对的自由世界。我跟朋友聊，现在我们总看不顺眼这年轻的一代，埋怨他们没有志向，不读书，整天浑浑噩噩地混日子。可是我们不想想，谁给他们引导了，谁给他们示范了，又有谁给他们树立了活生生的榜样。当然，不能一概而论，这样的老师肯定是有的，但学生碰上了的，就是幸运儿。就说我们现在的大学生吧，其实他们正是可塑性强、精力旺盛、充满理想和追求的时候，这个时候，我们的育人，是最需要的，也是最关键的。但很显然，在这方面我们普遍做得不好，所以，我们不要一味责备他们不读书，不求上进。因为，作为教师，我们没有尽到起码的“教书育人”的职责，教书可能做到了，甚至可能做得很不错，但育人我们忽视了，而这一点，给学生带来的损失，却是很难弥补的。 　　我小孩读大一了，我对此深有感慨。他进大学之后，进一步迷上了音乐，甚至迷到了很极端的状态，恨不得要以放弃学业为代价来追求他的音乐梦想。对此，虽然我很着急，但我能冷静分析原因所在。我曾提醒过他，能否在学校里交上一个年轻老师朋友，至少和他们的任课老师多交流和沟通，这对他对待专业的态度和慢慢培养起专业兴趣是很有好处的，尤其是如果能够了解到老师在这方面所取得的成果和成就感的话，效果会更好。但他告诉我说，老师们都是上课就来，下课就走，哪有接触的机会啊。一度，他们自己搞了个乐队，他也拜了个老师。这位老师也是武汉大学毕业的，毕业之后，自己开音乐室，搞乐队，常常演出，也带带学生，这是我儿子接触到的最重量级人物了。于是，这位老师就成了他心目中的榜样：同样也不是学音乐专业的，又是在同一所学校毕业的，现在

做音乐，不也做得很好吗？

说实话，我很尊重儿子的音乐爱好，并因为他有这样的爱好而感到欣慰。我的基本原则是，在不放弃学业的前提下，在未来能够保证生计的前提下，我坚决支持他的音乐追求。可我也不得不对他说，如果你的目标，就是你现在这位老师的话，那就不行了，目标太低了啊。我说是这么说，但我能理解这种状况，因为，他现在能找到的鲜活的榜样就是这位老师。唉，这么多大学精英，就为什么不能够让学生去仿效，去膜拜呢？根本原因，还是我们普遍缺乏"育人"的意识。对教师的神圣使命没有真正理解，或者不屑一顾。对我儿子来说，好在我这个父亲还多少能够给他一些正面的、积极的影响。

我现在越来越感觉到，以前不以为然的提法和词汇，现在看来，是多么地富有价值和多么地精辟。教书育人、以身作则、潜移默化、润物无声，对教育而言，都是何等重要啊，对学生的影响是多么深远啊。也正是我意识到这个问题的重要性，我给每届新研究生（统招生）上的第一堂课，主题一定是"做好学问先做人"，不管有没有用，我都会老调重弹地说一遍，届届如此。同时，我会在他们三年的学习过程中，尽可能地把"育人"环节贯穿于始终。当然，我会时刻检点自己的言行，若没有能力做到给学生正面的、积极的影响，至少也要保证不给学生负面的影响。要学生诚实，自己先诚实；要学生好学，自己先好学；教学生在未来热爱教育事业，关心学生，自己现在就要爱这份事业，就要关心爱护学生。总之，你希望你的学生成为一个好人、进取的人、不搞歪门邪道的人，我们自己就必须做个好人、进取的人、不搞歪门邪道的人。上面这些，就是我对老师"教书育人"的非常简单而朴素的理解。

想想我自己，这辈子我最大的幸运，就是遇见了几个好老师、我的博士生导师、硕士生导师都是最正直的学者，是为人为学方面都无可挑剔的人。我受几位老先生的影响实在是太深了。

另外，在我看来，真正的优秀教师是学生心目中的优秀教师。学生心中有你，一辈子都记得你，你对他们的影响绝不因他们的毕业或离开你而终止，你是他生命中的"重要他人"，这就是优秀教师。当然，这种影响，包括了多种因素：你的课上得好，学生一辈

	子都不会忘记；你为人正派，学生一辈子都以你为参照，等等。所以，我们不要在乎去评什么优秀教师，真正优秀的教师，是不用评的，学生心中自有一杆秤。 上面就是我对优秀教师的认识，因为，在这个论坛里的所有人都是老师，包括研究生也可能是未来的老师，或现在就已经是老师。我想和大家分享我的感受，并和大家共勉，让我们都努力做一个优秀的教师。评选出的优秀教师指标有限，但学生心目中的优秀教师是没有指标控制的。这话题虽然扯远了，但我觉得还是值得和大家交流。 再回头跟赵老师聊聊她上面的一个观点。 赵老师说："公开课，往往首先关注的应该是学生，虽然有时说的话是设计好、背好的，但这些设计，都是为了能更好地吸引学生,并不是说给听课的老师听的,至少我在准备的时候是这样想的。"我相信你说的这句话是真话，并且看得出是对我前面观点持不同的看法。这非常好。可能有的时候，我说话有些片面，但就如薛晖老师说的，片面的话，或许能够更好地让我们触及问题的实质。的确，你设计的话、背好的话，都是说给学生听的，这一点是必然的，因为，听课的专家和老师不是你的学生，不是你的教学对象，你不可能直接对他们说什么。如果连这点都不能做到，那学生的角色定位就完全搞错了。 但是，我想提一个小小的问题，假如没有听课的老师在现场，你给学生讲的这些话还会设计吗？还会去背下来吗？我相信不会，而且的确也没有必要。我们没必要这么认真地去准备一堂常规课，而且这种准备并不好，真正的教学是不能提倡这样的精心准备的。如果你回答说，没有听课老师和专家在场，那我肯定不会去设计并背诵与学生的对话了，那么，这就只能说明一个问题：这些设计，这些话，表面上看是讲给学生听的，可实际上还是讲给听课老师和专家听的。这种现象，就是我在上面的帖子里谈到的那个问题。当我们把公开课的目标转向听课老师和专家以后，很多东西都跟着变化了，你这就是一个非常具体的例证。说得极端一点就是：这就好比一场艺术表演比赛，公开课的老师是参赛的主角，几十个学生是

老师的配角，下面的专家是评委，听课老师是观众。这也就是我在上面说的，公开课成为了一件艺术品了，成为了一场艺术表演了!

另外，赵老师还谈到："好的课，真正受益的是听课的学生"。我想赵老师说这话，也可能是针对公开课而言的。这个问题可也不能一概而论啊，要看学生是在哪方面受益了。的确，公开课是好课，但是，我们也不要怀疑在公开课上，我们的学生对公开课老师的那份敬重，这份敬重是体现在他们能够很好地配合老师的工作。他们的配角演好了，主角的表演就成功了一大半，这个道理学生是非常清楚的。所以，无论如何，他们都要配合老师把这堂课上好。从这个角度看，公开课上，学生在合作意识的培养和良好师生关系的建构等方面，的确应该是受益了的。当然，只要是音乐课，哪怕学生就是在纯粹表演，音乐上也多少会受益吧，不过音乐方面的受益可能还是没有非音乐方面受益得多。对了，这是否就是一种比较好的"教书育人"效果啊，如果我们每天上的都是公开课就好了。

关于赵老师说的公开课对一个老师的成长是十分有益的，这一点我完全赞成。这个问题，前面的帖子已经聊过了，这里就不再多说。希望今后能有更多的人来上公开课，能有更多的年轻音乐教师通过公开课这个平台的锻炼而成长、成熟，成为优秀的音乐教师。

赵老师，加油!

对了，我有一个意思一直想讲，却总忘了。刚记起来了，尽快补上：

我们上公开课的老师们，最好是在每次上完课之后，抽时间去了解一下学生的感受，去听听他们对这堂课的评价，而不只是一味地听专家和听课老师们的意见，就武断地给这堂课一个好与不好的结论。我不是说，公开课依然是由学生说了算，但他们的感受和评价的确很重要!

或许，专家们认为好的课，学生同样认为好，那就是好上加好，必好无疑；或许，专家们的意见和学生的感受和评价刚好相反，那样的话，公开课老师在最终给自己的课进行好坏鉴定的时候，一定要好好平均一下，不能偏信某一方，此时，自己的感受和判断可能尤为重要。在这边，我发现，无论是中小学还是高校，老师们对学生的感受，真的是非常在乎的。他们会通过访谈、问卷调查等形式，来了解学生对自己教学的感受、建议和意见，而学生也习惯这样的一种交流方式，也根本就不认为老师的这种做法只是个形式，他们会认为老师是想了解真实的情况，所以，也都会实话实说，不夸张好的，也不隐瞒不好的。事实上，这本来也是老师们的一种自觉的行为，因为没有人要求他们去这么做。

其实，学生才是老师的衣食父母啊！这话听上去挺夸张，但我就是这么认为的。

Dodozi：

真不好意思，看了郭老师所说的，我有点为自己的话脸红了，不过就因为懂得少，才需要指导嘛，呵呵。

不过我不优秀啊，只是很普通的一个音乐老师，但如果郭老师愿意来听课，愿意指点我，我是非常非常高兴的。

确实，很多时候应该考虑学生的感受。我们音乐老师不像别的科目，听不懂有学生再来问，因为这关系到他们的学习成绩。我们一个星期一节课，上完就走了，只偶尔会有少数的学生来交流，所以在这次的期末考试中，我就要求学生给我提意见，主要就是针对音乐鉴赏。我自己回顾这一年的教学，也存在很多不足，虽然很遗憾这对他们可能没有什么帮助了，因为鉴赏课开完了，但为了下一轮的教学能达到更好的效果，我还是想听听学生的意见。以后上完课，我也会多了解学生的想法。

先说到这，吃饭去。突然想问一句，郭老师在那边伙食还可以不？吃得习惯不？是不是好想念家里的饭菜呀？

郭声健：

让学生给你的教学提意见，这真的很好，相信你一定会很有收获。

谢谢你对我的关心。关于这里的伙食问题，可以说，国内有卖的，这里也有卖；国内没有的，这里也有卖。什么是物产丰富、价格低廉，到美国走一走就知道了。像你们株洲产的酱辣椒，好像叫“辣翻天”吧，这里都有卖的。所以，吃的方面没什么不习惯的。至于

	伙食好不好，那一方面要看我勤不勤快，另一方面看我讲不讲究了。男人嘛，在吃方面都不太讲究，也不太勤快，我每天保证吃一顿米饭，做一个菜，一般下午 2 点吃。早上晚上就吃别的东西了，主要是煮玉米和鸡蛋，这是我每天必吃的。香蕉、面包、豆浆，偶尔也下点面条或速冻饺子……关于伙食的基本原则是两条：一、保证吃饱；二、别太浪费时间。 这段时间我的作息时间安排基本上是这样的：早上七点起床，先开始浏览网站，后开始写作。八点以后简单吃个早餐，再一直工作到下午一点。在两点之前解决午饭，然后午睡一个小时，起床后出去散散步或购购物。五点时分又开始工作，也间或看看电视和上上网。大概晚上八点左右解决晚餐，主要是吃些零食。然后工作到十二点左右，再躺在床上看看电视，也算是每天犒劳自己和最享受的时候了。一般情况下，凌晨一点准时睡觉。看看我这样的作息时间，也就知道我不太可能在伙食方面有多少讲究。
 薛　晖：	郭老师，你好！谢谢你坚守阵地。 终于结束了两期高中新课程的培训工作。虽然班主任工作很累，但想到利用出版社的物力和人力，培养自己的队伍，再累也心甘。更值得欣慰的是此次参训教师的学习热情很高，因名额有限，有很多老师自费旁听，还有不少老师第一批培训后请示学校留下来继续学习，且极少有老师迟到早退。有此状态，我们为之奋斗的音乐教育还是很有希望的。 我向学员介绍了此网站，也隆重推出了郭博士。会有很多老师会来学习，但不一定是交流探讨。
 郭声健：	是啊，我就说这是新课程改革的一个最大的收获嘛。只要老师们有要求、有激情、有使命感、有紧迫感，我们的音乐教育事业一定会越来越兴旺，我们的音乐教学水平和质量一定会越来越高。态度决定一切！当然，我们这样地投入学习，并不是为了迎合什么

	运动或什么人，而是为了我们的学生更轻松、快乐地学习音乐、享受音乐；为了我们自己更轻松、快乐地工作；为了我们自己从我们的工作中体验到更多的成就感和幸福感，真正从工作中得到享受。 听薛晖老师这么一描述，真的很羡慕大家，不能和大家一起学习研讨，甚感遗憾！此刻，更是觉得自己孤苦伶仃。不过，我相信将来这样的机会一定会有很多的。
 玉　成：	这次讲课的一位老师说得好：关起门来，我只与自己的学生分享自己听音乐时的感动，什么都打扰不到我。 实际上她也会面临生活中的种种困惑，但都不会影响到音乐课堂上，因为在课堂上，心灵可以是最纯洁的。种种外在的评判标准，此时都无关紧要了。学生很喜欢的课，凭什么专家几句话就可以否定掉？应该对自己的课有这种自信。 发出自己的声音，勇敢地为这种声音辩护，比什么都重要。今天体检时，需要等B超，就看到汉斯立克的那本小书中说：往往好东西改坏的多，而坏东西改好的就少了。在不盲目的情况下，这种自信真的很有必要。

04.

这是一位美国高中生发出的心灵震撼之声：我参加音乐活动是为了表达我不想压抑的感情，以便我不会在身体上去伤害别人，因为我经历过那种让自己丧失理智、精神失常、情感骚动的事情，所以我想把这些感受置入音乐之中，我要通过音乐将它们彻底释放干净。

郭声健：

最近一个时期，我一直在翻译我的朋友、哥伦比亚大学音乐教育教授 Randall Allsup 博士的博士学位论文，我发现自己的情感是那么的脆弱和易受感染。作者找了九位高中学生进行音乐创作实验，整个实验的过程，让作者品尝到了各种各样的滋味：开心、满足、激动、沮丧、尴尬、无奈等等，我的情绪也跟着作者的情绪在变化，甚至有些被论文所控制。当翻译到实验进展顺利、开心之处时，我的翻译进度明显加快；而当作者面临无奈的场景，或实验出现问题，有的时候竟然很难保全老师的脸面时，我都有些翻译不下去了，我必须要停下来，让自己的情绪稳定之后才能继续工作。不过，这样的感受已经不会再有了，因为我已经翻完了整个实验的过程，此刻正在翻译的是在最后的音乐会结束后，也就是这项音乐创作的实验结束后，老师和学生所进行的个别访谈。毕竟，活动结束了，师生之间的关系已经进入到了一种新的层面，我相信，这个时候，学生也不会再说出什么让老师难堪的话来了，因为，他们甚至都期待着活动能继续下去。

在这些天的翻译过程中，因为自己的情绪也深受影响，所以，有时候，很想把自己的感受说一说，和大家分享，但的确又不知从何说起。因为，我需要交代事情的来龙去脉，而不能够直接地表达我内心的感受，所以，我还是一次次放弃了表达的念头。不过，就在刚才，我翻译完下面这段话后，我毫不犹豫地要把它复制过来，我想让老师们和我一起听听一位高中学生在回答老师的问题——

	“你想通过音乐和音乐创作来表达什么”时，所说的下面这番话： ……我不确定其他的人是想试图表达什么，不过我参加这种艺术活动的原因是为了表达我不想压抑的情感，那也是我爱写诗的原因，以便我不会在身体上去伤害别人，而且它也是一种表达自我感受的好途径。这是从我自己的体验中得出的结论，因为我经历过那种让自己丧失理智、精神失常、情感骚动的事情，我知道那意味着什么。所以我想，我必须把这些感受置入音乐之中，看看它们是否能够因此而释放出去。同时我也认为它听上去就像我所想象的那种声音，那种情感的车轮在轨道上运行时所发出的声响：愤怒、挫折、沮丧，等等。这就是我做音乐想要的东西，我不知道其他人是为了什么。 我暂时也没想要对这段话发表什么看法，我得继续我的翻译工作。不过，从这段话里面，我们一定会深深感受到我们的音乐教育和我们作为一名音乐老师的责任是多么重大！我们真的该好好问问自己：我们的音乐教育，为我们的学生、尤其是情感丰富而易于冲动的高中学生，到底提供了多少通过音乐，通过音乐表现、创作、鉴赏等活动来表达、发泄他们内心情感的机会？
 郭声健：	写下上面的这个帖子之后，我继续着我的翻译工作。然而，我却再也无法像此前那样专注，我突然感觉到自己很浮躁甚至很焦虑，我知道我不能再这样勉强坚持下去了。在我关闭翻译稿文档的那一刻，我明白了，不是我太累，而是此刻我需要一种表达，我需要把上面帖子里没写完的话写完。可那不是个把小时能够解决的问题，于是我决定先出去散散步。一路上，我听着 MP4 里那几首几乎每天都听的从网上下载的流行歌曲，但脑子里不停地冒出两个字：表现，表现，表现…… 是啊，自五月中旬以来，我不再去听课，先是每天整理书稿，后是每天翻译。不再像此前，去哥伦比亚大学听教授的课，去中小学听音乐老师的课，然后回到家，把所见所感及时地表达出来。可是现在，我没有了这种表达的机会，尽管每天也通过 MSN 或电话和

家人、朋友联系着，但那大多是拉拉家常，我对音乐教育的感受却难以与人交流，幸亏还有一个自己的网站，还幸亏在课程资源网这个地方找到了一个和老师们交流的平台，否则，真的很难设想持续着这样的一种生活状态，会导致什么样的后果。于是，我对上面这位美国高中生的话，更加感同身受。每个人都需要表现，都需要表达。不管是哭哭啼啼的婴儿，还是喋喋不休的老人；不管是爱侃大山的老百姓，还是爱做报告的官员们，其实每个人都需要表达，都需要表现。

我们的高中学生，承受着与他们年龄太不相称的重负，他们正值情感丰富、青春萌动的岁月，却不得不把自己的全部都赌给了考试和分数。我们能够想象得出，他们那份被压抑的情感，是多么地需要找到合适的途径去表达，去发泄；他们那份自以为是的成熟，是多么地需要找到合适的舞台去展现，去让人赏识。

此刻，我又想起了我的儿子，高二下学期，离高考只有不到一年时间的时候，竟然还沉迷于音乐。一天晚上，凌晨一点了，还在偷偷地弹着吉他。看到这情形，谁都会着急，但我还是冷静地跟他商量，暂时让我来保管吉他一段时间，我会让他在适当的时候玩玩，但绝对不能像现在这样，凌晨一点还舍不得放手。让我令人震惊的是，我的话还没说完，他的眼泪马上就流了出来，高声叫道，不行，不行，绝对不行！并死死地抱着他那心爱的吉他，就像保护他的生命一样紧紧护着。我知道，在这样的场合下，任何的思想工作都是徒劳无益的，我必须要采取“最强力”的措施尽快控制住这样的局面。我一把夺过吉他，把它给砸了。我的行为显然也让儿子始料不及，尽管很快我就把他紧紧搂在我的怀里，但我知道，一切都无法抚平彼此心中的伤痛。我是那么地爱我的儿子，可是，我不得不违心地伤害着他的感情。

那天晚上，我经历了少有的痛苦和折磨，心在流泪。躺在床上，我跟孩子他妈说，我想要尽快地给他再去买一个吉他回来。夫人安慰我说，没事的，暂时不要买。虽然，经历了这次的“砸吉他”事件后，儿子突然变了个人似的，开始专心学习了，事实表明，这样的极端方式的确收到了好的效果。但是，每每想起这件事情，我就忍不住要流泪。我的小孩天生就是个活泼的孩子，让他遭受高中阶段的这种炼狱，的确是一件非常痛苦的事情，就像上面的美国高中孩子说的，他需要有一种表达压抑情感的途径，对他来说，那就是心爱的吉他。而我竟把它给砸了，实际上就是残忍地切断了他这种情感表达的途径。可是，全中国的几乎所有的高中孩子都这样啊，我明明知道我的行为会深深伤害他的感情，但理智告诉我，我不能够默许更不能纵容他这种本来是非常正常、也非常需要的情感表达行为。

我们的高中孩子，进入高中的第一天，就面临着人生的一次最大的挑战——令人恐怖和窒息的高考。这个三年，在家，有父母陪护和看管，在学校，各门考试课程及作业堆积如山，哪有多少喘息的机会。想想美国的一般高中孩子，都有着那样的被压抑的情感，那么我们的孩子，必然是有过之而无不及。而且，就整个人生旅程而言，或许，对于中国人来说，最需要表现、最需要表达的就是高中阶段。然而，在高中学习阶段，在高考科目的课程上，他们是很难找到情感表达机会的，只有在像音乐这样的非高考科目里，或许才能有让自己的情感放肆的可能。特别是音乐课程，更有可能也更应该成为我们高中学生表达情感、释放压力的最主要途径。可是，我们的音乐课程，是否真正给予了我们的高中学生这样的表现机会呢？

其实，在今天，我之所以对“音乐表现”这个话题，突然感到有话要说，而且有些控制不住，并不仅仅是因为这位美国高中学生所讲的这段话让我大发感慨，而且更是因为美国音乐教育对音乐表现的重视以及我国音乐教育在这方面存在的缺失引发了我的沉重深思。于是，我决定静下心来，好好表达一下我对这个问题的一些凌乱和并不成熟的看法。（待续）

红花绿叶：

郭老师好，看了你的文章颇有同感。我是一位高中音乐教师，在学校除了上音乐鉴赏课外，还兼学校音乐特长生的训练。在高考的压力下，有很多孩子过早地承受了不属于他们的压力，重点班的孩子为了考好学校更多的是在课桌上埋头苦读。由于带高考训练，经常会有那么一些学生来问我：“老师，我现在成绩不够好，

	靠文化考不上大学，我能来你那学专业吗?”这样的问话差不多每年都会出现，也每每让我有种悲哀的感觉。此时的音乐教育不是一种美的体验、情感的体验，成了高考压力下一种无奈的选择。我们作为一名普通的音乐教师应该怎么办?
 Dodozi:	看了这篇文章，郭老师再次提到自己的儿子，喜欢弹吉他，哭着不肯放手，到摔吉他再到拥抱，我的感受是那么复杂，我很想哭。这也让我回忆起我的父亲，虽然相反的是，我的父亲非常喜欢我学音乐，而我却是一个不那么大方的人，可能在父母的眼中自己的孩子都是最棒的吧。我以前一直很抗拒，我明白他的良苦用心，却做不到，也做不好，父母跟孩子好象总是沟通有困难一样，即使都是爱着对方。父母总希望自己孩子能很优秀，到底优秀的标准是什么，好象中国的教育跟国外的教育观点不一样，就像郭老师曾提到的，美国有很多优秀硕士生去教小孩子，而在中国可能会认为这大材小用了。有时候中国的教育真的让人觉得悲哀，或许我的观点又片面了。但我真的觉得中国的小孩好辛苦，从幼儿园开始，到重点小学，到重点初中，要进重点高中，才有希望上重点大学。而我是念的中专再升大学，在高考时都没感觉到压力，所以现在看着自己的学生，真的觉得他们很辛苦。做不完的作业，背不完的课文单词，经常要补课，有时候我们的音乐课对他们来说应该更多的是轻松、愉快，但我却没能把课上得这么好。才新课改，要把书上的内容上到学生喜欢，确实需要一段过程。我只能表示遗憾。 学生在选修模块的建议里有一些说想学吉他，很遗憾我不会教。我曾经学过一点点，但发现需要长时间的训练，没有能坚持下来。我知道有些学生买了吉他，不多，也知道有更多的学生想学，但面对他们的提议我只能说NO。不光是老师的问题，或吉他的价格问题，更重要的是因为吉他需要时间练，而高中生现在最重要的是学习，即使我知道练的过程再枯燥他们也会乐在其中，因为他们是真的爱音乐，不像我，学吉他是为了能够去教学生，我最

	初就是被动地学。也有老师的子女是在校生，现在要进高三了，他妈妈说他爱弹吉他，可是在班上，同学都在拼命学习，竞争很激烈，但他现在还弹吉他，他妈妈说这话的时候很焦虑，我都不知道该帮谁说话。我也经常很矛盾，这到底怎样平衡？即使学校能开课，但有几个家长会同意？有几个会不担心孩子的学习呢？这又让我想到台湾作家刘墉的儿子刘轩，哈佛大学毕业吧，好像还是心理学博士，爱好音乐，因为他父亲的认可，现在就是从事音乐这一行了……但谁都会想象，刘墉做这个决定，让儿子哈佛毕业却不从事自己专业的工作，而是做音乐，想必他也挣扎了很久吧。他最后说：哈佛大学毕业的做出来的音乐肯定是与众不同的。他说话时那种骄傲的神情让我记忆犹新。 　　我觉得自己好啰嗦哦，但正如郭老师所说的，每个人都需要表达和表现，所以，我还是决定把这个帖子发出去，虽然我的文采是不怎么行，从小写作文就不咋的。
 郭声健：	我登录论坛，准备继续昨天的话题，但读了上面两位老师的帖子后，我决定把那个话题再往后推一推，我想先和两位老师好好聊聊。 　　首先，我想说，在这个地方，我们写的所有的东西，都不是文章，不讲究格式，不必打草稿（所以，我看我的许多帖子错别字很多，不过只要不影响理解，我就不去改了），更不需要任何的文采。需要的只是关注，是想法，是真话，是真实。我在我的网站上介绍过，前不久，我和我的一位忘年好友、创作《大漠之夜》歌词的邵永强先生通了一次长话，我告诉老先生说，我参加了5月4日纽约万人集会活动，感受太深，不能自拔，也写了一首歌词《红红的一片海》。在他这位老词家面前，我坦诚地说我这个从来没真正写过歌词的人写出来的东西，肯定会让他见笑，不过，我的确是有感而发的，歌词便是自己真实情感冲动的产物。邵老说：艺术创作，没有什么巧，就一个字“真”！他说：现在的歌词，宣传品多，艺术品少，就是缺少这个“真”字。这句话，让我思考了很久、很久：若依据传统

的理解，科学对应“真”，道德对应“善”，艺术对应“美”，似乎艺术反映“真”还不足以显得艺术。然而，事实是，“真”是一切的根基，不“真”就不可能“善”，不“真”就不可能“美”，对艺术如此，对人生同样如此。我们要想做一个知性的人、善良的人、美丽的人，首先就要尽可能地说真实的话，做真实的事。我们写的东西，真正要有感染力，真正要能感动人，绝不是文采所致，而是真话使然。

今天，我让我夫人来看了我最近两天在这里写的帖子，她说，你写的东西如果有感染力，这是和你目前的生活环境分不开的，将来恐怕就写不出这样的东西了，只怕又会回归到理性的表达上去了。这话很有道理，我说，我在国外呆一年，最大的收获，还不是写了那么多东西和收集了那么多资料，而是在特定的环境下对许多问题有了思考或重新的思考。或者说，是这样一种特定的环境，让我有机会冷静思考了许多问题，也让我有激情和冲动去将理性的思考做出感性的表达。

今天，我看了两位老师一长一短的表达，我想说，两位的真，同样感染了我，于是我才决定要改变今天交流的话题。透过两位老师的留话，我看到了你们那份对教育现实的无奈和焦虑，对我们高中学生的同情和关爱，对音乐教师责任感的一份强烈认同。人类一切惊天动地的创造，都是从有想法和有使命感开始的。赵老师自认为啰嗦和没有文采的话，在我看来，是那样地充满着想法；红花绿叶老师的一问“作为一名普通音乐教师应该怎么办”，在我看来，又是那么地富有使命感。

我们都是普通的音乐教师，我们无力改变目前的现实大背景。相比之下，我们的学科也很渺小，我们的个人力量更渺小。我们的渺小，足以让人们把我们忽视和忘掉。然而，谁都有可能忘掉我们的存在，但我们的学生不会。只要他们还有对音乐的喜爱，甚至只要他们还有对快乐的渴望，他们就不会忘记我们，反而会对我们寄予更高的期待。这一点，从我叙述的事情里，从上面两位老师的描述中，更从所有音乐老师的切身经历中，我相信都不难体会到。谁都希望自己生活得快乐，希望自己从压迫下获得解放，我们的高中孩子应该更是如此。因此，不管现实环境怎样，不管学科地位如何，不管我们多

	么渺小，我们都不能忘了自己的责任和使命，特别是在高中阶段这一特殊时期。 红花绿叶老师问得好，作为一名普通音乐教师，我们应该怎么办？我们的音乐教育应该怎么办？我想，与其我们就这样眼睁睁地看着我们的学生被“高考的烈日”晒烤得汗流浃背，默默地叹息，深感同情却万般无奈，还不如尽我们所能，给他们撑起哪怕是极为短暂的、小小的一片清凉的天空。其实，我们的音乐，能够做到！这毕竟不是高科技，不是新发明，只要有心，只要真心，我们就能做到，我们就能做好。 很遗憾，我没有就下面这个问题去做过专门的调查走访，但是我相信我们的课改专家们、我们的教材编委们应该是做了的，我们的音乐老师也应该是知道的。这个问题就是：**我们的高中学生，对我们的音乐教育到底有何期待（或有没有期待）？他们希望从我们的音乐课堂上得到什么？**如果这个问题，我们已经通过诸如问卷调查、当面访谈等多种途径广泛得到了了解，那么，我们就可以继续思考如下的问题（当然，最好还得要继续听听我们学生自己的解说）： 第一，假如学生对我们的音乐教育没有任何的期待，那是我们音乐教育的问题，还是整个教育的问题？如果是音乐教育本身的问题，那真是我们所有音乐教育工作者的悲哀，那问题就太严重了。在这个问题上，我们可以武断地做个猜想：在如此严酷的教育背景下，我们的学生应该在一开始是对音乐课堂充满期待的，如果真有学生对我们的音乐教育没有期待，那应该是在领教过我们的音乐课之后才产生的后果。 第二，如果学生有期待，那么学生的期待是正当和合理的吗？如果是正当和合理的，我们又能够满足他们的这种期待吗？若不能满足，原因是什么？是教学理念的问题还是教学实践操作的问题？是教材的问题还是老师素质的问题？等等。如果认为学生的期待是不合理和不正当的，那么，我们到底凭什么来判断其是否合理？是学生的音乐追求庸俗甚至反动，还是他们的期待过高，超出了我们的预设范畴，以至于我们无法满足？ 上面这个问题有些复杂。学生的期待是否合理，到底由谁说了

算？如果是高考科目，好像可以理解为由最后的考分说了算。那么，音乐学科呢？老师说了算，凭什么？专家说了算，凭什么？教材或课程标准说了算，又凭什么？

我之所以把上面的问题标记为黑体予以强调，是因为，这是我们音乐教学改革的一个科学而重要的出发点，也是检验我们是否真正贯彻以人为本、以学生为本理念的一个重要标准。我认为，我们现在最需要的是走近学生，贴近学生，了解学生，理解学生。

我想，我们的许多基层音乐老师在这方面是做得很好的。上面赵老师的帖子，就是一个很好的证明。同时，赵老师帖子里的这段话也给了我很大的启发："学生在选修模块的建议里有一些说想学吉他，很遗憾我不会教，我曾经学过一点点，但发现需要很长时候练，没有能坚持下来。我知道有些学生买了吉他，不多，也知道有更多的学生想学，但面对他们的提议我只能说NO。不光是老师的问题、吉他的价格问题，更重要的是因为吉他需要时间练，而高中生现在最重要的是学习，即使我知道练的过程再枯燥他们也会乐在其中，因为他们是真的爱音乐。"我们抛开一切说，学生想在选修模块里学吉他，这样的期待，到底合不合理，正不正当？要我说，非常正当，也非常好，只要学生有期待，只要他们真的爱音乐，就是我们音乐教师最大的财富。赵老师说很遗憾，没有办法满足学生的这个期待，首先是因为自己不够专业。其实，这里面还是有一个观念的问题没能解决好。

首先，我相信，音乐老师凭借自己的综合音乐素养，是完全可以胜任任何启蒙的音乐教学的。不说曾经学过一点点，即便没有学过，和学生同步学习，都是完全可以的，教学相长嘛。如果学生中有擅长的，那更好，那就可以尝试互助学习的教学形式。我们不能死守着这样的一个教条：音乐教学就一定是老师教学生不会的东西，其实给学生提供亲身参与音乐实践活动的机会更加重要。这个问题，我前面谈过了，在下一个帖子里，我还会进一步谈到。

其次，赵老师说的更重要的原因——"吉他需要时间练"，我倒认为，那更不应该是我们音乐老师考虑的问题。作为音乐教师，我们的任务就是如何让学生喜欢音乐，让学生从音乐中获得快乐，

	并掌握必要的和基本的知识技能。我们不能又希望学生喜欢，又害怕学生投入。其实，这种担心真的是多余的，因为：学生学吉他，他们首先想获得的是即时的快乐，这可能就是学生最简单的动机，因此我们不要在乎他将来会达到个什么水平，也许某一天，他突然就不学了；第二，学生是否都会像我儿子一样，一学就沉湎于其中，甚至不能自拔。我想，作为音乐老师，也不必要对此有太多的担忧，这毕竟不会成为普遍现象，若真大面积出现这样的情况，那只能表明我们的音乐教育和音乐教师太有魅力了，那是很难的。万一个别人出现那种情形，也自有人去处理，比如家长，比如其他学科的老师，还有班主任等。 　　还请赵老师千万别误会了我上面这些话的意思。事实上，我读了你的帖子，更加了解你作为一名年轻音乐教师的可贵之处：你了解你的学生期待什么，需要什么！我本不想说，但是忍不住还是要说：虽然，我宁愿相信我们的课改专家们、教材编委们以及基层的音乐教师，都通过不同的途径了解了我们学生对音乐教育的期待，了解了学生的音乐需求，但是，我这的确只是“宁愿相信”。到底有多少人去了解过了，甚至到底有多少人想过要去了解，这个问题还真的不好说。 　　虽然我多年前做过几个全国性和省市级的调查，但那也只是了解到一点皮毛，而且还并不是这种针对性强的调查，而只是一般的现状调查。所以，我对这个问题已经毫无发言权，也更没有资格在这里说三道四。但是，我作为基层老师的朋友、交心者，我强烈地建议大家去深入了解一下自己学生的音乐教学期待，以及对自己音乐教学的评价（关于这个问题，我会找时间专门写个帖子，那也是赵老师给我的启示）。因为，这件事情对你们来说，操作起来并没有什么难度，更为重要的是，这是一件百利而无一害的好事情。对我们的学生有好处，它能让学生更多更好地享受着音乐和我们的音乐课；对我们自己同样也有好处，它能够有效地改进我们的教学，也更有可能让我们享受工作的快乐。 　　高中音乐教学，我认为，是典型的挑战和机遇并存。我们面对的挑战是，高中阶段，全力以赴为高考，音乐课程自然不可能那

么地受重视，这种不重视可能来自于学校领导，甚至学生自身。不过，能够实实在在地把课开出来，某种程度上也是一种重视的表现。大家可能不相信，在美国，还有好多学校开不出课呢。纽约这么一个国际化的大都市，2006—2007 年度，只有 74%的高中学校开设了音乐课程。我估计，在我们国家的普通高中学校，音乐课程的整体开课率都应该比纽约市要高。而我们面临的机遇又是什么呢？我想，即便是学生不重视音乐课，那也是一种万般的无奈，正是在这样一种极度紧张、枯燥，甚至压抑和窒息的学习环境下，我们的学生一定又会寄予我们的音乐课程一种特别的期待。然而，这样的机遇，我们必须及时地抓住，因为，一旦期待无法得到满足，甚至不能得到及时的满足，我们的音乐教学是完全有可能被学生从心底里抛弃的，因为他们知道即便抛弃，也不会产生后果。

最后回到红花绿叶老师的那个问题，此时此刻，我们的普通音乐教师应该怎么办？我要说的是，从我做起，从现在做起！

对此，我想简单谈两点，因为今天已经啰嗦得够多了。

第一，正确对待我们的学生。一方面，要对学生真，要用真情来做真事。要同情他们的处境，要用我们的音乐去给他们关爱，要实实在在地替他们着想，要像对待自己的孩子一样对待他们。另一方面，要给予他们地位。在教学的过程中，我认为，师生之间，从教学活动的角度看，是很难有平等地位的，因为角色定位决定了老师和学生不可能平等。但从做人的角度看，这种平等地位是完全存在的，而我认为，这个时候给学生平等的地位还不够，我们既不能要求师生之间互相配合，更不能一味地让学生来配合我们的工作，而是我们应该去设法满足他们的需求。

第二，正确看待我们自己。一方面，正确评估我们的教学。前面我曾说过，我们的教学到底好不好，首先要看学生喜不喜欢，快不快乐，要看自己轻不轻松，享不享受。如果这两点做到了，那么再考虑其他的衡量标准。而如果这两点都没做到，那么其他的都是假的，那就要设法找到问题的症结所在。另一方面，正确评价自己的素养。最优秀的教师，都不是全才，每个人都有自身的优势和不足，其实这一点，学生也会充分理解。只要我们不断进取，不断充实自己，

	不足就不再是个问题。我们每个人都在不断地进步，或许首先得感谢我们所存在的不足。
 薛　晖:	“尽我们所能，给他们撑起哪怕是极为短暂的、小小的一片清凉的天空。其实，我们的音乐，能够做到！这毕竟不是高科技，不是新发明，只要有心，只要真心，我们就能做到，我们就能做好。” 郭老师说得好，音乐教育需要老师们“有心、真心”，如果问学生每周一节的音乐课他们最乐意做什么，应该会强烈要求听听通俗歌曲或唱唱通俗歌曲。因为这是最好的一种放松方式。但好像这又不行，毕竟音乐是一门课程，承载了教学目标，这是一对矛盾，如何解决？应该做一位“有心和真心”的教师。为了学生，要精心准备每一节音乐课，让学生在每一节课中既能享受音乐，收获快乐，又能积累相应的音乐审美经验，提高审美水平。 这次有一位江苏的音乐老师来湖南讲课，她为老师们展示了很多好的内容，她对音乐教学的“有心和真心”，令人感动。大部分的教学资料都是自己收集整理的，为了能让学生欣赏到原汁原味的音乐，有些还是托人从国外带回来的。每一节课都作了认真的准备，并精心制作课件，她的课很受学生喜欢，她的课同时也能让学生有学习的收获，我相信。
 玉　成:	几天不上来，发现郭老师谈得越来越深，正好学习。回到原点，回到自己的内心，让音乐来做主，首先我们要做到，其次才去让学生做到。真性情的流露，其实不光是教学，生活中也需要如此。 关于表达的表达，期待郭老师继续！ 突然想起《士兵突击》里伍班副的一句台词：做人，不能活得太轻松了吧。 我们都在说高中生苦，我倒觉得其实必要的苦还是要吃的。从技术层面上来讲，弹吉他绝对是苦的，可是郭老师的儿子为什么深夜还在弹？这难道不苦吗？我记得自己在中师学习时，冬天都

是早上五点起来，拿着同学的吉他在教室门口弹上一个多小时，因为教室要到六点半才开门，冻得两手都僵了，仍然兴致不减。“苦其心志”，是一种磨炼。人们记得最清的，往往不是最幸福的那些事，而是最痛苦的事，以此来激励自己：那样的苦难都过去了，还有什么苦难不能面对呢！

脱离了学校，难道不是更苦？生活之不如意事，十之八九。还拿上面那部电视剧为例，许三多和成长离开连队到A大队时，仿佛进了地狱。最后，经过了从未想象过的艰苦训练，成了真正的特种兵。A大队长说“你们被照顾得有点狠了”，其实一点都不假。对学生，有时不妨“狠心一点”，先让其经历点风雨再说，否则他们怎么能珍惜难得的彩虹？

郭声健：

玉成对苦的理解，好象和我们不一样。我们指的不是学生学音乐的苦，而是不学音乐的苦，是来自于高考压力的苦。若这一点都不能认同，我觉得就有点残酷了。

有个想法一直想表达，但始终没有表达出来，我觉得还是要说清楚才好，这样，我们这里的交流和探讨才有可能顺利进行下去。我也发现现在自己写的帖子越来越长了，从篇幅上看去，似乎说教的味道越来越浓。其实，我丝毫没有说教的意思，我希望聊得随意点，所以，有时候有意识地说点音乐教育领域之外的话题。我很清楚，目前我们的老师、我们整个音乐教育领域最迫切需要的是什么，是思考，真正的思考，而不是盲从。现在网络的影响力越来越大，这还主要不是因为上网寻找资讯或打游戏看视频的人越来越多，它的影响力的强大，我个人认为是因为网络突破了长期以来体制对人们的思想禁锢，它为人们提供了一个真正能够畅所欲言的平台。网络的互动性，已经完全颠覆了纸质出版物的那种话语霸权，杜绝了自说自话的真正说教。

因此，作为一个学者，我最希望看到的是，我的一些话，哪怕就一句两句，能够引发大家的思考；我最不愿意看到的是，老师们带着太明显的功利性去读这些帖子，试图从里面找出一句两句能够

	在课堂上运用的东西，那真的就会让老师们失望了，这也不是我的初衷。能够引发别人的思考而不是试图让别人盲从，这才是真正的学者所为和真正的学者所追求的。我还认为，观念的转变、心态和精神面貌的转变，和教学实践层面的能力提升是同等重要的。而观念、心态、精神面貌的转变，是潜移默化的，是有一个过程的，这个过程，就是一个思考的过程，或者说是通过自己的思考而实现的。这也是我在这里和大家交流探讨的目的所在。 　　这样，我就希望大家不要太关注我讲的是对还是错，是中庸还是偏激，那纯粹是我个人观点，有错才正常，没错不正常（其实，我前面也说了，学术观点本无所谓对错）。对的话有价值，错的话同样也有价值，那价值就是让人去思考问题。也更不要担心，我讲的某些话，会颠覆了传统观念，会对大家产生误导。请相信每个人都有自己的基本观点，也都有起码的评鉴能力，这一点我对老师们毫不怀疑。再说，我也不可能有这样的影响力，在现在这种多元化的学习社会里，我想谁都没有这样的影响力了。曾经在网上，有一位老师对我的某本书中的观点，批驳得体无完肤，但是我却真心地感谢他，因为，这证明我的书引起了他的思考，而他的批判，同样反过来也引发了我的进一步思考。 　　昨天，当我看到赵老师写的这个帖子时，我很兴奋。我不知道她此前是否发过这样的长帖，也没留意老师们平常是否发这样的长帖子比较多，但我估计不会太多。我想大家更习惯去“顶”帖子，去凑个热闹，去捧个场。若真如我想象的这样，那么我真的应该感到高兴，因为，像赵老师，就开始敢于充分表达自我了，这就是思考的结果。我当然不是在贪功，但如果赵老师说，她之所以敢于这么“啰嗦”，主要是因为我的鼓动，那我就非常非常知足了。
 Dodozi：	呵呵，我的确是头一次发这么长的帖子，因为一般情况下都是跟朋友同学聊 QQ，很少去看别的论坛，更别说发帖了。可能是很少关注，一般就找找资料，我想大多数人跟我一样，很少在论坛上交流。这首先要感谢薛老师和孙老师，给我们所有的音乐老

	师提供了这样一个平台，因为我每次看到郭老师发的帖子，很感动。因为篇幅长，感觉像平常说话一样自然，娓娓道来，很亲切，所以都忍不住来听一听，看一看，说一说了。这样的日子很充实，因为今年活动比较丰富，学校合唱比赛、教师基本功比赛，还有调教课。虽然有时候会累，但累的时候就想这是积累经验的时候，再累也权当减肥了。 　　这次的新课改，还只上了音乐鉴赏课，鉴赏不同于欣赏，其中有很多值得反思的地方。因为是新的内容，我又没什么经验，这一年过来，其实都是拿学生做实验了，正所谓教学相长啊，不教怎么知道怎样教好呢？学生给我提建议说，如果能多问问学生的感受，学生对曲子的看法就更好了。我觉得很欣喜也有点自责。因为也不是没问过，有几次实践不是很成功，学生不是很愿意回答。以前还觉得是不是学生觉得好累，音乐课应该轻松一点，不要太复杂，以为他们不想说，后来我很少单独喊学生回答问题了，既怕问题抛出来，没人回答很尴尬，还怕自己语言组织不好，抛出去收不回来了。现在想起来，真的错了，学生不愿意回答，是因为问题没提好，问题提出来必须让学生想答，而且容易答。所以不要怪学生不主动配合，而是应该反思自己有没有给他们配合的机会，有不同的意见才是对的。因为本来每个人对音乐的理解就不一样，适当的时候也该让学生自己来上上课，这个想法还一直没实现，真的很可惜。而且光问题的设计，就不是一个简单的事啊。所以我的原则是，不求最好，只求更好！
 郭声健：	果然不出我的所料，这让我感到很开心！我就想老师们还不习惯这样的一种交流方式，这也让我猜测 Dodozi 老师是不是为了配合我、给我点安慰而回复我的帖子的，若是这样，同样也让我知足和感动。 　　是的，我的帖子长了些，有时候就像唠家常一样，讲着讲着就忘记了，也不管别人烦不烦。谢谢老师不烦我，还这么宽容，给我这个叨叨絮絮的坏毛病以肯定。其实，我在给朋友谈起这个帖子的

| | 时候，我都给自己规定一条底线了：只要有一个人看，我就要继续下去，将论坛进行到底。通过这样的方式，我只要能够影响哪怕就一个人，让他更加善于思考，更加勇于表达，我的这些帖子就没有白写。其实，我已经发现，虽然目前跟帖的人、提问的人并不多，但点击率还是不错的，起码有人在开始读帖了，不过也可能看帖子这么长，就没兴趣读下去了。我想，不管读不读，有人点，我就写。因为，至少有一点是没有疑问的，写这些东西，不会给老师们带来什么坏的影响，最多就是我白写了而已，何况这种情形现在并没有发生。
　　我自己的网站已经创办了两年多，论坛上基本上就是我自己的学生在发言，有时候我是有些强制性地要求他们说话。之所以这么做，说心里话，主要还不是为了网站的生机，而是我发现了一个很明显的规律：凡是在论坛上敢于说话，发言积极的人，文章就写得好，发表的文章就更多。我也没去仔细考察这到底是蛋生鸡还是鸡生蛋，反正，发言多的人，他们的学习效果就明显要好于不说话的人。好些发表的文章，都是通过在网上的批改和交流后变得成熟，有些文章的选题，更是直接来源于论坛的讨论（其实，我们这个论坛里面很多的话题，只要稍加整理，也都会成为很不错的文章）。今年我这届的毕业生，我前几天才发现，有好几位同学在读研期间，竟然每人发表了十几篇文章，其中还有三位同学在《人民音乐》上发了文章，而据我所知，好些大学教授，一辈子也不见得能在这个刊物上发表论文的。这些同学，无一例外地，都是我那个论坛上“举手发言最积极的人”。所以，我是充分感受到了网络论坛这样一种交流平台对训练人们思维的独特力量。
　　我相信，如果哪位（些）老师，能够在这里学会敢于发言，敢于写长帖子，慢慢地，他（们）将不仅学会了思考，而且在写作上也一定会有让自己都难以置信的长进。当然，可能老师们没有这方面的追求，没想过自己要写论文。不过，好些年之前，我就提出过这样的一个观点：真正优秀的教师，一定是那种融教学与科研于一体的教师，一定是那种能够在科研的状态下教学，在教学的过程中科研的教师。而对于音乐教师来说，更是如此。因为，相比之下， |

我们音乐老师的科研能力比较薄弱，我们擅长形象思维，在理性思维方面天生不足。而科研能力不强的人，他的教学后劲是不可能很足的。对于我们基层教师来说，教研其实是科研的一个重要方面，但我们不能狭义地理解教研就是设计一堂课，教研是一种从理性的高度来设计和论证你的教学的一种研究活动。

感谢 Dodozi 老师之余，我每次都想在你的帖子里找一两句话跟你交流，请不要理解我这是找你的麻烦啊。相信我，这是我对你给予我支持的一种报答方式，我也已经开始感觉到你已经慢慢习惯和接受了我这样的一种方式了。

今天你的帖子谈到了高中鉴赏课上学生发言的问题，这是一个非常现实性的话题，我相信老师们在这个问题上有很多的体会和感触。高中音乐鉴赏课，如果能够真正调动和激发起学生的表达欲望了，可以不夸张地说，教学中存在的各种问题几乎就迎刃而解了。所以，这个问题，拿出来讨论真的很好！对于这个问题，我也没有专门地去思考，在这里我只能即兴地随便说说，所有表达没有经过大脑的过滤。

首先，让学生回答问题，到底是要干什么？这个问题问得好像有些幼稚，但实际上这里面隐含着一个很重要的关于在教学活动中的主体到底是谁的问题。毫无疑问，让学生回答老师提出的问题，是在充分发挥学生的主体性，给予学生表现、表达、交流的机会，同时让学生的更好地理解和鉴赏音乐。这些话，谁都会说，但在实际教学中，是不是真的就是为了这样的一个目的去设计让学生回答的问题呢？这就很难说了。恐怕，很有一部分老师，是为了教学形式的表面需要，来设计这个环节的。就是说，好像从教学形式上看，不问学生几个问题，似乎教学就不完美了，让学生回答问题，几乎就是为了配合老师的教学。真还别否认有这样的情况，我觉得这可能还不是个别现象，而是一种普遍现象。这不是老师故意而为之，而是传统的音乐教学观念导致了这样的一种思维定势：课堂上，主讲者永远是老师，主角永远是老师，学生只能是配角。于是就有了老师们这样的反思：“所以不要怪学生不主动配合，而是应该反思自己有没有给他们配合的机会。”我想这绝不是 Dodozi 老师一个人

	的反思声音，大部分老师都可能会这样自责。能够反思自己的教学行为，并不是件很容易的事情，所以，我首先还是一定要充分肯定Dodozhi老师的这种积极的态度。但是我还是想提出一个问题，供大家思考，这句话，实质上表明了我们让学生回答问题的出发点，就是我前面说到的，配合老师的教学。 对于这个问题，本来我在昨天的帖子上要说的，后来看到说得太多了，就打住了。在教学活动中，到底怎么体现学生的主体地位呢？对这个问题，其实我的理解很简单，那就是：学生始终是享受我们服务的人，他们没有义务要配合我们，这就相当于一种一般性的服务行业，学生是消费者，我们是服务者（当然，我们不考虑学生提供的消费经费是不是国家也出了一部分）。学生遵守你的基本规定就行了，比如，按时到校，上课不吵闹等。至于他在课堂上举手发言积不积极，他们没有义务要这么做，也没有义务要给老师做出配合的承诺，这就只能看你老师的水平了。反之，作为老师，给学生提供服务的人，让学生享受我们的优质服务，这是我们的责任和义务。而且，学生也有权要求你改进你的服务。所以，从这个角度看，教学过程，不应是学生配合老师教，而应是老师配合学生学。 第二，课堂上的师生对话，一定是老师问学生答吗？这个问题，和上面的问题又是连在一起的。当学生是老师的配角，是教学活动这个舞台上的配角时，毫无疑问，肯定是老师问，学生答，而且学生不答，就被视为是不配合老师。但是，前面我们说了，我们让学生发言的目的并不是为了教学活动的开展，而是给他们表达、展示、交流的机会，并让他们更好地鉴赏音乐作品。所以，学生的发言，不见得就是回答老师的问题，老师的提问，只是一种引导，一种激发，目的是让学生开口说话。所以，老师的提问，的确是非常要有艺术性的，对于高中学生来说，他们已经瞧不上那些封闭式的提问方式了，他们不再满足回答“是”和“不是”了，他们要挑战的是那种开放式的问题，那种能展现自己思想深度的问题。这是一个方面，不管采用什么方式，让学生开口就好。 另一个方面是，除了老师提问题让学生开口外，还有别的途径吗？我想应该有，比如：学生问，学生答；学生问，老师答。这两

种方式，我相信学生更容易开口，但是往往老师们不敢这么去尝试，因为，这给自己的教学艺术，给自身的素质要求，提出了挑战。所以，我一直认为，高中音乐鉴赏课，是最难上的。当然，我是讲要上好的话。学生不动口，教学不会好到哪里去，也可能不会太差到哪里去，但一旦学生动口，音乐教师就可能要遇到许多不可预测的问题。

第三，怎样让学生开口呢？除了问答式之外（包括上面讲的三种问答式），还有没有别的途径呢？其实不管是你问我答，还是我问你答，都还不是实质性问题。就好比现在我们这个帖子，现在老师们问，我来答，照理说对老师们来说应该没什么压力的，但也没有多少人来问。设想如果是我来问，老师们来答，可能就更没有人光顾这个帖子了，大家躲都躲不及了。这和我们的音乐课堂教学实际上是一回事。所以，老师们也要理解为什么学生不愿意“配合”我们，现在只要大家发问，来“配合”我这个学生的人都不多啊。问题的实质在哪里？

首先，大家还不习惯这样的交流方式，还没有营造出这样一种随意交流的氛围，总觉得这种方式太正式，不像QQ，可以随便说话，一句两句，一个字两个字都可以，可以随意地插嘴，不怕打断别人的话题。谁都不受约束。

其次，怕说错话，那多丢人啊，哪怕是提一个问题，那也能显示自己的水平到底有多高多低啊。不像QQ，好多人甚至不认识，而且聊的话题也肯定是自己熟悉和感兴趣的。那么，我们回到音乐课堂上去看看：我们给学生营造了让他们随意说话的氛围吗？我们的学生有没有那种怕出错的面子观念存在？那么，到底如何改变这样的一种状况呢？

我讲讲在美国听高中音乐课的一点点感受吧：音乐教室是凌乱的，学生的椅子散乱地摆放在教室里，学生走进教室，随便找个位子，书包往地下一扔，那个懒散相，你很难想象，课上和课下会有多大的区别。有一堂课，一个黑人女孩子，偏偏还要跟我坐在一起，我是坐在旁边的合唱梯台上的。有位老师称呼学生，从来就不是“everybody”或“students”，而是“ladies and gentlemen”。课堂上，老师一口一个“女士们先生们”，学生呢，没有哪个是称呼

	某某老师或某某女士的，我看都是直呼其名，老师一堂课，有时候被学生使唤得团团转。有一次，我到一所学校去听课，那是第一次去，在教室门口看见两位学生跟老师亲密无间地聊着，他们发现我之后，主动走上前来跟我握手，介绍自己的名字，随后就开始当着那位老师的面，不停地对我夸奖他们的老师怎么好怎么好，而且说，我很喜欢她（学生是男孩子，夸奖女老师）……我们只要想想这样的场景就能推断出来，在这样的课堂上，学生还怕开口吗？当然不怕了。相反，这时候怕的就是学生话太多了，没秩序了。不过，大家也不必担心课堂上会乱成一团，我发现，奇怪得很，学生叽叽喳喳的时候，老师的一个安静的手势，马上就可以让学生安静下来。 只要把我们的课堂氛围和这边的稍作对比，就知道，我们让学生动口是一件多么困难的事情。我不是说要我们学“老美”的搞法，我们也学不会。我介绍一下美国这边的情况，主要是让大家了解一下我们的学生在课堂上不愿意说话的症结到底在哪里。 Presentation 这种形式，是这边高中音乐教学的一种很普遍的教学形式。一堂课，基本上就是学生自己来讲。这种形式，我估计目前在国内也有许多老师采用，它的确是一种不错的形式。

05.

如果音乐课程沦落到要靠考试来让学生重视，这将是音乐教育的悲痛。学生与音乐原本两厢情愿，彼此相拥，不需要担心他们能否白头偕老，更用不着我们去撮合他们，但现在好象我们一定要通过考试这种强制性手段给他们打个“结婚证”，好让学生承诺对音乐永不变心。

徐　杨：

郭老师：您好！

我是一名小学音乐教师，一有时间就会到论坛来学习。一直不敢发言，怕说错话或是说得不好，呵呵。但看了您对老师们回帖的鼓励之后，也麻起胆子说两句。

上周我们进行了音乐考试，记得我们校长在期末考试工作布置会上说：你们这些副科一定要搞好期末考试，你们越重视考试，他们（学生）就会重视你教的这门课。于是被语、数、外老师认为的这些杂课老师也开始细心地准备期末考试了，当然也包括音乐。以前我的音乐考试主要是以表演为主，有小组的、有自由组合的，等等。表演的曲目都是书上学过的歌曲，学生表演起来还是蛮投入的，家长们也积极地配合与自己的孩子一起做一些简单的道具，学生还会特意地统一自己的服装，来提升节目的效果。但是，我觉得这只是检测到了学生一个方面，还有感受与鉴赏、创作、音乐与相关文化等没有能检测到。于是，这个学期我加入了笔试。其实内容也都是音乐课本中的内容，可是学生就是不喜欢这种形式，更让我尴尬的是，五年级有个顽皮的学生居然对班上同学大声说：考不出没关系，这跟我们毕业又没联系，毕业只看语数外，音乐成绩无所谓！虽然这个孩子有多动症，但他说的话一直回响在我脑海里。

请问郭老师，美国音乐课有考试吗？如何开展与组织的呢？

除开上面考试的问题，我还想说，为什么在国家这么重视艺术教育的当今社会，还是把我们音乐课当副科、杂课。不仅音、体、

	美课程的地位不高，就连相关的老师也是一样。在计算工作量时，上满18节还不算满工作量，还要另外加很多乱七八糟的工作。可见，要真正提高艺术教育的地位，真是需要时间。
 郭声健：	徐老师你好！谢谢你对本帖子的关注。 你这麻起胆子说的两句说得很好啊。特别是我觉得你以前的音乐考试形式真不错，学生蛮投入，甚至包括家长都积极配合，表明你的评价方式深得人心，而且融评价和学习于一体，不仅检验了学生的学习效果，还在这个过程中学到了新的东西。另外，我并不认为你这种考试形式只是评价了学生的音乐表现方面，同样也评价了其他方面，只不过另外这些方面是通过学生的音乐表现而体现出来的。比如，既然有学生的表现，同时就必然有学生对自身和其他同学音乐表现的感受与鉴赏，只不过没有书面化而已。如果你在这个基础上让学生以口头和文字的形式谈谈对学生表现的看法，这多好。 再比如说，学生表现的准备过程，显然就是一个音乐创作的过程，而做一些简单的道具，还统一自己的服装，这不仅是一个创作的过程，同样也是一个了解音乐与相关文化的过程啊。如果你再有针对性地将其他几个方面在评价中稍微加强一点，或者说有意识一点，我觉得，你这种评价方式真的很不错了。千万不要机械地去理解，音乐教学内容有几个领域，我们就得分别去检测几个领域。其实，几个领域的划分，也是不得已而为之，是为了标准细化的需要。我们都知道，真正的音乐活动，是几个领域都融为一体的，是很难分开的。因此，无论是教学还是评价，我们要尽可能地还原音乐的本来面目，千万不要把音乐肢解。尤其对小学生来说，我是想象不出还有比以音乐表现为统领的更好的评价方式了。 音乐考试考笔试，的确要非常谨慎，如果是考些死东西，我建议还是不要考。千万不要因为考试而让学生反感音乐课，或产生抵触情绪。其实，我在这里写这个帖子的时候，我都不想用这个“考试”一词，因为你用了这个词，我也就只好跟着用算了。你说，你上面的那种评价方式，能用“考试”一次来准确表达吗？我觉得不能。

现在学生考试太多了，一听到考试两个字就反感或害怕。而我们的音乐课程是完全可以回避使用这个词的。

你还别说，那个多动症的孩子就是说得很实在，他的话提醒我们，企图通过考试，尤其是笔试来让学生重视音乐课，极有可能适得其反。我想，徐老师应该最有感受，用你以前的那种评价方式的时候，大家不都很投入吗？那么，同样是一拨学生，他们对笔试是否也同样投入呢？或者是这种投入是一种积极主动的投入还是消极被动的投入呢？很多东西，其实我们老师最清楚不过，什么好什么不好一目了然，但就是容易被外界干扰，很容易对自己产生怀疑。你们的校长，出发点很好，表明他还是关心这些副科的。但是，靠考试来提升副科地位，不会有任何效果，除非现在的高考、中考制度被改变。甚至可能恰恰相反，如果说现在学生在这种考试重压之下，还对一些副科感兴趣，也许正是因为这些副科不考试（或不是那种传统的考试），上课没有压力，感到轻松。试试看，如果音乐课程也像其他课程那样考乐理，考那些要背诵要默写的东西，看还有几个学生愿意上音乐课。

因为我老觉得用"考试"一次词跟音乐课程搭配很别扭，所以，从现在开始我就用"评价"一词来取代它。是不是音乐教学评价就不能用笔头表达的评价形式呢？不是的。这关键要看你的内容，你的出题形式是怎么样的。在具体谈这个问题之前，我们来看看美国的情况。

其实在美国，考试这个概念是比较淡漠的，绝对不像我们一样，看到这个词就让学生害怕。他们很重视评价，但不重视考试。首先，基本没有统考一说，前面我介绍的《不让一个孩子掉队法案》，要求各个州要对数学和阅读进行统考，这都引起了轩然大波，导致有一个州还向法院起诉联邦政府，理由就是联邦政府颁布的这部法律要求州统考这两门科目，严重影响了正常的教学秩序，导致出现了一系列问题。可见，不仅国家没有统考，州此前也没有什么统考一说。

其次，他们的大学录取制度跟我们完全不同。最近几年"美国高考"一词开始在我们国内流行，但实际上，这个所谓的高考，跟我们的高考比较，完全是两回事。美国大学理事会组织的美国大学入学考试 SAT，每年组织 7 次考试，SAT 考试成绩被称为美国第一高考成绩；美国大学考试理事会组织的美国大学入学考试即 ACT，每年组织 6 次考试，ACT 考试成绩被称为美国第二高考成绩。通常情况下，美国大学会同等地看待并接受 SAT 或 ACT 成绩，美国高中生一般只需参加 SAT 或 ACT 其中一种考试即可申请美国大学。最为关键的问题是，这个考试成绩，还只是大学录取新生考察的一个方面，而且还不是主要的方面。我看到的最新消息显示，目前美国有 700 余所学校，根本就不看这个成绩。几乎所有的美国高校，他们更看重的就是我们所谓的平时成绩和平时表现，学生在中学阶段修了些什么课程，课程成绩如何，这是肯定要看的。当然，他们还特别看重学生的特长和社会实践活动等等。根据我上面的这些介绍，我想我们可能得出结论，美国不看重考试，但很注重评价。

我们的学校一般就是期中、期末考试，这边的成绩会更多，一般是每隔几周，就要向家长报告一下孩子在学校的各科成绩。他们的评价的确是一种过程评价。而在这个成绩单上，音乐课程肯定有的，各科都有。但音乐课程一般都是打等级，而不是具体的分数，由此也可以得知，他们的音乐课程成绩不会是标准化测试。至于这个成绩怎么出来，这个决定权应该是完全掌握在音乐老师手上的，就看音乐老师自己乐意怎么去考察学生的音乐表现和音乐进步了。

我记得在前面介绍过一个高中学校的做法，他们是每六周出一次成绩，音乐成绩主要是综合学生上音乐课的表现（如是否迟到或缺课）、学生对老师布置的练习的完成情况（如是否会弹某个曲子）、学生的 presentation 的表现等方面来确定的。但我认为，在这其中，presentation 这种形式占的比重较大。我这里举个具体的例子，评价内容是"世界音乐"。下面是 presentation 的基本要求和等级评定标准：

基本要求：

1．介绍你所介绍国家或民族的三种乐器；

2．介绍你所介绍国家或民族的三个音乐家（作曲家 / 歌唱家 / 表演家）；

3．学一段你所介绍国家或民族的常见音乐旋律或节奏，你必须呈示乐谱并演奏这种节奏或旋律；

4．制订一个上课计划，教班上同学弹奏（或演唱）节奏和旋律，

以及你所介绍国家或民族的音乐文化；

5. 你必须研究你所介绍音乐文化的历史背景，告诉大家历史和文化是怎样影响音乐的；

6. 你必须制作一个 ppt 课件供 presentation 使用，还必须写一个上课计划；

7. 你必须制订一个测试方案，并运用它测验同学们是否学会了你所教的内容。

等级评定：

你应聘成功啦！ $A^- \rightarrow A^+$

•高质量地满足了上述所有的要求；

• presentation 有趣、动人、见闻广博，时间达到 20 分钟；

• presentation 整洁、专业，总体表现的专业化程度高。

我们喜欢你的观点，但是…… $B^- \rightarrow B^+$

•比较好地完成了七项要求中的六项；

• presentation 基本整洁，较有专业性，但至少有两个方面需要提高，一些必需的信息没有包括或不清楚；时间达到 15 分钟。

不要给我们打电话，有结果我们会通知你…… $C^- \rightarrow C^+$

•有一项以上的要求没有得到满足，或完成的质量较低，或错过了规定期限；

• presentation 是仓促的，没有专业性，浪费了课堂时间。

看了上述要求和评价标准，相信有两点大家一定会印象深刻：第一，对于高中学生来说，做这样的一个 presentation，容量大，要求高，有难度，具有较大挑战性，但学生还就比较喜欢这样的方式。第二，同样对于高中学生来说，这样的考核评价很有趣，很量化，也较全面和科学，充满激励性。

现在我们回到关于“笔试”的问题上来。我想，“笔试”只要不是考那些死记硬背的东西，学生也会乐意接受的。在美国我所了解到的笔头评价形式有：

学生聆听一段音乐，写出自己的感受，并记录下这段音乐的主要旋律；

根据学生自己撰写的班级音乐日志来给每个学生进行评价；

让学生撰写关于所听音乐会的专业点评小论文；

开放性问卷调查，如学生在聆听音乐会后做一个问卷调查答卷（类似于下列这样的题目：描述你在音乐会上所听到的音乐，你听到了什么不同的声音？音乐让你想到了什么？为什么？你最喜欢音乐的哪个方面？还有什么让你感觉惊讶之处的吗？）；

用绘画来表达音乐，比如，要求学生想象自己是乐队的成员，你正在为你的朋友和家人演奏什么样的乐器？请学生画出来；

让学生对音乐活动的各要素，按重要程度进行排序，如要求学生排序的“音乐表演等级量表”（比方，对音乐表演来说，节奏感、音准、音色、音量、表情、动作、服装等等，让学生按重要程度排序）。

上面这些考核内容，大多没有唯一的答案，都属于开放性问题。我相信，学生对这类的问题，是有话可说的，也是乐意说的，这根本就不需要学生事先去做什么准备。只要不需要学生“备考”，学生就不会有抵触情绪。或许，他们更希望有这样一条途径来好好表现自己一番。

再简单跟徐老师聊聊另一个问题。

徐老师说：“为什么在国家这么重视艺术教育的当今社会，还是把我们音乐课当副课、杂课。不仅音、体、美课的地位不高，就连相关的老师也是一样。”

我想说的是，关于国家是否对艺术教育“这么重视”，这要看从哪方面讲。与我们国家艺术教育的过去相比，现在的确是“这么重视”了；现在看来，与美国艺术教育目前所处的窘境相比，从国家层面上看，我们国家也的确是“这么重视”了。然而，要跟其他“主科”相比，音乐这种“副科”就不“这么重视”了。课程地位不高，任课教师地位也相应较低，这是必然的。对于这个问题，我们不要有什么太多的委屈，也不要怨天尤人，如果一定要找个出气筒，那就怪自己当初不该上这条“贼船”。

看了徐老师的帖子，我就设想，像我这样一个对艺术教育怀有深厚感情的人，如果去到某所小学或中学当校长，我会怎么处理这个问题？我想，我一定会重视艺术教育的作用，尤其是通过艺术教

	育营造一种轻松活泼的校园环境，但只怕这样做的最直接的目的，还不是为了提高艺术教育的地位，而是想通过艺术教育促进学校教育质量的整体提高。 另外，口头上喊“重视”的学科，文件上喊“重视”的学科，实际上往往是不被重视的学科，而真正受重视的学科是不再需要喊口号和发文件了的。所以，我们也不要觉得现在听领导的讲话或看教育部的文件里经常有“重视和加强艺术教育”这种振奋人心的话语，就真的以为国家很重视了，艺术教育的春天马上就要到来了，要翻身得解放了。难啦，让我们期待我们的艺术教育不需要再喊口号的那一天早日到来吧。不过，即便那一天来啦，要想让音乐学科获得和语文、数学等所谓“主科”的同等地位，那是永远都不太可能的。
 薛　晖：	郭老师的这种换位思考很好，如果你当校长，你会如何处理这个问题？音乐很重要，但语数外在学生的知识结构中可能更重要，所以还是不要太在意自己学科的位置，想想音乐学科成为一门必修学科已经很好了。何况音乐学科又有音乐学科的优势，没有考试的压力，还是学生最喜欢的课程。而音乐教学既是工作，又是享受，当一名音乐教师真的很好。 说到音乐教学评价问题，还真有问题请教郭老师。湖南高中课改已进入第二年，对高二的学生有一个“学业水平测试”，厅里组织各学科制定考纲。音体美学科经我们争取（不知是否该争取）也暂定纳入学业水平测试范围，考纲正在制定之中。音乐和美术准备以笔试的形式考查，音乐主要考查音乐必修《感受与鉴赏》模块，考试的内容主要依据的是课标要求，主要题型是听音乐答题，以客观题为主。组考的形式是省统一命题，各地市统一组考。郭老师很早前就此问题进行过调查问卷，大部分学生是不愿考的，这可以理解，而大部分老师很愿意将音乐学科纳入考试范围，这同样可以理解。我们很积极去地去争取做这件事，更多的是想用这种方式，促成大部分学校能正常开课，使高中音乐教学能达到一个最基本的教学目标。不知郭老师对此事有何看法和高见，是否该考，或如何考？

郭声健：

薛晖提出的这个问题，的确是个两难选择。从我个人角度来说，音乐课程真的要依赖考试这种手段来让学生重视，这让我在情感上很难接受。我觉得这是音乐艺术的一种严重堕落，也是音乐教育的一种悲哀。这就好比爱情与婚姻，本来学生与音乐是两厢情愿的，彼此相爱着，根本用不着你去撮合他们、去担心他们是否能够白头偕老，但现在好像我们一定要给他们打个“结婚证”，怕学生抛弃了音乐，或者是现在已经隐隐觉得我们的一些做法让学生对音乐产生了反感，甚至明显出现了违背音乐感情的变心行为，让我们不得不这样做。

我非常能够理解老师们的心情。老师们希望音乐考试，恐怕主要还不是为了学生更好地学习音乐和享受音乐，如果我说错了，大家可以骂啊！从根子上讲，还是一个对音乐学科地位和音乐老师地位相对较低，感觉心理不平衡的问题，总以为只要一考试，这个问题就解决了。其实，哪有这么容易啊，就像我在上面帖子上讲的，音乐学科要想与其他“主科”平起平坐，绝对是不可能的。我的想法，真的和许多人不一样，我就觉得音乐学科现在这样的状态很不错。因为老师们能够更充分地施展自己的才华，有更多的时间更大的空间去探索教学的奥秘，去和学生一起无忧无虑地享受音乐，去和学生交知心朋友，这多好！

人的想法有时候的确是很奇怪的，落得轻松的好事情往往别人不一定领情，非得要吃点苦才舒服，也许大家没有体验过被领导寄予厚望，甚至被所有人尊为明星的感觉是个什么样子。当然我也不知道，但是我可以想象得到，那种压力并不见得好受。我说过的，对于老师来说，什么是真正的地位？在学生心中有位置、学生忘不了你，教师节想着要给你打电话，那才是真正有地位。是的，也许音乐课考试了，学生上课规规矩矩了，知识技能教学也顺利进行了，但那是我们真正想要的吗？肯定不是啊。我们想要的当然是学生真心地喜欢我这个老师，真心地喜欢音乐，真心地喜欢上音乐课，强扭的瓜不甜啊。以为只要考试了，学生就喜欢了，怎么可能呢？

不过既然决定了要考，我也表示理解，也表示支持。首先，这也好，没有尝试过的东西永远都是最好的，就让我们共同体验一下

考试到底能给我们的音乐教育带来多少好处，到底能在多大程度上提高音乐学科和音乐教师的地位，到底能给我们的音乐教学带来多少突破。有过一段时间后，这个问题就清楚不过了。结果不外乎两种：一种是，的确如我们所期待的，一切都有了改变，音乐教育和音乐教师由此获得了新生，那好，就继续考下去，不断完善它；另一种结果是，跟我们所期待的相去甚远，那也没关系，停止考试就行了。争取考试权很难，放弃考试权却很容易，别人不会认为你沾了光，就像我现在招学生，争取一个自己看中的学生很难，但放弃一个自己没看中的很容易。

其次，如果如薛晖老师所说的，争取到考试，以此促成大部分学校能够正常开课，这的确也是一个不错的策略。就是说，这对没有开课和不正常开课的学校来说，的确很有必要。只是我不知道现在高中学校，这样的情形是否普遍，这对现在的在职教师不一定能带来什么明显益处，倒是可能由此创造出一些新的就业岗位，给大学毕业生提供了机遇。当然，若现在还有许多学校没开课，通过这种方式，最大的受益者还是我们学生。如果说，我在一定程度上也支持音乐考试，那么，这是一个主要原因。

因为我不知道这个考试的背景，所以也不敢预料这种考试到底能给我们的音乐教育和我们的学生与老师产生多大的影响（不管是积极还是消极的）。这个高二的“学业水平测试”，到底对学生有多大的影响？比如说，这个考试成绩是不是毕业的一个基本条件？我估计可能是这样，否则，就没有意义了，大概相当于毕业考试吧。如果是这样的话，无论对学校还是对学生，都会有触动，尤其是对学校来说，能够有利于保证课时。不过，这里面就有一个操作问题了，省里命题，市里统考，哪里评卷呢？如果说是自己评卷或县里评卷，或者即便是市里统一评卷，我就不相信，会有哪个领导说：音乐一定要严格评卷，不及格的坚绝不让毕业，不可能吧。当然，我这是设想“学业水平测试”就是毕业考试，如果不是毕业考试，而是一种跟学生没什么利害关系的考试，那问题就更加简单了。所以，从这个角度分析，我们老师们不要对这样的考试寄予太大的希望。在关键问题上，没有人去自己为难自己的。高中阶段，大家心里都明

	白得很，一切都是围绕高考转！高考制度不改，其他都是假的。 设身处地想想嘛，我们作为音乐老师，谁愿意自己的孩子在高中阶段，让音乐课程去分散准备高考课程的精力呢，没有的。除非自己的孩子就是准备考音乐特长，那是另外的问题了。我这里想表达的意思是：要想在现有的教育体制背景下，真正通过考试来提高音乐教育和音乐教师的地位，只有一种可能性，那就是，音乐和语文数学一样，成为高考的必考科目。当然，这是不可能的。如果真的是那样的话，只怕到时我们的音乐老师诉的苦，比现在还多得多了，那个时候，我们就会口口声声大谈音乐是一门艺术，怎么能和科学课程一样地去死记硬背呢？我们不妨设想一下：作为老师，那个时候的音乐课，上起来味道又如何？天天教枯燥的乐理知识，不烦死你才怪呢。 听薛晖老师介绍，音乐是考必修的“感受与鉴赏”模块，是听音乐答题。我觉得听音乐答题好，这才有音乐考试的味道，应该是所有的题目都出自所听的音乐，这起码就杜绝了学生去“备考”，去死记一些东西，这就减轻了学生的负担，学生会依然喜欢你，感谢你。不过，“以客观题为主”值得斟酌，需要有客观题，就是考查学生对音乐基本知识和概念的掌握，但要考虑难度的把握，真正要让学生把知识和概念听出来，那并不容易，当然我们可以选择考查在课堂上已经听过的音乐（其实仔细想想，考一下这样的东西，到底有多大的意义呢？你是考试在后，上课在前，上课的时候没听出什么名堂，难道通过“复习”就行啦）。 我觉得在出题的时候有两点可以考虑的： 首先，客观题和主观题的平衡问题。我不是说要一半对一半，也许现在确定以客观题为主，主要是基于评卷的方便。但我不这么认为，我觉得这样的考试（我这里是假定真属于对学生有影响的毕业考试，因为如果不是毕业考试，学生也就对这个成绩无所谓了，随你打几分去），基本上是每个同学都要让他及格的，既然结果已经出来了，那我们总不能为了给学生打及格，而不顾那些客观题的标准答案吧。所以，我个人认为，主观题的比例不能少，这一方面尊重了音乐学科的特征，另一方面也便利老师对学生分数的掌控。

这个问题不知道我表述清楚了没有。

其次，要考虑已学作品和未学作品的平衡。这一点，我估计大家可能不会认同，但我觉得，这才真正体现了音乐学科的特色。我们都知道，教材上的东西，只是领引学生进入音乐世界的桥梁，它本身并不是学习的最终目的。对于某个具体的曲目来说，学生掌握不掌握，关系真的不是很大，我们需要的是学生自己能够去检索音乐，欣赏音乐，而且范围越广越好。那么，如果才能考查学生在这方面的能力呢？我觉得，应该让学生听听课堂之外的音乐。而这些音乐，我们就可以更多地采用主观题形式，要让学生都能说几句话，只要是出自所聆听的音乐的感受，我们就多少都能够给学生一些分数。

这里，我还想顺便说说评卷的问题，因为我刚才说了，确定以客观题为主，可能主要是为了评分的客观性。我想，我们不要对这个问题看得太严肃了，多给学生打几分，灵活性地给学生打分，又有什么关系？各个学校的标准不完全统一，又有什么关系？其实，真没有什么关系的。而且，请相信老师们的能力，主观题学生答得好不好，完全是可以看出来的，而且学生在音乐素养上的真正水平差距，可能还是主要体现在主观题上。反正我是这么认为的。所以，我给硕士生复试出题，给博士生考试出题，我都是出主观题，我不需要考生去背什么东西，那根本就反映不出考生真实的水平。

我们这样的考试，让我又想起了美国的《不让一个孩子掉队法案》。该法案决定由联邦政府投入数千万，要求各个州自行统考阅读和数学两门基础课程，主要目的就是促进每一个孩子在这两门基本知识和技能方面全面提升。几年过去了，有研究表明，其中的一科在原有基础上有所提高，另一科则没有（不好意思，我一下找不到那份资料了）。很有意思的，联邦政府不是要求下面的州统考吗？不是要求学生都通过吗？这好办啊，各个州把题目出简单一点，让大家通过不就行了。我这不是开玩笑，许多州就是这样的一种思路，所以，这也是实施这一方案，并没有收到显著效果的一个原因。我不知道，我们的音乐这种测试，是否也会在省里排队，如果真要排的话，各个市里把评分标准灵活掌握也就可以了。

	有些语无伦次地发表了自己对音乐考试的看法，很多想法可能比较消极，若得罪人，还请大家海涵。其实，我想要表达的意思归纳说来就是：我们不要对考试寄予太大的期望，在目前情形下，提高音乐教育和音乐教师的地位，最主要的途径还是提高我们自身的教学水平，让学生喜欢上音乐课。
 薛　晖：	谢谢郭老师认真的回复。其实，我与你一样在情感上也难以接受要学生进行音乐考试，这是不得已而为之。其实如果高中音乐学科真能纳入“学业水平测试”进行统一考查，学生不高兴，很多老师也会不高兴的。我们之所以想纳入，不是为争学科的地位，而是为了使音乐学科不至于丧失自身的位置。 可能郭老师有所不知，虽然音乐学科定位为高中阶段面向全体的必修课，但“面向全体”和“必修”在大部分高中学校完全得不到体现了，而成了面向个别特长生的选修课。省内某一省级示范性高中，有音乐老师16人，仅1人上常规课；省内某县一中，花几百万元建成了艺术楼，但我们去听音乐课时还是在教室上课，据说艺术楼主要进行特长培训；一位老师跟我说过他的情况，他在学校每月1200元，校外辅导每月7000元（有20多个声乐学生）。说这些情况，只想说明，现在的问题不是没有师资，或师资不强，也不是没有教学硬件，需要解决的也不仅仅是如何让学生喜欢音乐老师、喜欢音乐课的问题，而是要尽量让学生有机会上音乐课，有机会喜欢音乐老师和喜欢音乐课。而如果能让老师们觉得“教好”、“教坏”还有得比较，至少会有部分老师（我也不期待全部，这也不是灵丹妙药）会将精力集中到常规课上来，那样，就会有部分学生受益了。如果真能这样，这考查就有意义了。 关于主客观题的问题，郭老师的建议很好，我们会认真考虑。不过这是后话了，现在是否正式纳入，八字还少一撇，我们只是在积极准备。如果真有那天，还要向郭老师详细请教。

郭声健：

如果"'面向全体'和'必修'在大部分高中学校完全得不到体现了，而成了面向个别特长生的选修课"这种现象真是如此普遍存在的话，这个问题就太严重了啊。一个学校重视音乐特长生培训，这无可厚非，但绝对不能因此而牺牲大部分学生享受音乐教育的权利。

我的确对现实太不了解了。所以由此我产生了一个疑问：高中新课改不是实施学分制吗？那这么多人不上课，学生这几个音乐的学分哪里来啊？学生怎么毕业啊？到底是高中的学分制还没开始实施，还是实施了下面不执行呢？如果还没有开始实施的话，那我想学校不开音乐课的这个问题，就可以通过学分制的实施迎刃而解。不管学生是在学特长，还是上普通音乐课，只要他在学音乐就好，只要能够按照课程标准要求，修满音乐学分就好。每个人有机会学特长，这就等于是面向全体了，这就有点像美国的高中音乐教育了（其实，我还没有介绍，美国高中阶段同样也是有特长教育的，简单说就是在基本的音乐学分之外，再修规定数量的更高级别的音乐专业课程，学生因此可以获得高中阶段最好的毕业文凭——进阶高中文凭，这个文凭对学生申请大学或未来就业选择有好处）。而如果现在我们已经实施了学分制，就是说现在已经要求按照新课标来实施，而下面就是不执行，那新课改搞了半天不等于没搞吗？我猜想这种可能性不太大，如果真是这样的话，国家规定的学分制，学校都可以抵制不执行，没有学分也可以照样让学生毕业的话，那么，完全可以预料，这样的考试也就没有任何的意义。我猜想，是不是有一部分学校实行新课标的学分制了，而另一部分学校尚没有启动课程改革？那所存在的大面积面向个别特长生的问题是不是主要存在于这类学校？

现在不管是属于哪种情况，看来，考是肯定要考的了。那么，我就建议采用一手软一手硬的办法了：对校长来硬的，一定要考试，一定要开课；对学生来软的，让学生不要怕考试，我们不会为难学生的。对学生来软的，是完全可以的，完善我们的考试制度，尽量把考试带来的负面影响减少到最低限度。可是，对校长来硬的，我们没办法。

从薛晖老师的介绍中，尽管我还不知道到底是校长在抗拒执"法"（新课改的法），还是新课改没有进展到这个程度，我大概了解了一点情况，就是大部分高中学校没有开设普通音乐课。若真是这

	样的问题，我想靠我们自己在这里嚷嚷，根本就解绝不了问题，那需要教育行政部门真正拿出具体的措施，真正“重视”一把，真正来关心一下音乐学科这个“弱势群体”。因为，只有他们才可能对校长来硬的。一定要让校长面临真正的压力，让他们真正感受到不开课不行，这不是提高他们的认识的问题，而是要建立一种评价制约机制，要让开设艺术课、音乐课跟他校长自身、跟他的学校的切身利益息息相关。其实，这个时候，才真正能够检验国家以及各级教育行政部门对音乐教育、艺术教育是真重视还是假重视了。什么时候，我给大家介绍一下纽约市的艺术教育管理模式，看他们是怎么让校长不得不重视艺术教育的。 如果真的有大部分学校根本就没有开设音乐课，那我们在这里讨论这些东西有什么意义啊？真的是浪费了我们的表情！我们还无所谓，就浪费点表情，也只怪自己自作多情。那各级行政和教研部门举办轰轰烈烈的教师培训，有关方面花巨资支持这项工作，干什么啊？ 从 1994 年国家在高中恢复音乐欣赏课到现在，整整过去了 14 年，高中音乐教育的情形竟然还是如此的惨烈，真可悲啊！此时此刻，我真的感觉心都凉了，觉得自己可笑得不得了。尽管心情沉重，我还是想说一句话和我们亲爱的音乐教师们共勉：我们这份职业来之不易，实属幸运，让我们共同珍惜！
 玉　成：	我想郭老师对于目前的高中音乐课程实施不必过于悲观，您在这里谈这么多，绝对不是“自作多情”。我们意识到了情况之惨烈，未必不是好事，可能还需要时间。还想重提一下，原来我曾看到过一篇有关底线评价和顶线评价的文章，很受启发。可能目前的高中音乐教育还没有定好位，到底该遵从哪个评价标准。那篇文章的作者提出，如果不从根本上改变高考的“顶线评价性质”，就无法使各学科之间达到有效的平衡。从重在“选拔”到重在“达标”，这是一个非常艰难的过程，我们的整体社会环境也还没有足够的思想准备。音乐学科想要独自突围，确实很难。不过，有郭老师这样有影响力的人物大声呼吁，有老师们的积极响应，相信会有改变的。

陈　瑾：

几天都没有上来发言了，看了老师们的讨论，对高中的音乐教学又多了一份了解。

虽然，在我的心里还没有认识到现在的高中音乐课教学会像薛老师所说的那种严峻的现状，但是，对于我们这些不在中小学音乐教学一线的音乐工作者而言（正所谓“无知者无畏”），我们更愿意想象音乐教学给予学生的丰富生活以及期待着音乐教育本身的发展和希望。从内心出发，我们都不愿意把音乐教育想象得如此的悲观！但是，音乐教师以及音乐课在学校的地位偏低却是一个不争的事实。其实，将音乐列为高考或者会考的科目，对于音乐课本身来说，我一直认为这是一株“救命稻草”，也许我们会质疑这种考试是否能达到对学生音乐能力真实评价的目的，但是不可否认，音乐教师们是欢迎这个“考试”的。在我们长期形成的教育观念中，形成了一种固化的意识，那就是只有作为了考试的科目，这个科目本身才能够得到学校、学生、家长等多方的重视。在当前的教育现状下，音乐教育抓住这株“救命稻草”，对于学科的发展应该是有利的！

说到这里，可能又有人要为“应试教育”树上一个高高的靶子。在前些年如火如荼的讨论中，有人把音乐教育理解成为素质教育的重要形式，并且认为“素质教育”是和“应试教育”相对的两个概念，基于这样的观念，很显然，“考”音乐是违背了“素质教育”的重要原则的。但是，我们是否可以以一种平和和理性的心态来看待这个事情，不要一提“应试”就选择一棍子打死，“考”音乐是否可行？如果可行应该怎样“考”？考的内容以及侧重点应如何确定？很显然，其中的问题还不只是我以上所列的这些。对于新生事物我们的态度应该是更多的宽容。正因为有问题存在，我们才需要不断地改革和完善；也正因为不断地调整，事物才能在长期的发展过程中呈现出螺旋上升的态势。

去年的高考结束后，我有一段时间特别关注鲁、宁、粤、琼这几个首批进入新课程试点的省区的高考方案，尤其是广东省实行的“3＋文科基础／理科基础＋X”方案和山东实行“3＋X＋1”

	的方案。由于音乐、美术等科目的试题出现在了普通高考的试卷中，所以引发了一些讨论。一开始也是不理解和无所适从，但是一年又过去了，这一措施仍在继续推行，而且老师们也开始逐渐适应考试内容的变化。近些天，我又在看这几个省2008年的高考试题，课改的理念在逐渐地深化和实践，这是多么好的现象啊。而对于这类艺术课程的考查，在出题上，也尽量避免了死记硬背，而是更多地立足于生活中的有关艺术的众多现象，而且很侧重学生的审美理解和审美评价，这多好啊！ 　　这段时间老是听到这样的一句话：“学生喜欢音乐，却不喜欢上音乐课”，我想喜欢音乐的学生也不见得会喜欢参加音乐考试，这是人们长期对“考试”的恐惧或厌恶心理造成的。所以我们那些可爱的在一线奋斗的音乐教师们大可尝试和考虑让学生喜爱的音乐考试方式。可以是一种，也可以是多种评价结合进行，在多次的尝试中，一定能得到一种既考查了学生的音乐能力又能让学生接受的音乐评价方式。
 郭声健：	陈瑾的帖子，分析在理，切合实际，但我依然有话要说。 　　对于考试，其实谁都害怕，学生是已经考麻木了，可能是怕到了不怕的程度。人怕鬼，但和鬼打交道多了，自然就不怕了。现在我们这些口口声声说考试的人，谁不害怕考试，肯定比学生更怕。我前几年，每隔一段时间就做梦，内容差不多，就是考数学之类的自己完全不懂的东西，反正是拿到试卷就紧张得喘不过气来，还好，关键时候能够从梦中惊醒。出国前，参加了几个月的外语培训和考试，那种感受终身难忘，感觉自己没考好，考不过要重考，否则就出不了国，沮丧到了极点，只差没跳楼了。发誓这辈子再也不考了，可谁知道啊。反正我是很怕的，不知道其他的老师，尤其是专考别人的人是否心理承受能力会强点。 　　我也是坚决反对把“考试”等同为“应试教育”的。历史证明并且未来还将继续证明，“考试”是一种最有效的选拔人才的方式之一，大面积地选拔人才，现在的确想象不出比考试更有效的方式了。

通过考试选拔人才，的确存在一定的问题，但不至于让我们废弃这种方式，而是要求我们怎么完善考试方式。所以，从选拔人才的角度上讲，考试没有任何的错。

现在的问题是，我们是想通过考试这种方式来确保音乐学科的地位，而不是为了选拔人才，这和上面提到的几个省的高考完全是两回事，而且这种考试和高考还有一个最本质的区别，高考那是X，考不考，那是学生的自愿选择。而这种考试是硬性要求的统考，学生没有选择的余地。说得不好听，音乐课程没有地位或地位摇摇欲坠，这都是我们自己无能的表现啊，都是我们的校长们短视的表现啊，都是我们的领导们漠视的表现啊……总之一点，音乐学科没有地位或守不住地位，绝对不是学生的责任!

然而，令人感到羞愧和不人道的是：现在造成这种状况的当事人，没有谁愿意出来承担任何的责任，而是把解决问题的责任完全推给了学生，让无辜的学生来承担了这一切的后果。因为，他们不得不接受另一门或几门新课程的考试。因为，考试这些大事情，都是你们大人说了算。你们自己不用考，不知道现在的考试到底带给了我们多大的压力和痛苦，那么来吧，你们就尽管考吧，让考试来得更猛烈些吧!哈，刚好看到一首被学生改编的打油诗，是这么写的："考试如此多娇，引无数考生尽通宵。惜秦皇汉武，胆子太小，唐宗宋祖，不得不抄。一代天骄，成吉思汗，最后只把白卷交。"

当我们高举着维护学生享受音乐教育的权利的大旗，向音乐考试进军的时候，我们有没有想到过去听听学生自己的想法，听听他们需不需要以考试的方式来维护自己的这份权利。如果一片反对声，虽然我们仍然可以不做让步，不理会他们这种"无知"的表现，至少我们真的要想办法在考试形式和内容方面尽可能给予学生宽容。否则，我们真的就太不人道了，这都是我们自己的孩子。说实话，要我现在站在一个家长的角度来谈这个问题，我一百个反对，我宁愿我的孩子是一个音乐白痴(何况任何人都不至于这样)，也不忍心再看他又多一门甚至几门考试。而如果赞同声一片，那么我们就没有任何的顾虑了，我们就可以放心地去做这件事情。不过，我想，可能大家都会说，这是必然的，学生肯定会反对。那么，既然如此，我们是否应该扪心自问：我们这么做，到底是为了谁？为了谁？

今天说的话比较多了，也就不在乎再多说一点，大不了就少翻译一点文字。

最近我们在论坛上聊得比较多的，或者说所讨论的主题，基本上侧重于音乐学科地位的问题。我刚反思了一下以往我对这个问题的基本观点，我认为很多东西都是客观现实所决定的，有些东西再怎么争都争不来。比如音乐学科地位，我前面也说了，永远都不可能与语文、数学之类的主科平起平坐，这种极端的看法，在过去我是不敢说的，我或许会说，到了共产主义社会，社会物质财富异常丰富，个人全面发展的理想得以充分实现的时候，是有可能的。因为，我一直觉得，包括音乐在内的艺术学科的地位，是和一个国家的经济发展水平息息相关的，经济越发达的国家，艺术学科的地位会越高。

然而，来到美国之后，发现我这个观点并不准确。美国是世界上最发达的国家，若干年之内我们也无法赶超他们。那么，在美国这样的经济发展水平之下，我想象中的艺术学科地位，不仅应该比我们国家高，而且应该在他们国家各学科之间比较，也会是很高的，即便不可能有与英语、数学同等的地位，也应该低不到哪里去。而且此前老是听国内宣传说：艺术课程在美国被确立为与别的学科同等地位的核心课程（我也多次在自己的文章中提到这一点），这也更加证实了我此前的推断。可到这里之后，和老师们交流，看大量的资料，发现情况并不像我想象的那样乐观，包括核心学科这件事情，我看他们的相关教育法里面所认定的核心学科几乎囊括了所有的必修课程。

所以，我想提供一份资料给大家看看，这份资料是纽约市所有公立学校 2006—2007 年度的艺术教育基本情况，我只选择其中的艺术课程开课率部分的统计资料。因为，开课率，是最能够反映学科地位的，我们在前面讨论考试，也就是想要落实开课率的问题。大家知道，美国的艺术课程有四门，即视觉艺术、音乐、舞蹈、戏剧，每个州对所辖各学校的开课要求是不统一的，有的地方开得少，有的地方开得多。这个我们不要管它，我们只要知道开没开的数字，

就足以说明问题了。另外，纽约市，是美国最大的城市，也是一个国际化大都市，相当于我们的上海或北京，因此，纽约市的艺术教育现状，应该至少也是能够反映出美国艺术教育的整体水平的。

不过很遗憾，我手头没有最近几年国内在艺术课程开课率方面的统计数字，哪怕是一个省、一个市也好。因为，两个国家或两个城市的艺术课程开课率的比照，我想，最能说明问题不过了。所以，如果哪位老师手上有这方面的资料，请辛苦做下比较看，只要一比较，我们至少就能够从开课率的层面发现两个国家的艺术教育地位的现状。比较的结果不外乎这几种：一、美国的地位比我们高；二、两个国家的艺术教育地位差不多；三、我们的地位比美国的高。好啦，即便我们手头上没有国家、城市的数据，我觉得，有某个城市的一个区的数据也不错，也可以有得一比。

当然，我想说明一点，我并没有这样的意思：认为，如果比较出来，我们的学科地位并不比美国差，那我们就不需要再去争取地位了。我也是一个搞艺术教育的人，我和大家一样，非常希望我们的地位越高越好，这样走出去都更自信啊，胸膛也可以挺得更高啊。我只是希望，通过这样的比较，能够让我们更加理性地看待目前我们的学科地位问题。

下面我就把这份资料呈现给大家（这就是原来的英文文本格式，我只是翻译了它们，没有做任何的编辑）：

小学：

几乎每所学校都为学生提供了艺术学习的机会，但这并不意味着所有四门艺术学科都开齐了，也并不意味着所有学生都享受到了艺术教育。

●依靠具有专业教师资格证的老师的艺术教学和其他非艺术课教师将艺术引入其他科目，有97%的小学为学生提供了至少一门的艺术课程教学，84%的学校提供了至少两门艺术学科的教学。（译者注：上面这个统计数据包括了非艺术课教师在其他科目如英语、历史等相关科目里结合着上点艺术的内容，而不是纯粹的艺术课。）

●虽然许多学校开设了至少一门以上的艺术课程，但许多学

	校并没有给所有的年级提供艺术教学。67%的学校在每个年级都开设了一门艺术课程，62%的学校在每个年级都开设了两门艺术课程，只有10%和4%的学校为每个年级提供了三门和四门艺术课程。(译者注:这里统计的都是艺术课程，这意味着，如果具体到音乐课程，数字会大大降低，因为，共有四门艺术课程。根据另外的统计资料，开课率最高的是视觉艺术，其次才是音乐。下同，不重复注释。) 初中: 和小学一样，纽约市初中也为学生提供了学习四门艺术学科的机会，但是舞蹈和戏剧这两个学科的状况并不令人满意。虽然部分学校给学生提供了这些艺术课程，但并不是所有学生都选修了这些课程。92%的学校为学生提供了一门艺术课程，79%的学校提供了两门艺术课程，只有29%的学校基本达到了纽约州的要求。 ● 44%的七年级学生和36%的八年级学生接受了视觉艺术教学。 ● 31%的七年级学生和25%的八年级学生接受了音乐教学。(译者注:这个数字低得有些不可思议吧。) ●接受了舞蹈和戏剧教学的学生比例很小，只有7%的七年级和八年级学生接受了戏剧教学，也只有10%的七年级学生和7%的八年级学生接受了舞蹈教学。 ● 2006—2007年度学习环境调查显示，超过40%的6～8年级学生说，他们学习了一门以上的视觉艺术课程，1/3的学生说，他们学习了一门以上的音乐课程，但只有很少量学生说他们学习了舞蹈和戏剧课程。(译者注:"一门以上的音乐课程"，意思是音乐课程包括了普通音乐课程、声乐课程、器乐课程等。) 高中: 高中学校为学生提供了丰富的艺术学习机会，差不多有一半以上学生已经达到或超过了纽约州的要求。 ● 46%的高中学生取得了三个或三个以上的艺术学分，超过了纽约州提出的要求。

● 85%的学校为学生开设了视觉艺术课程，74%的学校开设了音乐课程，而分别有21%和15%的学校为学生提供了戏剧和舞蹈教学。

● 86%的高中学校开设了一门艺术课程，76%的学校开设了两门艺术课程，有22%的学校开设了三门艺术课程，而全部开设了所有四门艺术课程的学校只有9%。

● 2006—2007年度学习环境调查显示，超过60%的学生说在该学年度他们选修了视觉艺术或音乐课程，但很少有学生说选择了戏剧和舞蹈课程。

● 一些学校为具有艺术特长的学生提供了可供选择的专门艺术教学计划。

最后我补充一点，纽约市的学校年度艺术报告认为：比较而言，高中阶段的艺术教育是开展得最好的。这一点从上面的统计数据上的确能够反映出来。另外还有一点要说明的：这里统计的开课率实际上是"开设了"或"接受了"，而不是"开足了"，就是说每个学校到底开了多少节课，这里还没有显示。不过，我们可以通过"是否达到纽约州的要求"的表述，大致可以判断是否开足的问题。像下面这句话就表明，高中的确是他们自身最为满意的，用了"丰富"这样的形容词——"高中学校为学生提供了丰富的艺术学习机会,差不多有一半以上学生已经达到或超过了纽约州的要求。"不过，从这句话我们可以推测，即便在高中，他们在"开足"艺术课程方面也还有很大差距。

我相信大家的感觉可能和我差不多，会大吃一惊吧！我不是在跟大家开玩笑，我真是在这里想：幸亏我们的教育官员们出来考察美国的教育情况，并不关注艺术这一块，否则，对我们的学科地位会更加不利啊！由此，我也在安慰我自己：知足吧，声健同志。

不过，纽约目前这样的一种状况，估计今明两年之内会有改观。因为从去年开始，就是从这份纽约有史以来的艺术年度报考开始，纽约市教育局正在实施"艺术至关重要"计划。我翻译和整理了这方面的情况，从这个计划的实施方案和实际情形看，应该是比较乐观的。

徐 杨：

谢谢郭老师的指导，看了您的回复之后，我开始有冲动利用这个假期准备下个学期的评价方案了。写好了还请郭老师和薛老师给我指导指导呀！

记得以前有位语文老师对我说："你真幸福，不是教语、数、外的，真是轻松呀……"当时听了还真觉得心里怪不好受，其实按我的工作量（音乐教师10节课兼大队辅导员），还要利用休息时间带合唱队等训练队，一学期下来真是快累趴下了，不见得比语数外老师就轻松呀！可是回家睡到床上再想想，或许我真是幸福的。因为当我走进音乐教室，学生看见我是开心的。每天我都有音乐陪伴，和孩子们一起唱呀、跳呀！所有的疲惫与烦恼在进入音乐课堂之后就会抛在脑后。这才发现原来音乐可以给我们快乐，孩子们能给我快乐，我是幸福的音乐老师！

呵呵，就像郭老师和薛老师说的，让我们享受这份工作的乐趣，珍惜这份来之不易的职业！

郭声健：

人的情绪非常容易受到感染啊。我在想，自己写完上面那个帖子之后，再也没有兴趣写下去了的。没想到看了徐老师上面这个帖子，心情一下子又好了起来。徐老师写的这几句话："因为当我走进音乐教室，学生看见我是开心的；每天我都有音乐陪伴，和孩子们一起唱呀、跳呀！所有的疲惫与烦恼在进入音乐课堂之后就会抛在脑后。这才发现原来音乐可以给我们快乐，孩子们能给我快乐，我是幸福的音乐老师！"我一定要引用到我以后的书里去。有这样的一种心态，哪有上不好课之理。老师的心情，自然而然会感染学生，而学生的情绪也会反过来进一步感染老师，在这样的一种心情状态下，我们的音乐课一定会更加轻松和愉快。快不快乐、幸不幸福，都是一种感受，其实都是受自身心理支配的，同样一件事情，你若认为它带给你幸运，你就感觉快乐；你若认为它带来的是不幸，你就感觉不快乐。心态真的很重要！

昨天我去曼哈顿会一个没见过面的老师，我和这位老师一周之

	前就约好昨天中午在中国城的某个地方见面。我在网上查找到了这个地方，坐几号地铁线，从哪个口出来，往哪个方向走，还有老师的电话号码，都写在一张纸条上。网上显示到那里大概 1 个小时 5 分钟，所以我 11 点不到就出发了。和人约会，我从来就是只能别人迟到，不允许自己迟到的。下楼，锁上大门，走到马路，发现没带手机，于是又上楼拿了手机。感觉很幸运啊，要是上了地铁那就麻烦大了。再次出门，到地铁站大概要走 8 分钟，正准备刷卡的时候，我突然又想起，那个小纸条没带。这可绝对不行啊，因为所有的信息都写在上面。这时候有点着急了，因为怕赶不上时间了。但不能犹豫，一路小跑，回到家把小纸条又带上，再小跑回地铁站。刚好昨天纽约天气很热啊，这么来回一跑，全身都透湿了，我看时间，刚好 11 点半，来得及。那个兴奋啊！当我发现没带纸条的时候，有短暂的时间沮丧，难过，但我马上安慰自己：今天运气真好，没带手机，及时回家取了；忘了纸条，关键时候猛然记起来了，多幸运啊。所以，这几十分钟的折腾，竟然丝毫没有影响我的心情，有的只是一份幸运感。 徐老师两个帖子都谈到了工作量的问题，可能你没有留意我前面介绍的美国同行的工作量，我认识的一个小学音乐老师，每天 7 节音乐课，星期五只有 6 节，但这一天却有三个特殊班（有特殊儿童的班级），他感觉是一周中最累的一天。这位老师同时还在攻读哥伦比亚大学的音乐教育博士学位。所以，当你把自己的工作量和这边的老师一比较，你又要发感慨了，我多幸福啊，工作量多轻松啊！ 谢谢徐老师的回复，给了我一份好心情！也祝你评价方案设计顺利！
 玉　成：	哈哈，赶上郭老师曼哈顿直播啦，很激动！昨天看到一句话，顺境造就幸运者，逆境成就伟大者，因此我们的音乐老师都很伟大啊。当你不快乐的时候，想到更加不快乐的事情没有发生，就转忧为喜了，郭老师的两次往返正生动地说明了这一点。我们的徐老师，也加油哦！

Dodozi：

其实想想，自己当音乐老师挺愉快的，因为本身就喜欢音乐，而课上又可以听音乐。假设我也可以教语文数学之类，我想我还是更愿意上音乐课，因为课堂很轻松。如果别的科目，一个题目没弄清楚，学生没搞懂，自己也会着急。而且现实点说，一个学校音乐老师相对比较少，课上得好与不好，基本没人追究，反正是自己在准备。如果是语数外等科目，每个学校都有很多老师，课上得不好，学生抱怨，甚至会要求调换老师，而且自己也会觉得很丢人。毕竟一个学科人多就会有比较，所以压力确实比较大，学校经常会做学生反馈的调查。音乐课很少有学生不满意，有的也只是嫌课太少，当然也由于不用高考，学生也不在意。但我看到别的科目，并不是每个老师都获得学生好评，甚至有些不满意率很高，学生的说法千奇百怪，有的话也很伤人的。我看到的时候都在想，这个老师看到这些评价该多伤心啊。这些又都是公开的，而且没有把学生教好，就对学生的高考成绩有影响，压力大呀！相对来说我们还是舒服啊，备课也听音乐，上课也听音乐，真舒服……

郭声健：

赵老师发的上面这个帖子，又是一个令人开心的帖子。

对教师教育来说，无论是职前教育、入职培训还是职后教育，我觉得最为重要的还是让老师们（包括未来的老师们）了解自身职业的优势和不足，只有充分理解了职业的特点，他们才不会产生盲目的期待，也不会动不动就轻贱自己。尤其对于音乐这样的特殊学科，一定要让我们的老师充分认识到自身学科在学校教育中所处的现实地位，同时，更要充分地挖掘出我们这份职业的优势和别的学科无可比拟的特色。只有这样，我们才能够真正热爱这份职业，只有热爱自己的职业，有一种毕生投身于这份职业的心理准备，我们才能够不断地提高自己的工作质量，才能够善于发现工作中令人愉快的东西，并充分地享受着。正是在这样的一种状态之下，一切才皆有可能！由此我想，尤其是对于新教师的岗前培训，职业品质方面的培训不能缺少，而这不能是找个专家去照本宣科讲大道理，最

好是要找几个一线的老师讲自己的切身体会。

上面赵老师的帖子，字字句句都是大实话，我看了好几遍。这种非常朴素的感受，却很能说明事理；这种非常务实的思维方式，会让我们的心态更平和。的确，就如赵老师所设想的，如果我们既能教那些备受重视的主科，又能教不受重视的音乐，若有机会让我们选择，到底我们会怎么选？我想，一旦当我们面临选择的时候，我们看问题的角度就可能非常公正了。这个时候，我们看到的主科，就不会像平常想象的那么令人羡慕了，它受重视，但压力大，这种分数的压力、评比的压力，真的会让人喘不过气来，我可能还是宁愿不受重视的好；它待遇高点，但付出多，不说别的，他们课后的作业批改时间，就足以让我们赚到比他们更多……这个时候，我们看到的音乐副科，也不是那样地让自己受委屈了，这就像上面赵老师说的那些，可圈可点的方面能够挖掘出很多很多啊。这么一比较，我们自然就会对自己的这份职业有一个比较客观和公正的评判。

前两天，我和一个高中数学教师朋友聊天，谈及这个话题，他说了这么一句话，让我很有感触。他说："你们音乐老师真是生在福中不知福啊！"他这句话或许多少也带有一种主观的色彩。或许在他眼里，我们的音乐老师哪方面都比他们强：教学本身很愉快，这其实比什么都强（当然，他设想我们的音乐课是非常受学生喜欢的，音乐老师也是非常受学生爱戴的）；没有压力，至少没有他的数学压力大；要说待遇，你们音乐老师随便找几个培训生带一下，就远不只我们这点多余的部分了……我相信，同样地，在他眼里，我们是很幸运的。这让我想到一个问题：其实，主科、副科，只不过是因为升学考试的原因而创造出的词汇和概念，它们表示的仅仅是学科在学校整体教育中的地位和影响，而并不就意味着主科教师和副科教师也相应地在地位上有那么大的差别。或许，在主科教师心目中，他们根本就不觉得副科教师比他们低一等（但的确不排除在口头上有这样的表示），甚至他们还可能在后悔自己当初上大学时的专业选择没有远见。这表明什么呢，音乐教师总觉得低人一等的感觉或许仅仅是自己的感觉，其实在别人眼里并非如此。人就是这样，扒着碗里的，盯锅里的，总觉得自己有的，别人也有，自己没有的，

	别人也有。这样的一种思维，必然就让人们无法正视自己的存在和价值。 这些简单得不能再简单的道理，其实谁都懂，也谁都能说，但不一定能做得好。我现在敢在这里说这些话，是因为，我对这个问题的实际认知和感受，我自认为已经比较客观了，勉强可以现身说法了。对职业的认识、选择并准确定位，这的确需要一个过程，有时候甚至是漫长的整个人生过程。 我 18 岁师范毕业参加工作，在乡镇中小学教音乐，那时候一门心思就是写歌。二十刚出头的时候，的确还搞出了一点名堂，仅仅在两年内就发表了两首歌（当时的《湘江歌声》），又录制和被人演唱了另外的两首歌（湖南人民广播电台），真是雄心勃勃要做一个至少是有影响的业余作曲家。后来出去学了外语，开始想“从山沟沟里走出来”，便考了研究生，一读就是六年。在这个过程中，自己一直找不到一个准确的定位，一度很想去行政管理部门，在读博士期间实习过几年，觉得自己也比较合适。1997 年博士毕业后，最终去了出版社，专门做刊物的编辑。2000 年毅然辞职离开了北京，回到了家乡当大学老师，做了一段院系领导，自己觉得不合适，又辞了。后来又到出版社做总编，当然没有放弃教学，老师的身份是依然保留着的，这点我还很清醒。现在看来，这份工作可能也不能做得太久，因为，经过这么多年的折腾，我最终明白了，我的归宿就是做个普通的老师，我的目标就是做个好老师，多带出几个好学生。就是说，工作了 20 多年之后，我才终于明白自己适合做什么，喜欢做什么。虽然明白得晚了点，但我感觉还是非常满足，因为我的职业、我的爱好、我的追求合而为一了。人生就是这样，有可能绕了一个大圈子，充满着一个又一个理想，从这山望到那山，却最终发现，原来最平凡的、甚至可能是自己一直瞧不上的那份工作，才是自己最理想的归宿，一切终于又回到了原点。 许多人，职业、理想追求、兴趣爱好是分家的，总觉得自己做现在这份工作，是不得已而为之，是生计所迫。这样的一种心态，是很难享受到工作带给我们的快乐的，自然工作也是做不好的，因为你无法投入。这其实是一个心态调整的问题。我们需要有理想，

有追求，如果我们只有理想，而没有追求，那么一辈子都会对现实不满，会活得很累；如果我们有理想，也有追求，一旦理想实现，我们会活得很有价值，即便理想不能实现，我们也了解了自己本该做什么，而且追求的过程令人充实；而既没有理想，也没有追求，只仅仅满足于现状，表面上看去，人生态度很消极，实际上，这也是一种务实的态度。

当然，我这里所指的理想是有特定涵义的，是指追逐一种更高层次或另一个领域的工作。只要我们对现在的工作本身，充满理想和追求，我觉得就很好了。就像我现在，从大的方面讲，已经没有理想和追求了。但从工作角度看，我的理想就是做个好老师，培养好学生，而且我会为此不断追求下去。其实，影响生命质量的最重要因素还不是看你从事的是什么工作，而是无论你做什么工作，你是否投入和充满激情。如果你在工作中总是那么的消极和被动，那么，什么工作都不适合你，都不会让你开心起来，你的生活质量和幸福指数永远都不会很高。

所以，我觉得，如何看待我们现在的这份职业，如何调整好我们的心态，实在是太重要了。当我们眼中看到的更多是我们音乐教师得天独厚的工作环境时，我们就不会再那么牢骚满腹了，我们就会在工作中全身心地投入，就会能够更多地体验我们的音乐教学、我们的音乐、我们的学生带给我们的快乐。如果你的确觉得现在工作不适合自己，或者有些大材小用，那么你就勇敢地去追求自己的理想，直到实现理想或碰得头破血流。

有心动没行动，只会让自己心更动，只会让自己更不安。但是，在这个追求的过程中，我们要守住一个教师的职业道德底线，那就是：自己的追求绝不能以牺牲学生的利益为代价。而如果没有打算换一份工作，那么消极的对待也是工作，积极的对待也是工作，但前者会令自己苦恼，后者会让自己开心。这样的一种工作态度的选择，这样的一种心态调整，相信对任何人都没有任何的难度。

让我们尽情地享受着工作带给我们的快乐！

玉　成：

在这次音乐培训中，王强老师谈到，我们的音乐模块，还承担了一部分让学生“能继续深入学习下去”的责任，并且还提到了艺术专业的高考。高中生通过音乐升大学的机会比较大，所以才会如此火。普通教育和准专业教育，似乎应该并行不悖才是，这样也更能照顾到学生之间的差异。两手都要硬，多么熟悉的表达啊。

艺术至关重要，这一句话若真能深入到我们所有人的心中，还怕什么呢？

郭声健：

在上面，薛晖老师和玉成老师都谈到了音乐特长教育的问题。我们的特长教育，实际上就是培养音乐尖子，培养未来从事音乐专业工作的人，这一点跟美国不太一样，甚至差别较大。所以，我也想就这个问题，向老师们介绍点信息。

关于如何看待和处理普通教育和特长教育（或培养尖子）的关系，在十年前我写的一篇题为《实施素质教育，艺术教育要处理好的若干关系》的文章中，有过一小段论述。十年过去了，我的基本观点依然没有变化，我把这篇文章找了出来，一字不改地刊登在此，也省去了我对这个问题本身的论述：

面向全体学生是普通教育的本质属性与要求，也是素质教育的本质属性与要求。目前，我们特别强调艺术教育要面向全体学生的现实背景是，以往的艺术教育只注重培养艺术尖子，而忽视了其他学生享受艺术教育的权利和需求，这明显地背离了素质教育的大方向，是错误的。但是培养艺术尖子的行为本身并没有错，错的是把培养尖子当成了学校艺术教育的全部，而使得大部分学生失去了接受艺术教育的机会。因此，我们今天强调艺术教育面向全体学生，并不是说培养艺术尖子的本身就是错的，艺术尖子的培养就不要了。实际上，两者是相辅相成的关系，面向全体学生的艺术教育搞得好，艺术尖子才容易出现，而尖子的出现，又能在一定程度上提高面向全体的艺术教育的水平。而且我们认为，培养艺术尖子也应该是普通教育的职责之一，在面向全体这一前提和基础上的培养尖

子，或者说是不影响全体学生接受艺术教育的培养尖子应该受到鼓励。当然，培养尖子的途径主要是课外而不是课内，培养尖子的方法也要有别于专业艺术教育的方法。而培养尖子的目的一方面是为了推动和提高整个艺术教育的水平，另一方面也是为了保护和培养艺术特长生的艺术兴趣和爱好，这就是说，追求或变相追求升学率不应成为培养艺术尖子的主要目标，更不要成为唯一目标。

下面我就专门谈谈中美两国在这个问题上的差别。

在我国，普通教育和特长教育的区别是非常明显的：前者是班级授课形式，按课表上课，面向全体学生，目的是提高学生的音乐基本修养；后者是小组或个别授课，一般是在课外辅导，面向尖子学生或那些有意将来从事音乐专业学习和工作的学生，目的是提高学生的音乐专业知识技能水平。当然，我这只是一种大致的区分，因为什么事情都不能一概而论。

而在美国，情形就比较复杂，或者说如果按照我们的理解，情况就比较复杂。我前面已经介绍过了，他们的乐队和合唱队（或声乐）就是相当于我们的普通音乐课。此外，他们还依然存在普通音乐课，就是说在我们眼中看起来是纯粹训练专业技能的乐队课和声乐课，都是面向全体的，和普通音乐课的性质是完全一样的，谁都可以选修。这是区别之一，即我们的特长教育是面向个别的，他们的特长教育则是面向全体的。其实，他们本也没有特长教育这一叫法，至少这种乐队课和声乐课不是他们理解的特长教育，我这里只是为了比较的方便而这么叫了。区别之二，我们的特长教育主要是在课外进行的，他们则都属于课表范畴，全都是课内进行的。区别之三，我们的目标非常明确，培养专业后备人才，他们的目标不明确，至少不是为了专门培养专业后备人才，选修乐队与合唱队课（或声乐课）的同学，绝大部分并不是打算将来从事音乐专业学习和就业的。

那么，是不是美国音乐教育就没有我们所理解的特长教育了呢？也不能这么说。他们还是有的，但是这种特长教育一定是在不影响前面这种普通教育前提之下的专业提升。因为，我们现在所指的特长教育，其实是特指的高中教育，所以，我们来看看纽约州高中音乐教育的有关情况：

| | 纽约州教育厅建议，每个学校要为学生提供所有四门艺术学科的技能培养系列课程。这个技能培养系列课程计划，就是为那些追求他们所感兴趣的艺术门类以及为未来从事相关职业做准备的学生提供的，这也就相当于我们的艺术特长生培训了。具体要求是：在一个艺术科目中至少要提供三个完整学年的技能培养系列课程，这些课程必须包括 3～5 个教学单元的艺术学分（在纽约市相当于 6 个学分），而正常的艺术课程要求是获得 2 个学分，这是毕业的基本要求，这两个学分是开一年的课程（注意：他们的一年课程跟我们是不一样的，他们是在这一年中，每天都要上这门课）。可见，纽约州的这个技能培训系列课程的要求是相当高的。因此，纽约市降低了目标，即所有高中学校开设至少一门以上的艺术技能培训系列课程，学生选修一年（或一个单元）以上的系列课程，将有机会获得进阶高中文凭。这里也有一点要说明的，在美国，高中文凭也有几种，进阶高中文凭，这是最高的一种，只有那些在某些学科有突出表现，并修得更多学分的学生才能获得，而如果获得了这种文凭，对将来申请大学或就业都有明显的好处。

其实，在纽约市，初中阶段就有一些学校为学生提供了严格而规范的艺术技能培养系列课程，这些课程强调为学生打下某个艺术门类的系统而坚实的知识技能基础，据 2007 年的统计，共有 48% 的学校提供了这样一种艺术系列课程。当然，这里是包括了含音乐在内的四门课程的。就是说，不一定每个学校都开设了音乐技能培养系列课程，高中也是如此。

从上面的这份资料，我们就基本上清楚了，美国的高中音乐教育中，也是存在普通教育和特长教育的区别的。但是他们不存在我们的问题，即两者之间充满着矛盾冲突。因为，他们的特长教育，即艺术技能培养系列课程，必须是在完成了普通艺术课程学分的基础上选修的，不是以牺牲普通艺术课程为代价来实施的。另外，即便是这样的特长培训课程，也是在正常的教学时间里、而并不是利用课外的时间来进行的。而像这样的一种特长教育课程，虽然是为那些将来希望从事专业学习的学生准备的，但是，任何人也都可以选修。这也意味着，选修这种为特长教育专门提供的艺术技能培 |

养系列课程的学生，并不见得都是想未来从事这种专业学习和就业的人，有兴趣者都可以选择。当然，这样的课程和我们的艺术特长培训还有一点不一样，即它们依然是班级授课。

还有一点，值得我们比较一下。

在我国，课内、课外、校外的涵义是不一样的。课内当然指课表之内的课程，课外活动是特指依然在学校里，但是，是在课表之外的其他时间开展的活动，我们的特长教育，应该主要就是利用这个时间（可能现实情况不一定这样了，一些学校会利用课内的时间来进行本该在课外进行的培训）。而校外，顾名思义是出了校门。但在美国，却没有“课外”、“校外”这种概念的区别了。在学校，就是课内，出了校门就是校外，所以他们的课外活动，就是校外活动。我为什么要解释这个问题呢？是因为，在美国，高中生的音乐课外活动是非常丰富多彩的，是令人羡慕的，学生的音乐技能水平是令人嫉妒的。

在我国，我们的高中生是全力以赴冲刺高考，除了极少数将来准备报考专业音乐院校的特长生之外，其他学生根本就不可能有时间和精力参加音乐社团了。而在美国呢，除了那些全美顶级的中学中，学生的学习生活同样也很辛苦之外，绝大部分学校都是比较轻松的，他们的学生有足够的时间和精力从事各类艺术和体育活动。这样的一种教育背景，自然造就了许多在专业素养上非常拔尖的人才。而这些人，其实也并不是立志未来成为音乐家，他们更多的是把音乐作为自己业余生活的一项重要内容来看待。这包含着两层意思：一层是，此时此刻，让音乐充实着自己的学生生活；另一层意思是，未来的日子，让音乐永远陪伴着自己的人生。

我正在翻译的博士论文，主要是探讨音乐教学中的互助学习与民主行为。研究者在纽约州的某所中学乐队中挑选了9名学生作为研究对象（这个学校在一个小镇上，离纽约市约3个小时车程）。在研究工作正式启动之前，教授通过电子邮件的形式，对这9位同学进行了访谈，向他们提出了7个与他们的音乐生活相关的问题。我看了这些学生对这些问题的回复后，深感惊讶，这边学生的音乐专业素养是如此之高、音乐视野是如此之宽、音乐爱好是如此之广、

	音乐表演经验是如此之多，若不是看到第一手材料，真的难以置信。当然，这一切，完全得益于丰富多彩的课外音乐活动，也得益于他们对音乐专业技能教学的重视。 下面我摘录几位同学的自我介绍，摘录的仅仅是反映他们自身音乐素养和音乐经验的内容，其他方面就省略了。 普里西拉（Priscilla）：普里西拉吹法国圆号，玩打击乐，也唱歌。她对于自己的作曲经历显得比较谦虚。她写道，她也在钢琴上“浪费时间”，主要是凑合着为歌曲伴奏。她说，“我一般是用钢琴来弹奏我自己写的歌曲的旋律，然后我常常让我的朋友同时弹奏吉他。”她又补充说，“哦，还有一件事情，我基本上不‘推销’我自己所写的歌曲，它更多是我的一种心理表达。”普里西拉参加了“小乐队、管弦乐队、教堂赞美乐队、社区乐队、舞台乐队（作为首席长号，虽然我现在是吹法国圆号，但长号是十分有趣的），以及各种节日乐队和合唱队”。“我的教堂有一个赞美乐队，每个周日的上午在礼拜仪式过程中演奏，它包括吉他、钢琴、贝司……在我们正缺少一名贝司手和歌手的时候，我们用宗教音乐领引圣会，我在这个乐队里唱和声，我还常常充当鼓手（但我不喜欢玩鼓，因为它看上去是如此的笨蛋），有时候我也玩‘辅助性’打击乐器，那还不算太坏。”对于爱听哪种音乐，普里西拉写道：“所有的音乐……最爱的是斯卡（ska）和高科技舞曲（techno），但我也热爱古典音乐，虽然算不上是一个狂热的 Rap 迷，但我的确喜欢在一般场合表演的高科技舞曲。” 朱莉（Julie）：朱莉对这项活动感兴趣是“因为它是音乐教育的一个方面，这是我想要涉足的领域”。她演奏萨克司、低音铜管乐器、小号和钢琴。她参加的乐队包括“席尼社区乐队（主要是暑假）、舞台乐队、学校的爵士乐队、高年级乐队、音乐会乐队、小型爵士乐团（这是一个在全县范围内受人敬重的乐团）”。朱莉听的音乐包括“庞克摇滚乐、斯卡、情绪摇滚（emo）、硬摇滚、当代基督教音乐、基督教摇滚、古典音乐、爵士乐、百老汇歌剧、电影音乐，等等”。她说：“爵士乐中，我喜欢与众不同的东西，它必须有让我用脚或手指轻轻敲击的好的节拍，它必须在一周过后还能撞击我的心

灵。好的歌曲是能够置入我的脑海中并保持长久的那种。最近震撼我心灵的歌是 Denis Diblasio 演唱的'One Note Samba'。对于基督摇滚，我喜欢的是 the Supertones，以及 DC Talk。我喜欢来自 Micheal Tait 出的新唱片。在我的 mp3 里面，有 600 首我喜欢的歌，它们的风格都不一样，它们不仅仅是一种流派。它们包括了 Benny Goodman、Steven Curtis Chapman、Bob Dylan、Styx（最伟大的乐队之一）、Third Day 以及 Newsboys 等的作品。"

科林（Colin）：他正在或曾经学的乐器是吉他、小号、唱歌、和卡祖笛（他说他真的很擅长这种乐器）。他正在或曾经在什么社团表演（校内和校外）："有音乐会乐队，席尼爵士乐队，该乐队曾经有最好的节奏乐器组。我也'傻里傻气'地参加了一个'假乐队'，没给取名字，和我的两个好朋友以及他们的一个朋友（演奏鼓）一起排练和演出。彼此甚至没有共同熟悉的歌，我演奏贝司，很酷。我真正参与的乐队是'Sinerian Yak Cheese 管弦乐队'，Josh 是鼓手，Ryan 是贝司手，来自牛津的 Ben 担任键盘手和吹萨克斯，我弹吉他和演唱（演唱是不情愿的）。我们演奏的音乐真的非常广泛，包括布鲁斯、重金属音乐、古典摇滚、乡土音乐、爵士乐，以及民歌。"他一般都听哪种音乐？"乡土音乐，各种风格的摇滚（包括重金属音乐、硬摇滚、古典摇滚、还有像 Steve Vai 的音乐），布鲁斯、瑞格舞音乐（很奇怪我现在还有这种爱好），较老的爵士乐，和许多 Jam 乐队的音乐。"关于作曲的经历，他说："在 Sinerian Yak Cheese 管弦乐队，我写过两首摇滚性质的歌、一首乡村歌曲、一首重金属器乐曲，还有一首乡土器乐曲。两首器乐曲中，有一首是以中东音乐为基础，运用了大量犹太音乐的元素。我也尝试写爵士歌曲，但还是缺乏足够的爵士乐知识，最后也只能是写写简单的 12 小节布鲁斯主题，所以，我把它扔了。"他为什么要参加这项研究呢？他说："因为我热爱音乐，我真的喜爱作曲，但我独往独来，在作曲尝试方面有些我行我素。这个研究将给我一个机会，让我不得不跟其他持完全不同观点的人合作，它会让我写出不同风格的音乐，因为我现在实际上只有爵士乐和古典音乐的作曲经验。"

赖安（Ryan）：他演奏电子和非电子的贝司、长号、次中音号、小号。他写道:“我想要获得博士学位,那样我就能在大学教音乐史,同时辅修音乐表演。”他的音乐趣味很丰富多样:“瑞格舞音乐、bebop爵士乐、爵士摇滚乐、jam摇滚乐、Metallica乐队、巴赫,‘行星组曲’,偶尔还听一些Skynard音乐。”他参加了“学校的音乐会乐队和舞台乐队,还参加了社区乐队和Sinerian Yak Cheese 管弦乐队。”“将来某一天我想创作一首非常棒的古典歌曲。”他已经写了“乐队布置的一些作业,也尝试着在自己的贝司上和电脑上创作过一些东西”。

史蒂夫(Steve):这是史蒂夫对自己的介绍:“我在学校主要精力是吹小号,在家则吹单簧管和弹钢琴。从四年级开始我就参加了音乐会乐队,去年我又加入了爵士乐队。曾经我也参加过管弦乐队,那是在夏威夷的音乐夏令营上。在校外,我参加了一个叫‘月光团员’的爵士乐小组。我还加入了Bsinbridge老时光乐队和席尼社区乐队。我听得比较多的音乐是爵士乐和古典音乐。我在家里用Finale软件在电脑上创作了一些小的音乐作品。我希望成为这项研究活动中的一员,因为它听起来会是一段丰富的经历,我希望在作曲方面有更大的长进……现在,我正在参加Tri-Town剧院‘音乐之声’的排练,它在这个周末和下个周末上演,我扮演的是弗雷德里克,一个Von Trapp的孩子。”

乔希(Josh):乔希是个音乐多面手,他首先是在音乐会乐队吹小号,然后在爵士乐队当鼓手。他也懂“一点吉他”,还正在“学习电颤琴”。在校外,他是Sinerian Yak Cheese 管弦乐队成员,他把这个乐队成为“jam 乐队摇滚”。平常他聆听“改良的摇滚、jam乐队摇滚和一些爵士乐”。乔希写道:他对这个研究项目很感兴趣,因为它能“拓宽我的音乐才能”。他作曲的主要经历是曾经写过“几首摇滚歌曲”。

不知道大家看过上述材料之后的感觉如何啊?要知道,这还是几位普普通通的高中学生,其中只有一位同学表示将来想从事音乐教学工作,大部分学生并不想把音乐作为未来自己谋生的职业。

06.

音乐教师擅长吹拉弹唱，读书写作先天不足。吹拉弹唱是抒发，论文写作也是表达，它不是天才的专利和天大的事情，只是把内心的感受和思考加以陈述。读书很享受，也不要把它看得那么功利和神圣，我们通过音乐发泄和表达情感，通过读书摄入精神美食，一进一出，缺一不可。

郭声健：这几天我和大家聊的话题可能沉重了一些，搞不好会伤人感情，甚至可能已经伤害了老师们的感情。如果真是这样，如果这是由我的话所引起，那么我在这里表示诚恳的歉意！

我没有伤害任何人的企图，我们都是在思考着同样的一个问题，那就是如何让我们的音乐教育发展得更好，让我们的音乐教师生活得更加快乐。甚至也毫不怀疑我们的初衷也都是为了让我们的学生从音乐中获得更多的益处。虽然目标是一致的，但我们每个人思考问题的角度和层面肯定不可能完全一致，我们试图架起的通往音乐教育理想彼岸的桥梁可以有多座，甚至我们的出发点也可能不同：有的想通过提升学科地位来实现目标；有的想通过提高音乐教学质量、完善音乐教师自身素养来实现目标；有的想暂时让学生受点委屈来让他们未来更受益；还有的想暂时让老师自己受点委屈来让学生多受益；等等。其实，哪一种思考都有道理，都没错。所以，我再三恳请老师们不要在我们的讨论话题中去试图评判谁对谁错。而是通过这种讨论，引发我们更多地去思考和关注音乐教育问题，引发我们去思考和关注音乐教育的更多问题，引发我们多层面多角度地思考和关注音乐教育的问题，这些最为重要。

为了改善一下本论坛有些压抑的气氛，营造一种良好的氛围，我今天聊一个不那么沉重的话题。虽然不见得很轻松，但可以保证不会伤人感情，这个话题就是关于写论文的事情。

怎么会突然想到要谈谈这个毫无新鲜感的话题呢？一方面老话

题不见得就已经解决了，也不见得没有价值；更主要的原因是，最近几天，本论坛上有两位老师，通过别的途径正跟我交流着这个话题。我觉得他们对这个问题的感受，具有普遍性，所以，我决定在这里和大家一起交流。

一个老师提的问题既大又小。她问我：郭老师，论文到底怎么写、写什么啊（您说我写什么好）？尤其是怎么开头啊？说它大，是前面一问，说它小，指后面一问。说实话，这个问题，恐怕任何的写作高手都难以给予满意的回答，因为不知从何谈起，但这又的确是一个被人普遍发问的问题。我只能形象地说说：论文怎么写啊，简单，一个字：写！两个字：写、写！三个字：写、写、写！（当然，现在写论文都是在电脑上打的，所以这个“写”字可以改成“打”字。）对此，我跟学生讲过一句颠扑不破的“真理”——论文是“写”出来的，而不是“想”出来的，不是“怕”出来的，也不是“急”出来的。我知道，其实每个人都想写论文，也都需要写论文，有时候急了，恨不得花大价钱去雇“枪手”。所以，我都开玩笑地说，这的确是一个大市场，要我来组织我的几个会写论文的研究生专门承接这项业务，只怕一下子都发财了。

我告诉这位老师，论文到底怎么写呢，动笔写，一定要动笔啊！论文是愁不出来的。如果你不动笔，谁能告诉你怎么写呢？第一步就是要消除恐惧心理和畏难心态，先拿出笔来，或者是打开电脑。剩下的问题就是写什么了。写什么呢？我怎么知道你究竟“能够”写什么啊！所以，我只能说：你想什么就写什么，你想写什么就写什么。在这里，“写”只是一个动作，只是把你想说的话用文字表达出来。如果哪位老师告诉我，问题是我连想都没有想啊！那我就会问，如果你连想都没想，那你还写什么写啊？所以，我们要排除这种可能性，不能没有任何想法，就来写文章，这就是“巧媳妇难为无米之炊”的道理。想法就是米，你连米都没有，现在要请教怎么煮熟饭，那除非去找魔术师相助，否则，你还是先去把米弄来再来请教。但实际上，真正想到要写文章的人，头脑中一定是有些思考了的：或者思考很多，不知从何下手，就是说不知道怎么选题（这个问题，我们以后有机会再聊）；或者思考不一定多，但有想法，就是不知如何

用笔头表达。后面这种情况，其实最为普遍。大家想啊，我们天天上课，我们又不是机器，只要在工作，只要和人打交道，就一定会有想法。

于是，我跟这位老师讲了个故事：我有一位高教硕士，在写毕业论文的时候，着急啊，眼看别人都写出来了，她就是不能动笔。几次跟我在电话里请教怎么写，我说，不管如何，你先写个东西出来给我看看（因为已经开题了的，选题框架都有了），只有这样我才好具体指导啊。看来她也跟我们论坛的这位老师一样，感觉论文的开头第一个字太难写了，或许是就想凭着这第一个字来收到"一字惊人"的效果。电话里我这位学生还诉苦说没有时间，行政工作太繁重，我就说你不要找什么理由了，要想按时毕业，就动笔，要不就推迟毕业。她表态说那绝对不能推迟，我就说那你自己看着办。这种情况下，我是不可能提供任何灵丹妙药的。

可能也是被我逼急了，有天晚上，她从外地赶到我家里，当面跟我探讨问题了。让我又急又气的是，她说起来是一套一套的，但嘴里还在说不知道怎么写。这个时候，我打断她的话，问她：你带了录音机没有？她很纳闷。我说，如果带了录音机，那么请你把你现在讲的这些话录下来，回去后原封不动地把这些话用笔记下来，这没问题吧？她这下恍然大悟了。我跟她说，你以为说的是一套，写的又是另一套啊？你现在讲话，是口头表达，而写论文，是笔头表达，只是表达的方式不同，所表达的东西，是完全一样的啊。这就是我们许多老师害怕写论文、不知如何动笔的最大症结所在：以为写论文和我们平常的口头表达，完全是两种不同的话语系统，甚至可能相当于理解为，说话用中文，论文用英文。这是绝对的误解啊，老师们！

现在我想问大家，我在这个论坛上所发的帖子，是不是论文？大家不要怕说，应该说不像论文。当然，判断是不是论文，最主要的标准是是否有创新，如果这么来衡量的话，我的帖子，不说是高质量的论文，起码也算是低水平的论文。因为，里面不乏有我自己个人的许多思考，我没有去抄袭任何别人的东西。如果我说我写的不是论文，那是从论文体例格式的角度而言的，既没标题，又没有结构，当然不算论文，不过稍加修改整理，都是能成为真正的论文的。

我这么说，是想说明一个什么问题呢？我想说的是：这些帖子，不像论文，绝不是话语表达系统出了问题，如果说一定要找我这里的语言表达的毛病，也就是多用了一些感叹词或语气词而已，那是我特意这么做的，因为我想借此更加营造一种我们在这里面对面交流的气氛。如果要把它们改成论文，把这些语气词去掉就行了，其他语言表达方面的问题，是不需要任何修饰和调整的。不信，大家可以去看看我发表的那些论文，包括薛晖老师在我们这个网上挂着的《艺术教育论》，是不是就是这样的一种表达方式。我总结自己的语言表达特点：朴实，通俗，大白话。能写简单的话绝对不让它复杂，能口语化的话绝对不让它玄乎。这样做的目的只有一个，就是让读者读起来更轻松，更易懂。

现在，许多人写的文章，甚至哪怕是在网络论坛上交流的话，我读起来都非常吃力，有时候，我真怀疑自己的水平，是个什么“水货”博导啊！但我也想，音乐教育方面的论文，连我都读不懂的，我保守估计，起码也有百分之三四十的人读不懂啊。我就不明白，为什么有些人总喜欢把简单的话写得那么复杂，写得有点像外国人的中文表达方式。此前，我还想，这些人也许是外文读多了，影响太深了。但现在，我不这么看，因为我自己正在搞翻译，我相信到时候大家看到我的翻译书稿，依然不会怀疑它是出自我的手。当然，我的文章或许的确缺乏文采，这一方面是因为自己的写作能力有限，另一方面也是自己始终坚持一个这样的信条：论文不是文学作品，不是靠文采来吸引人，而是靠内容和真话来打动人。这话我在前面好像也谈到过一次。其实，即便是文学作品，同样最重要的还是内容、是新意、是内涵，而不是空洞的文采。

上面这个问题我可能说得多了点。但这个问题，我觉得对初学写论文的人来说太重要了，因为澄清了这个观念问题，我们就可以很轻松地迈出论文写作的第一步。这个时候，论文的第一句话，论文的开头，还觉得有难度吗？我想应该没有了。还想补充说一点：当我们在开始论文写作的时候，我们不要给自己一个这样的心理暗示：我开始写文章了啊，我说话要讲究点啊。就是这样想：今天我

上课嗓子都唱哑了，不能说话了，但我有很多话想说，所以，我只能用笔来说了，没办法。对了，打一个形象的比方吧：你经常和你的朋友通电话，或网上聊天，但今天电话坏了，或信号不好，怎么也接不通，网络也断了。而你必须要跟他交流，怎么办，唯一的办法就是写信。这时候，你会觉得，你不知道怎么开头吗？当然不会，因为，你就是换了一种不同的表达方式来告诉朋友一件你必须说的事情。写文章不就是这样的吗？当你有表达的需要时，你怎么可能还会不知如何写呢？所以，当我们开始写文章的时候，请把“文章”两个字抛到脑后，就只想着表达就好。千万不要把写文章想象成是天才们的事情，把写文章看作是件天大的事情。

刚说了，当我们想给朋友们写信的时候，我们不会恐惧，畏难。即便畏难也是因为自己懒，而绝不会是没话写。如果没话好写，没事情要说，也就不会写信了。这个道理表明，写文章，首先得有表达的需要，有话要说。就是说，要有东西可写。如果说我前面讲的是“怎么写”的问题，那么现在要讲“写什么”的问题。

这些年，我自己不学无术，每年写的东西都很少。出国这一年，我恐怕写的七七八八的文字，超过了前面数年的总和。几十万字的书稿，几十万字的翻译，数十万字的网上论坛帖子（我自己网站的论坛，主要给学生批改论文），有时候自己都觉得不敢相信，多的时候，一天有上万字的东西。想一想，孤身一人在外，有表达交流的需要，这是第一；第二是真的有一种前所未有的责任感和使命感，希望自己的一些想法和见闻，有更多的人能看到，能分享；第三，的确是看了许多现场，查了许多文献，了解了许多真相，引发了许多思考。我想，前面两点，是有表达的一种心理需要或现实需要，第三点则是有需要表达和可以表达的内容。这样，自然而然，就有写作的冲动和写作的内容了。这两点，我认为对我们写作是缺一不可的。

可能大家不相信，我在这个论坛上写的所有帖子，都是事先没有任何的准备和构思的。此前我还没有这种明显的体验，最近一段时期这种感觉尤为强烈。都是边写边思考，而且绝不是写一句话，停下来思考一下，再写下一句话。当然，这既是好事情，也可能是

	坏事情，因为，这样会导致很多东西没有条理，甚至语无伦次。好在，相信大家也都不在乎这些讲究，毕竟这是一种交流的方式，而不是在写正式的学术论文。为什么不需要有前期的构思呢？我想，只有一种解释：其实我在这里讲的东西，都早已积累在我的脑海里，现在只是把它们调出来而已。 所以，如果老师们问我该“写什么”时，我只能反问你：“你思考了什么？”“你脑子里积累了什么？”你思考了什么、积累了什么就写什么。 也许老师们还会继续说：“郭老师，你就给我布置一个题目吧”。我说好，没问题！看看我们最近几天网络论坛上的帖子，你就写这两个题目吧，一个是《关于音乐学科地位的理性思考》。“啊？这个题目太宏观，太理性了，我没有这种理论水平。”好，那就选择第二个，《音乐考不考，到底谁说了算》。“哦，这个题目倒比较微观，也很现实，可是我也不知道谁说了算啊。”既然这样，那我就没办法了。我举这个例子，是想告诉大家，写论文，不能采用命题作文形式。其实好题目多的是，问题是你能不能写，有没有驾驭能力。那怎么办？要让自己脑子里有货，真的是没有捷径可走的。智力的东西，是没法搞突击的。 首先，要养成思考问题的习惯。音乐老师大多是女老师，平常上完课若有闲暇时间，有孩子的要照顾孩子和家庭，确实很辛苦；还在潇洒的，则喜欢逛街购物，哪有养成习惯去思考什么音乐教育的问题啊。要写写购物的心得体会，一定没问题。像我在美国这里，几乎唯一的消遣方式就是购物，我真的可以写一篇好东西了。 其实这里说思考，也并不是需要大家整天就想着这个问题，我只是说要养成一种思考问题的习惯。比如，在教学过程中，发生了一件什么意外的事情，事后我会想想，这到底怎么回事；比如，我听了一堂讲座或看了一节课，也不是听过了、看过了就算了，过后我也会去想想，它好在哪里不好在哪里；再比如，晚上睡觉前，看了一篇文章或一个电视剧，哎，发现还跟音乐教育有些联系，也想想，它给音乐教育带来了什么启示，等等。当然，光想还不行，还要及时把自己的思考记下来，这也要养成一种习惯。就像我现在，刚突

然想到另外一个问题，等下才能写到，但怕忘记，我先在文档的后面记下来再说。

其次，要养成观察问题的习惯。大家一定会感觉得到，我们看文学作品，看影视作品，其实最让我们感动的就是某些细节。通过细节来刻画人物，才能让人物鲜活、栩栩如生。这就是作家、艺术家的功力。这种功力毫无例外，一定是细致观察生活的结果，艺术创作要深入生活，这话是绝对没错的。普通人看不到的东西，他们能看到，这种观察能力，也不是天生的，是后天培养的，主要就是养成了观察问题的习惯。我们同样去听一堂音乐公开课，别人就能够发现许多问题或闪光点，可我就是不行，怎么回事啊？就是没有去真正观察。没有这种习惯，你一定要强迫自己在这堂课上发现问题，那是无济于事的。观察能力是慢慢培养的，是在养成了观察习惯的基础上自然生成的，这也要求我们做一个有心人，做一个细心人。当然，观察问题和思考问题，这两个方面是紧紧联系在一起的，不能割裂，要在观察的过程中思考，在思考的过程中观察。另外，观察也同样要及时记录。如果把观察记录和思考记录整合在一起，搞不好就是论文了。

第三，要养成读书的习惯。这一点，只怕有些革大家的命，我们音乐老师许多人不太习惯读书，或者说不太习惯读专业书。这可能导致的结果是：一方面根本就不了解当前的音乐教育研究动态，说不准让你兴奋得不得了的一个选题，十年前就有人写过了，而且别人比你思考得还更深刻；另一方面，你没有基本的理论基础，就是说你没掌握足够的论文三要素中的论据，你即便养成了良好的思考问题、观察问题的习惯，你写出来的东西，依然还只是经验总结，还不是真正的论文。

我此前归纳过的，论文和经验总结的最本质区别是，经验总结是描述做了什么，论文是解释为什么这么做。描述做了什么容易，可以不要看任何书都没问题；但解释为什么这样做就有难度了。因为，解释的过程，就是论证的过程，而论证是运用论据来证明论点。刚说了，论据只能从理论中来，从文献中来，从别人的成果那里来。所以，要真正写论文，写真正的论文，不读书，不看文献，那真还不行。其实，读书是很享受的事情，我们不要把读书看得那么神圣，也不要那么功利，我们就把它作为一种休闲方式看待吧。看电视是休闲，读书也是休闲，但电视看过后让人空虚，书读过后，让人充实。

到底我们的论文，写什么，怎么才能够让自己有东西可写。我就讲了上面这些，其实都是老调重弹的东西，让大家见笑了。

下面我再简单说说第二位老师提的问题。这位老师的问题很可爱，说：我坚持写教学后记，每个学期期末都会写一篇，但是发现自己的论文水平还是没有提高啊，这怎么回事呢？我回复说：哎呀，你一个学期写一篇，这也算是教学后记啊？教学后记就是要教学之后天天记啊，有话则长，无话则短。后来老师又解释说：其实我也是每天都记了，是在备课本上记的，只是有时候记得不多。这时候，我才理解了，原来它说的每学期一篇，估计是作为论文来写的教学后记，比较正式的那种。不过，我要提出来，老师你一定要想办法去买一个笔记本专门来写教学后记，不要写在备课本上。在不同的地方写，那写作的感觉是完全不一样的，写出来的东西，也是不一样的：写在墙上的叫涂鸦，写在纸上的叫作文。

关于写教学后记，我在《琴歌舞笔——音乐教师写论文》那本书里给我们的音乐老师强烈推荐过，这里我就不重复了。我依然认为，这是一个让老师们养成观察问题、思考问题，进而提高论文写作水平的最好途径。起码通过它就动笔了，动笔就意味着观察了、思考了。但是，我们不能满足于记流水账，那是没有意义的。教学后记不是教学实录，而是对教学实践的有感而发，所以，不要面面俱到，而是记下你感受最深的东西。当然，我也说过，养成写教学后记的习惯之后，要慢慢学会过渡到写论文，要过渡到每个教学后记就像一篇小论文。我在想，这个时候，可能就需要有人指导了。这位老师的困惑，一方面我觉得，她其实是在慢慢长进的，只是自己感觉不到；另一方面，我觉得，如果真没有她想象的那样长进大，可能就是因为缺少适时的指导。

我自己的写作经历和我指导研究生的经历都表明：论文写作水平的提高，不太可能完全靠自己的摸索，一定要有别人的指导才能实现；一篇论文的成熟也一定是不断修改的结果，而论文修改的过

程，则是论文写作水平真正得以提高的过程。这个道理很简单，每个人自己写出来的东西，或者是自己觉得很完美了，或者是自己感到无计可施了，反正一条，就是感觉找不出问题了。但大家知道，完美的论文是不可能出现的，那么在我们无计可施或走投无路的时候，别人的指导就太关键了。即便别人的水平和你一样的高甚至可能还低些，他们的意见和建议都非常重要，因为，每个人思维的方式和角度，都不一样。一篇文章，如果让众多的人从四面八方来审视，来评头品足，自然会比一个人关在房间里冥思苦想要强得多。往往在别人看来非常简单的问题，自己都发现不了，这是思维定势使然，或者是视阈所限。让别人看一看，真的会发现自己的很多问题。可能有些老师怕丢面子，其实，这算丢什么面子啊。我说了，所有的人写的文章，都可以被人找出毛病的。我回顾自己学习写作的经历，深有感触，我的论文写作水平的实质性提高，就是博士论文写作的那半年，就是先生那些一针见血和毫不留情的批评，让我终身受益。我想，现在我的学生，应该也开始从我的批评中受益了。

也正是基于上面的这种考虑，我打算做点实质性工作，也权当作一个小小的实验：我愿意长期指导 2～3 名一线的年轻音乐教师的论文写作。之所以要选年轻人，主要是考虑我说话甚至骂人时不会太有顾虑，我就可以像对待我自己的学生那样对待他们。同时，年轻人也更有激情，写文章的确是需要有激情的。入选人条件是：

第一，要有兴趣做这件事情，我这里的兴趣还不一定指写作兴趣，更是指跟我一起做这个小实验的兴趣，这点希望大家能够理解。我做这个事情又没有课题经费，完全是一种自觉自愿行为，所以，彼此之间不能有丝毫的被迫，一定要合作愉快才好。

第二，没有任何写作基础的人，至少是自己现在认为没有基础，甚至认为自己天生就不是写论文的料的人。当然，要没有公开发表过论文的人了，别到时候一接触就发现比我的水平都高，让我好尴尬。

第三，胆子要大点，脸皮要厚点的人，我是特指要敢于开口说话，比方说，像在论坛上敢于说话，敢于发长帖子。

其实，蛮大的指导也没有，我可能只不过是做一个比较认真的督促者而已。受不了，或感觉没有意义，可以随时退出这个活动，

	这反正又不需要像课题那样结题的。所以，彼此都可以放轻松些，相互之间没有任何的纪律约束。如果有人对此有兴趣，先跟我私下写邮件报名，我的邮箱，这个网上应该有的。
 Caoqirong:	来到美国已经一个多月了，心里一直在想写点什么，但就是不知怎么写。非常感谢郭博士详细的指导，“动笔写，一定要动笔啊！”真让我受益很大呀。 昨天，我学着动笔写了点，标题为《我所见到的美国教育》，真的只是想什么写什么呀，请多多指导。 我所见到的美国教育： 美国教师特别提倡赞赏，他们一点都不吝啬表扬的话。教我们英语的 Mary 老师在课堂中，只要我们能开口跟着她大声读，她都会非常高兴地一边跷起大拇指一边开心地说：“Good，very good”，让我们自信心倍增，心情特别好。连我们年纪最大、最怕学习英语的同学，都爱上了英语课。 在参观中，我看到的美国老师对学生的评价大都也是表扬和鼓励。6 月 19 日参观 PS24 小学，五年级四个班的学生在一间大礼堂一起上课，各班负责的老师也一起陪同上课。一位声乐老师组织课堂（听学生说平常都是一起上唱歌课，分班上管乐课），课堂上各班的学生都争先恐后地上去领唱，孩子们都表现得非常自信。领唱完都会得到老师、同学的鼓励和掌声，从领唱处下来回座位，班上同学都会跟他一一握手表示赞赏。提倡赞赏已经在学生中成为一种氛围，让我好感动！ 当一个学习主题结束，每位同学的作业都会在班级或墙上展示。我们同行的老师置疑地问学校，这些作品张贴在走廊，有没有调皮的孩子搞破坏？校长听到后很惊讶地反问我们：为什么要搞破坏？这些作品中也有他们自己的呀！ 看来美国老师已经让学生学会了欣赏，学会了尊重自己以及别人的劳动成果。

郭声健：

好！就这么写，继续下去。

薛　晖：

谢谢郭老师以自己的行动给我们上了一堂生动的论文写作课，动笔写才是硬道理，我们一定要记住了。

高中的音乐教学的现状有些严峻，考试的话题有些沉重，但谈谈还是很有益处的，虽然我省将音乐纳入考试的几率将很小很小。

高中音乐的现状确实不尽如人意，高中学校音乐教学不受重视，不开课、开课不足或教学情况不理想，也不仅仅是哪一方面的原因造成的。行政领导、学校领导、教师、家长、学生……各有各的难处，如果我们再来一次换位思考，一切也在情理之中了。考上大学是上高中的主要目标，至少大多数人在目前是如此的。再说到我国高中学生的音乐特长生教育，应该是不能与美国的演唱与演奏教学相比的，学生在高中选择学习一门特长（演唱或演奏），其主要目标也是上学。可能你不会相信，有些高中学生学习音乐、美术特长，并不是自己所愿，而是这些学生在文化无法通过高考后无奈的选择。当然，我讲这些，也不是说高中音乐教育从此无望，随着社会的发展，随着人们认识水平的提高，高中音乐教育应该还是会回归人们的视线，还会发挥它应有的作用的。且现在在一部分城镇的示范性高中学校，其学科地位已初步显现，也有一部分音乐教师的工作精力也在慢慢转向常规音乐教学，积极进行常规音乐教学的教学研讨（从参加此次省级高中音乐学科新课程培训中音乐老师们的学习热情中可以感受到）。等等这些，都是很可喜的，也能让我们看到高中音乐教育的希望。

关于以"卷试"的形式评价音乐学习情况的问题，一直以来就会有不同的声音。因每个人所站的立场不一样，所了解的情况也不一样，音乐考试本身也存在利弊两面。提出考试的初衷，不是想为难学生，而是只希望能使大面积学生能享受正常的音乐教育，使更多的学生受益。谈到考试，也不见得都是那么的面目狰狞，如果方法得当，音乐考试还有可能让学生享受考试的过程。如果大部分题以听音乐答题为主，而所出题基本只要学生正常上音乐课就能答出的题目，并且还是在电脑题库中随机抽取自己较为擅长的试题，戴上耳机在电脑上选择答案，时间控制在30分钟以内，学生第一次答题不理想，还有机会再抽另外题目再试。等等这些，应该使音乐考试不是想象中的如此那般了。当然这都是后话。

感动于郭老师对音乐教育的那份使命感，感谢你能带给我们这么多对音乐教育的所思所想，让我们受益匪浅。

郭声健：

到现在，有两位老师给我写信，表示有兴趣参加本人的这项论文写作交流活动。考虑到目前了解这个信息的人不多，我也没有挑选合作伙伴的余地，所以，我决定把最终确定名单的时间定在7月18日。刚好还有半个月时间，足够大家有时间拿定主意了。当然，我选定这个日期——18，也是有涵义的，18表示“要发”，这就是我们最终的目的——“要发文章”。

我刚刚初步拟定了一个简单的第一阶段活动实施方案，这个可以公布出来，以便让有兴趣参加活动的老师有个心理准备。我在上面的帖子里反复强调了的，论文没有别的巧，就是写。所以，我从一开始就要求你们写。如果觉得自己完不成这样的任务，就别勉强自己。

论文写作“第一季”方案

1．活动时间：

三个月（2008年7月18日~10月18）

2．活动内容：

第一个月（7月19日~8月18日）

【1】写一份不少于500字的个人简历。要求不要用序号、更不能用表格，就像在我面前口头介绍自己一样的，具体介绍什么自己看着办，但越自然越好，别让我感觉在读文章（8月18日前交）。

【2】描述若干个自己在音乐教育实践中遇到的困惑或问题，必须是自己的切身感受，问题的个数不限，多则多写，少则少写，但每个问题的字数不少于200字（若举例，字数另算）。因为有一个月

	的思考和观察时间，当然希望描述的问题越多越好。(8月18日前交) 第二个月(8月19日~ 9月18日) 【1】写一份不少于1000字的专业文献学习总结。包括此前看过哪些书和杂志(大概什么时候读的)、目前手头拥有的书和杂志、对这些书和杂志的基本印象和感受。如果此前从来没有读过专业文献，则可利用这一个月时间恶补，保证能写出1000字的总结。(9月18日前交) 【2】分析第一个月所描述的若干音乐教育实践问题产生的原因，分析报告要求每个问题不少于400字，可以参考在书和杂志上看到的相关成果(务必标明参考文献的出处)，更鼓励老师自己对问题成因的分析思考。(9月18日前交) 第三个月(9月19日~10月18日) 【1】综合考虑前面两个月的具体情况，我将指定一个论文题目，请老师尝试写作第一篇文章，不少于5000字。(10月18日前交) 【2】写作的基本要求与论文规范，我会及时通过电子邮件和大家沟通。写作过程中有什么问题咨询，也随时通过电子邮件交流。 3. 活动形式： 【1】主要通过电子邮件的方式进行交流，老师们完成的作业以及我的反馈意见，均通过电子邮件传送。 【2】原则上，彼此交流的内容不在网上公开，但有关本活动的一些感受，对大家有所启示的东西，在不侵犯个人隐私的前提下，都可以在网上交流。 4. 有关说明： 【1】我是充分考虑了老师们的基础后做出上述安排的，完成上述任务应该不存在太大困难。如果不能严格按照要求提交作业，就算自动退出本活动，我再考虑候补人选。 【2】没有特殊情况，我会及时处理老师们的作业，并及时回复老师们提出的问题。但第二个月的作业，如果不能在9月10之前交给我，我可能就无法及时处理了，因为九月中旬我将回国，并在北京停留几天。

薛　晖：

郭老师的人选确定了吗？是否需要我到 QQ 群里发布相关消息，公开招募？想得到你指导的老师肯定很多啊！具体条件？

郭声健：

上面的帖子里写了具体的条件。不要公开招募，就在这里挑挑就好，也算是随缘吧。

玉　成：

只可惜我年轻不再，还要培育下一代，否则会厚着脸皮再请郭老师收我做学生呵！这个计划我非常赞同，也大力支持！我们在《音乐教育与创作》上面的 24 个版面，目前稿源并不是很充足，迫切希望有新生力量加入进来。郭老师如果觉得哪些内容可以公开发表的话，请不要保守啊。我觉得，修改论文与原文一起让我们学习，会更有帮助的。

Dodozi：

我已经提交申请了，暂时待定，希望能晋级。

明天我应该就有许多困惑了，明天再说。

周志明：

谈到写论文，我想起了多年前我读过的郭教授的博士论文《艺术教育论》，依稀记得文中提出的艺术教学的三条原则：参与、融合和愉悦，再与教授博文中所叙述的美国音乐教育的情况对照，好象他们是完完全全地体现了这三条原则的。由此看来，郭教授的美国之行太好了，能在大洋彼岸印证自己十多年前的作品中所提出的观点，不亦乐乎！

郭声健：

刚好前些日子薛晖老师把我的《艺术教育论》的一些内容挂到了课程资源网上，还恭维这本书有点价值，很多老师都没有，挂出

来让音乐老师们看看。不久前我还收到一位不认识的海南老师写来的电子邮件，问我哪里能买到这本书（这些年经常有人向我打听哪里有卖的，可我自己也只有一本了）。今天，我又看到周老师在我的网站上留了上面这段话。有鉴于此，今天忍不住说说关于这本书的话题。

周老师的话，夸张了。艺术教育有它自身的基本规律，我当初提出这三条原则，只不过是比较好地遵循了这种规律，这也是我提出这三条原则的初衷。因为当时候发现我们的教科书上的所谓艺术教学原则和音乐教学原则，基本上没有太多突出艺术教学和艺术学科的特点，都是各个学科共用的普遍教学原则，指导意义不是很强。如果说，现在看来这几条原则还没有过时，那没有别的原因，就是因为这一点。当然，周老师这么一说，我还的确觉得，美国的音乐教学跟我当年想象的音乐教学很相似，但这也不至于让我不亦乐乎。因为即便相似，那也是由于他们的音乐教学遵循了音乐教学自身的规律，而并非其他方面的原因。遵循了学科的基本规律，无论是教学原则、教学理念，或是教学形式和方法，就具有一定的普遍适用性了。

记得前几年在吉首评课的时候，我就讲过，我有时候评价一堂课，还用这三条原则去套一套：如果一堂课教学内容容量大（必然是融合了音乐自身的不同方面内容、融合了音乐与其他艺术以及非艺术学科知识等），教师的教学设计为学生提供了充分的参与机会，且学生参与积极主动，整个教学过程很快乐，师生都充满着一种审美愉悦享受，我说，这样的课，一定是好课。虽然这么去套，有些教条，但有时候也还管点用。

这本书，是我的博士论文，写于1996年下半年，1997年上半年通过答辩，不过出版是两年以后，即1999的事情了。十余年过去了，现在大家还没有忘记这本书，这既让我欣慰，又令我惭愧。欣慰的理由自然是表明它还有点价值，没有被人当废品卖掉；惭愧则是因为，这么多年过去了，自己也没进一步拿出什么像样的东西来，虽然不想吃老本，但感觉还是在吃老本，感觉没有为我们的艺术教育工作做出新的成绩。有人提议我对这本书进行修订，我暂没有这个想法，原因是：第一，暂时还没有发现书中有多少非订正不可的内容，比方说观点很陈旧落后了，我想，如果真是这样，就让它自然消亡、退出历史舞台。修修补补，扩充篇幅，我觉得没什么意义。第二，恐怕也是最大的问题，到底修订什么呢？充实什么呢？这些年我又有哪些新的思考呢？我似乎真有些心有余而力不足的感觉。第三，还是有点私心杂念在里面，这本书是当时历史条件下的产物，也是自己学生生涯结束的一个纪念，还是让它保持原貌吧，让它见证一段历史的好。我这里说的保持原貌，是指内容上的，呈现形式上还是可以与时俱进的，明年该书就可以更换出版社了，可以重新设计出版，这点我会考虑。

如果说这本书还有些价值，对我们的一线老师们有点启示，可能主要还是教学原则那一章。当初论文答辩的时候，先生们评价好一点的也是这一章。这么多年，跟老师们交流，大家也有这种感受。所以，我今天只就教学原则的写作背景问题，跟大家做个简单交流，刚好前面周老师也特别提到了这个问题。

我在书中没有明确说明，其实这几条原则的提出，除了试图突出艺术学科的特点之外，还是有个较为明确的构思的。为什么就偏偏提了这三条原则呢？可以肯定，还可以提出更多。对于这一点，书中也有说明，就是说，原则太多，可能就不是原则了，但到底提几条，才算不多又不少，我自己也不知道，大概的感觉是七八条太多，三五条合适。那么这三五条从哪个角度提，这就要充分考虑，也要量力而行。我想，只要我不傻里傻气地号称艺术教学原则就我提出的这几条，那么，少提了别人也不会太责怪。于是，我选择了教学活动中最为重要的三个方面作为思考的出发点，这三个方面便是：教学内容、教学形式、教学目标。而这三个方面，恰好又是当时我们的艺术教学存在问题最为突出的方面。所以，这三条原则，说得极端一点，与其说是遵循艺术教学规律而提出，还不如说是针对当时艺术教学存在的现实问题而提出。

融合原则，是从教学内容的角度提出来的。应该说，“融合”这个词，当时候的使用频率是很低的，我现在也记不太清楚，为什么我选择了这个词来作为我对艺术教学内容的一种理想期待。当然，

在论证这条原则的时候，我也说出了艺术教学内容要从三个层面来体现综合的理由（有点跟新课标的表述不谋而合啊）。大家也知道，综合教学理念是作为新课改的一条重要理念而推出的，但当时我写这篇文章的时候，这个问题，还并没有引起大家的重视。这个问题，我是想到了，但到底用什么词，比如：综合、组合还是融合，文章也没有具体交代。应该说，当时选用这个词，我是没有什么犹豫的，或许在我看来，融合更多地是体现和强调不同的教学内容融为一体，而不只是一种形式上的大拼盘，不是各种内容的硬性拼凑。我想，只有融为一体，才是真正的艺术。有意思的是，当初有一位论文评审委员对这个词提出了异议，但最近这些年来，我发现这位让我非常敬重的教授提这个词还真不少。其实，到底用个什么词，并不重要，关键是看赋予它什么内涵。

参与原则，是从教学形式的角度提出来的。在那之前，我们的艺术教学，长期以来都是一种比较纯粹的知识技能灌输。在教学形式方面，和别的科学学科没有什么差别，艺术学科的特点完全被漠视，这导致了学生不喜欢上课，知识技能的教学很难有什么效果。当初我在文章中也反复强调现在的观点：知识技能是必不可少的，但知识技能的掌握绝不可以牺牲学生的艺术兴趣爱好为代价，事实上若以此为代价，也根本就掌握不了。所以，针对这一现状，我特别强调，要给学生参与艺术活动的机会，要营造艺术活动的参与氛围，让学生在亲身参与的艺术活动中，学习知识技能，提高艺术修养，获得审美体验。不过现在看来，"参与" 这个词，还用得不够大胆，有点弱的感觉。尽管我在文章中特别强调这种参与，是学生的主动参与，而不是被动参与，但我依然觉得，参与，就暗含着老师为学生设计好了艺术活动，学生只要进去参加就行了，活动的主角依然还是老师，参与的学生显然还是配角。也就是说，虽然我强调了主动参与，但学生的这种主动参与，仍然带有一定的被动性。而从目前的艺术教学特别是我们的音乐教学实践看，无论在课堂上，或是课后的研究性学习中，学生自我设计艺术活动的可能性越来越大，这样的教学实例也越来越多，这种教学情形，学生的这种表现，显然就很难用 "参与" 一次来涵盖了。现在看来，或许用 "实践" 一词，更富有生命力。

愉悦原则，是从教学目标的角度提出来的。可能对此，大家有些不同看法，认为艺术教学目标是多元的，也有近期、远景、终极目标之分，一个“愉悦”是没法概括的。的确是这样，所以，我也根本就没有考虑要用这个词来概括所有的目标内容，我只是抓住了其中的一个基本点。对此，我做一点简单说明：首先，让学生获得审美愉悦体验，这本身就是艺术教学的一个最重要的目标；其次，让学生获得审美愉悦，也是实现其他教学目标的一个基本前提，无论是知识与技能、过程与方法、情感态度与价值观，对于艺术教学来说，这三个层面目标的实现，都无法撇开审美愉悦体验，这也是我对以审美为核心理念的一种理解；再次，虽然愉悦原则是针对教学目标而提出的，但是它应贯穿着教学过程的始终，这是愉悦原则的另一个内涵，要求教学过程充满愉悦感，这是一种典型的过程目标。

现在让我们回过头去看看，其实这三条原则是紧密联系在一起的，是互为前提或基础的。没有学生亲身参与艺术实践，没有教学内容的丰富多彩，我们要让他们获得审美愉悦体验是不可能的；同样的道理，不给学生愉悦，学生感觉不到教学的快乐，他们也是不可能积极参与活动的，更是不可能吸取丰富的艺术养分的。

前面强调了，上述三条原则，既是遵循艺术教学自身规律而提出的，更是针对当时艺术教学存在的问题而提出的。这也意味着，如果我们现在依然觉得这三条原则还有一定的现实启示，这可能表明，十多年过去了，特别是经历了新课改之后，这几个问题可能还是没有很好地得到解决。那么，从这个角度讲，我倒希望我这本小书，能够早早地被扔到历史的垃圾箱中去。

07.

学生的音乐表现，永远都是美国音乐课堂的重点，也是老师赞赏学生的根源。老师与学生击掌，这样的表扬很潇洒；老师与学生拥抱，这样的表扬很温馨；老师与学生角色互换，这样的表扬很信赖；而赞赏的话语，则时刻都挂在老师的嘴边，让学生充分享受着成功的喜悦。

郭声健：

曹老师在前面的帖子里谈到的“赞赏”话题，我也想说几句。

不仅在学校课堂，我感觉美国社会整个都充满着这样的一种气氛，我这主要指人与人之间的关系层面而言的，这是一个比较和谐的社会，令人羡慕甚至嫉妒。当然，在国际事务方面，在国与国之间，美国实行强权政治，对别国指手画脚，充斥着批评，令人反感。

曹老师说的没错，有个词是挂在美国人嘴边上的，随时会脱口而出，这个词就是“Good job”(干得好)，这几乎成了夸奖或者肯定别人行为的一句口头禅。开始的时候，我还真有点不习惯，但自去年感恩节在宾夕法尼亚州兰开斯特县的一个小镇上，与一个美国家庭同吃同住几天之后，我开始习惯这个词汇了。这家主人是一对60来岁的老夫妻，都没有工作了，妻子忙于社区活动，如教堂活动之类，接待我们国际留学生去那里共度感恩节也是她在牵头，所以，家务活丈夫做得多。尤其是做饭、搞卫生之类的事情，几乎由丈夫包干。这时，妻子就会不停地夸奖丈夫 “Good job”、“Good job”，开始听上去，真有些适应不了，但久而久之也就习惯了。此外，在这个家庭里，我还深刻体会到了什么叫着“相敬如宾”，夫妻之间、父母和儿女之间，除了像“Good job”这样的夸奖之外，“谢谢”这个词使用频率也非常高，见面问候，再见拥抱，仿佛就是在舞台上演出一般。

我举这个家庭的例子，是想说明，在教室里，学生对老师的夸奖，更是在情理之中，因为，整个社会都这样。我听了许多课，好象在此前写的一些感受里也介绍过这一点了。这种夸奖的话语，对他们来说，尽管习以为常，但是，却的确反映了一种人与人之间的相互尊重，尤其是老师对学生的尊重，也很好地营造了一种温馨的学习生活氛围。好听的话说得再多，哪怕多得有些滥，总比充斥着批评和埋怨要强多了。就像我说英语，自己清楚水平到底有多烂，但总还会听到有人夸奖你。这个时候，我当然清楚，他们这样的夸奖，是对自己的鼓励，是对自己表示友好，千万别以为就真的好了，甚至也可能是别人发现你水平太差而以此方式来鞭策你。但听这样的话，感觉不管是真是假，或是夸张，总能让自己充满信心和希望。

像我这么个大把年纪的人都还想听好话，更何况我们的学生。其实从小孩到老人，无一例外谁都想听到别人的夸奖，这一点应该是人的本性。只是在不同的文化背景之下，其表现方式和表现程度不同。我也想，如果在我们国家，突然之间若如此地彬彬有礼，赞美之词随处听到，只怕也觉得很别扭，中国人还是喜欢含蓄。但是，在课堂上，我觉得还是要大力倡导这样的风气，尤其是在小学课堂，在我们的音乐课堂。一堂课里，总是能听到表扬声、夸奖声，至少表明一点，批评声就少了。因为，老师不可能在表扬和批评之间总能迅速自如地转换，那表明情绪反常，那除非是有些精神失常。

在美国的课堂上，我发现不管是小学还是高中，老师真的是只要能找到表扬的地方，就绝不会放过。这也要求老师观察要细致，关注要全面。对学生来说，虽然听的表扬多，也不很在乎了，但表扬不怕多，关键是一旦不表扬，一旦表扬了别人，不表扬我，问题可能就严重了，学生就以为你对他有看法了。有的学生甚至会问老师，为什么不给予表扬？或委婉地问老师，他表现得怎么样？此前我也介绍过了，在美国的音乐课堂上，学生的音乐表现，永远都是课堂的重点，找不出哪一堂课是学生坐着不动的，不管教的是什么内容，不管是什么课，都有学生的表演。而只要有学生的表演，老师就必须给学生肯定，这里面，尤其是小孩子，甚至不排除为了得到老师的表扬而表演的。这也不是坏事情，是好事，表明老师在学生心目中很有地位。而通过表演，学生的音乐知识技能水平以及综合音乐修养，都有很大提高。所以，不管老师采用什么样的方式，只要让学生敢于表演、乐于表演、自信表演，就是好的。人的表现欲一定

是有诱因的，就像很难见到有人自己表演给自己看一样，孤芳自赏的情况是很少见的，那更多的是形容人的心态。我想，这也是我们看到在美国音乐课堂上，表扬声此起彼伏的一个重要原因。

当然，对学生的肯定和表扬，除了口头形式之外，我们还可以通过别的方式来传递。我见过这样的一些场景：比如说，单个的学生表演（演唱、演奏、演讲甚至回答问题等等）完之后，老师把手一举，学生马上就跑到老师前面和老师击掌表示庆贺。这种方式，我感觉在小学特别让人振奋，仿佛这些小家伙跟老师这么一击掌，突然之间就变成了男子汉和大姑娘了，这样的一种表扬方式很潇洒。再比如说，当学生的表现获得了大家的好评，老师想给予学生一个特别的奖励，就会张开双臂，让学生跑上去，给学生一个大大的拥抱，而这样的一种表扬方式就让人感觉很温馨。还比如，如果有学生表现特别突出的，那么，老师就奖励学生来当一回小老师，让小老师自己去安排别的学生进行下一步的表演，然后也模仿老师的方式，给学生奖励，这样的一种表扬方式则很让人信赖……当然，我认为，其实老师对学生的肯定和表扬，一定是写在脸上的。一个微笑，一个眼神，那样的肯定和表扬，我们绝不可忽视。

不过，到了高年级，尤其是高中阶段，我们的表扬，就要注意两个问题了：一个是，表扬方式不能太幼稚，要有成熟感，语言不能太简单和直白，让人没有回味的余地，要让学生知道我为什么该得到这份表扬。第二个是不能再只是一味地表扬，但这并不意味着要批评，在音乐课堂上，我们要尽可能杜绝批评。要批评也只能在纪律管理约束方面，对学生的音乐表现，绝不可批评，而是指出问题，提出建议。这一点，学生是完全能够接受的，也是很需要得到的。

比如，我现在翻译的博士论文里就有这样的描述：作者在研究活动结束之后，和每个参与研究的同学进行了一次面对面的个别访谈，学生对老师的角色定位普遍感到不满意（美国的学生就是不一样，敢于在老师面前指出老师存在的问题），主要认为老师介入太少，未能给予学生及时的引导，特别是没有及时指出学生在音乐创作过程中存在的专业问题并帮助解决。下面是其中一位学生在老师问他相关问题时的回答：

	……实际上我跟我老爸交流过这件事。我注意到在这项研究中有一件事情，如果你回顾一下，你会发现这项活动开展下来，从来就没有过真正的批评。每一件事情你都是说类似于“你干得不错”这样的话。这话说得没错，但是这话的弊端是，如果我们真的做了一些比较好的事情的话，我们永远都不可能真正地知道。正当的批评是健康的，我们真的从来都没有过，所以我们无法真正明白，什么时候别人是诚恳地对待自己的。 这个学生讲的这几句话很深刻。高中学生已经不再满足于一味地表扬了，他们希望自己能真正地成长起来，而这种真正的成长和成熟，靠表扬已经不能完全解决问题了，这一点他们非常清醒了。这位学生的话，剖析了一味表扬的两个潜在问题：第一，一味表扬，让学生搞不清他们的表现到底是真好还是假好，真好也因此被抹煞；第二，一味表扬，让学生怀疑老师是否对他们诚实，本来是真话都可能被打上虚假的烙印。这两个问题都是很致命的问题啊。 当然，我们的状况可能还没有到这一步，我们大概是表扬还少了点。
 Caoqirong:	郭博士：你好！ 湖南新课程资源网，不知怎么回事，我好几天都上不去了，迫切希望得到你的指导。今天兴冲冲地上来，看了上面的回帖，好激动呀！我才写了一点点见闻，感觉你已经把一篇完整的论文完成了。非常非常感谢呀。在我的作业完成时一定要注明：感谢郭博士的详细指导。 郭博士，我想请教你美国教育中对“挫折”教育方面，有没有什么好办法？因我接触较多的是小学教育，在教学中我也多采用表扬和鼓励为主，但常常会遇到有些优秀的孩子，他们处处都能得到表扬（当然他们也确实表现不错），但一遇到不能按自己意愿的事或听到批评，就有些“自暴自弃”的转不过弯来了。我很为这样的学生担忧，每个人走入社会后，都不可能永远一帆风顺，对“挫折”教育方面你有什么好办法吗？

 郭声健：	对这个问题我真还没什么想法。如果你是写音乐教育方面的文章，我个人认为，不要让音乐教育承载太多的东西，给学生快乐就好，不要试图让学生在音乐教育中还去体会什么挫折。比方说，当一个学生音乐表演不令人满意的时候，你只能是去鼓励他，安慰他，尽可能让他少有甚至没有挫折感才对。因为，一旦挫折一回了，下次他就再也不表演了。
 Caoqirong：	哦，我没表达清楚。关于“挫折”教育，我不是指音乐教育方面的，是我在学校里平常经常遇到的事例，很多优秀的孩子是经受不了“挫折”的。
 郭声健：	其实，这方面的研究成果，应该非常多，在网上搜索一下就有收获的。应该说，我们的优秀孩子经受不起挫折，并不是，或主要不是我们表扬太多，赞赏太多的缘故，这两个方面没有什么太多联系，我是这么认为的。优秀孩子经受不了挫折，原因很多，绝对不是学校一方面的问题，它是学校、社会、家庭等等综合因素所导致。对于学校来说，我们其实对学生的正面肯定还是太少了。另外，考试太多，这是学生受挫折的一个重要原因，可这种现实一下子真还解绝不了。考试成绩不好，谁都备受打击，深受挫折，要是换上我们，更加受不了。所以，我说，我们的学生，现在已经不怕考试了。如果当一个学生成绩不好，还没有什么挫折感，那才真麻烦了。
 Dodozi：	我听过一个讲座，就是关于赏识教育的。讲课的老师说：学生是夸出来的，老师和家长的夸奖太少了。我想，确实，在这方面我们还做得不够好，我就是夸奖得太少，但肯定不能一味地夸奖，那样就太廉价了。所以，在课堂上或生活中用好赏识性语言，确实是值得我们思考的问题。

	举个简单的例子，有女同事夸我今天穿的衣服漂亮，我会很高兴。但如果我发现她对每个人都这么说，而且经常说，那我也会觉得这话不是真心的，不听也罢。 每个人都需要鼓励，需要被赏识，不光是学生。但是鼓励必须是发自内心的。对于高中生来说，在课堂上应该用些什么样的评价语言，这也是我非常欠缺的。我经常不知道怎么鼓励我的学生，尽管我觉得他们都很不错，包括今天的录像课，现在想起来，这方面就很欠缺，这也是教学的一部分啊。我回忆一下，我基本没说什么鼓励表扬学生的话，我只是微笑，到底应该怎么说呢？ 不能为了表扬而表扬，但我还真的没找到适合的评价方式。即使有些地方学生做得不好，是不是应该说："你……方面已经很好了，但如果还注意……方面就会更好。"我要怎么样来提高自己在给学生评价时候的能力呢？
 郭声健：	Dodozi老师说得对，不能为了表扬而表扬，更不能让人感觉这人很假。但该表扬的不表扬，或只是藏在心里，就是不愿或不好意思表达出来，也不行。至于到底如何提高自己这方面的能力，还真不好说啊。每个人的情况可能都不一样，有的人是看不到别人的优点，有的人只是不善于表白，而有的人则是根本就没有把这当回事。我想，在做中学吧，在实践中总结经验吧。但关键一条还是：当我们真正投入工作，真正热爱工作，心中真正装着学生的时候，这个问题，可能也就不是什么问题了。 我想这与民族性格和个人性格都有关系。我们不能一味去模仿别人，像美国人这样张口闭口都是表扬，我们可能也学不会，即便好不容易练出来了，恐怕听着的人也别扭、也难受，这就是一个民族性格的差异问题，孤立地倡导"赏识教育"的确值得商榷。我说，我们的中小学老师对学生表扬太少，更多的是指表扬的方式太少或太单调，或该表扬的不表扬，表扬的话只是装在肚子里面，明明感觉学生表现很出色，这表扬的话，就是说不出口，真的是"爱你在心口难开"，我想这就是个人性格的问题。那么作为老师，尤其是作为

中小学老师，这就需要改一改了，因为这是职业的要求。学生最期待你的肯定，当他们的确表现优秀的时候，你必须是无条件地给予他们表扬，最好是采用与学生年龄特征相适应的表扬方式和语言。

其实，反思我自己，我也是一个特别不会表扬的人，现在我的研究生跟着我那是真的有些受委屈了。我一般情况下很少表扬学生，可能不挨批评，就相当于表扬了。不过最近一段时期，我好象有些转变，也时不时在我的网站论坛上公开表扬人了，但我表扬的话，可能也不会那么直接。比如我最近表扬一个学生在研究生期间从零开始，到发表了 16 篇文章，我也就是淡淡地或带点幽默地说："在论文写作方面，XX 同学可以算得是一个白手起家的暴发户了。"因此，我看学生能听到我一句表扬的话，只怕真得开心好几天。我这样做，当然也是因为他们是研究生，是大人了，也不需要我再哄着他们来学习了。所以，事物都是有两面性的，经常表扬，学生会不当回事；很少表扬，学生会兴奋得不得了。有时候甚至一辈子都记得。像我在读博士的时候，先生的严厉是出了名的，因为论文的事情，我被先生骂过一次特别厉害的，第二次比第一次好点，到第三次的时候，竟然不再批评了，那种兴奋的感觉，真的难以形容，那比听到任何夸奖的话都要痛快啊。从先生家出来，一路哼着小曲，回到寝室赶紧给我爱人打电话报喜："今天老师没有骂我了！哈哈哈。"整个三年学习期间，我就听先生表扬过我两次：第一次是在停止挨骂之后的某次论文批改中，他对我说，"你呢，还是有个特点，就是对我提出的问题，能够举一反三，把相关的问题都能解决掉。"第二次是在答辩开始前，我们在卫生间碰上了，先生安慰了我一句："你的论文写得比较实在，通过答辩应该是没什么问题的。"别看这两次的表扬，用词并不特别肯定，但对我来说，却是终身难忘的。十多年过去了，这两次表扬的具体场景我都还记得清清楚楚。当然，毕业以后，表扬的话就开始多起来了啊。不过，我这是读博士的时候，那时候已经是 30 多岁的人了，早过了那种听不到好话就郁闷的年纪了。所以，我总结我的过去，最幸运的一件事情就是碰上了一个只爱批评不爱表扬的先生。

但是，中小学生可就不一样了，一个原因是他们正处于爱听好

	话的年龄，特别是小学生，表扬的话多多益善，绝不嫌多，绝不会感到不好意思；另一个原因是班级授课制，使得老师的表扬具有扩散性和轰动效应，他们不会满足你私下里给他们表扬，他们需要的就是你在大庭广众之下给他们长脸，给他们树立自己在同学当中的威信。所以，从某种程度上讲，学生期待老师的表扬，不只是为了得到老师的肯定，更是想借此得到同伴的肯定，更希望在同伴中涌现自己的“粉丝”。不过，这也好，通过表扬，树立好的典型，对整个班级的积极影响都是至关重要的。 我们师范那班的同学，大多是18岁就当孩子王了，我们自己也还都是需要听表扬的时候，所以如果遇到班上有什么调皮的学生，哪还有什么耐心去想方设法笼络人心啊。可是，凭自己大孩子的兴致和脾气去对待更加任性的小孩子那是肯定不行的。 我还清楚地记得25年前我在一个乡村完小任教，担任一个三年级班的班主任时的情景：班上有一个特别调皮的学生，大家拿他无法可治，我接手那个班也是麻心麻胆的。我先是私下里好好跟他做思想工作，他当着你答应得蛮好的，但一到上课就跟你捣乱。他有一个捣乱的杀手锏，就是上着上着课，就突然举起手来，大声说“老师，我要上厕所”。久而久之，他只要一举手，全班就会哄堂大笑，可能他期待的就是这个效果。看来，硬的一套，他根本就不吃，我必须来软的。一方面我只要发现他有一丁点儿值得表扬的，绝对不放过，一定会狠狠地表扬他一番；另一方面，我看他大冷天也穿一双脚趾头都暴露在外面的破鞋子，冷得打哆嗦，我便把自己的一双运动鞋给了他，虽然大了点，但我看他每天都开心地穿着它上学。然后，在他表现有所好转的时候，我果断地任命他当了一个小组长。这孩子入学后一直就是一个捣蛋鬼，哪里尝到过“当官”的滋味啊，所以干劲冲天，有时候甚至表现得过了头。虽然通过上述方式的表扬鼓励，他的表现是明显好转，但有时候还是忍不住犯点老毛病，忘了自己“当官”的身份，搞不好突然之间又要举手上厕所。这时，我就预先跟同学说好，你们组一定要跟组长步调一致，他干什么你们也干什么，如果他上课要去上厕所，大家都一起去。就这样，这孩子硬是被我“整”好了。我知道，我这种“整”的方式，就是来

软的，让他没有机会跟你唱反调。这小家伙的样子，我至今还记得很清晰，只是记不住他叫什么名字了，在那所学校，我也只教了一年，也不知道他后来情况怎么样。这件事情给我的体会是，没有调教不好的学生，关键看老师投入不投入。

表扬，是我们音乐课堂教学管理的一个重要手段。我曾翻译过一篇文章，题目叫《4C——成功的课堂管理艺术》。这篇文章的作者是费城天普大学(Temple University)的一位音乐教育学博士生，此前曾在小学担任音乐教师。她在这篇文章中，归纳了课堂管理的4C——表扬(commendation)、交流(communication)、连贯(consistency)、充实(content)。显然，她把表扬作为了音乐课堂教学管理的首选策略。这里，我把该文章对"表扬"的阐述摘录出来，希望能给我们的音乐教师带来一些启示：

师生之间一对一的联系，常常充满着赞扬，这是一种老师在课堂上树立威望的强有力的手段。记住并称呼学生的名字，关注其积极的行为，能够收到令人惊喜的效果。正如道格拉斯•巴塞洛缪指出的，"赞扬学生主要是通过四个方面来达到目的的：熟悉或表明对他们有兴趣；鼓励他们；描绘我们所观察到的他们的行为；评价他们的表演。"在课堂上，我倾向于综合各种表扬方式，熟悉学生，描述他们的特殊行为表现，而尽量不使用这样的评价语——"真不错！"或"我很高兴"、"我喜欢"。这样，通过对学生行为的进一步期待而不是为了迎合老师的需要，学生的行为将得到鼓励和激发。这种方式尤为适合那些性格比较腼腆或反感别人夸奖的学生。

假如你想让所有的学生双腿交叉，安静地坐着，那就简单说："莎拉两腿交叉地坐着，已经准备好上课了；杰克把手放在了膝盖上，正安静地坐着。"这种技巧所利用的是被雅各布•S•科尼恩称为"连锁反应"现象。连锁反应的特征是，通过对某个人的评价而对全班产生影响。假如有一个学生没有按老师的要求做，那么表扬这位学生旁边的某个或某些学生，特别是表扬他们的行为表现，十有八九这位不安稳的学生会改变他的行为，与整个课堂保持一致。比如，当一个学生正忙着和他的朋友说话时，那就要提醒大家注意其他同学的积极表现："吉恩正安静地坐着，准备着听讲啦。"或"胡安坐得好，没有和旁边的同学讲话。”这种积极的评价不仅创造出一种积极向上的氛围，而且老师也容易和学生构建一种和谐的关系，特别是容易和那些学习认真、在课堂上争当先进的同学，建立一种亲密联系。通常，在我们的课堂上学生很多，老师并不容易对每个学生都很熟悉。对那些行为表现具有榜样作用的同学给予积极和特别的肯定，是老师熟悉学生的一种有效途径。

吉姆•费和大卫•芬克曾谈到如何通过允许学生对于他们自己的行为做出决定这一方式，来构建一种和学生共同管理课堂的师生关系。费和芬克的“爱与逻辑”哲学，鼓励老师从学生开始参与课堂管理起，构建一种课堂管理的“储蓄存款账户”。学生会在课堂管理的规定方面提出一些建议，这些建议既包括学生无条件要接受的规定，也包括老师希望学生选择的，如“欢迎你们做……”“你们是愿意……还是……”“对你们来说，什么是最好的？”这时候，学生会给出一个代表他自己的、而不是代表老师的选择。比方，“你是愿意在老师的指导下和大家一起玩乐器，还是只想看别的同学玩，而从中学习呢？”

有时候，会有学生凭借其个人特殊的能力在课堂上做一些带有消极影响、干扰课堂秩序的事情。当特殊的学生或特殊的班级出现特别的问题时，请认真反思一下你自己所持的态度，并且要尽可能地捕捉特殊学生或特殊班级正在做的一些事情（甚至是所有事情），当然是积极方面的。通常，关注学生的积极行为，哪怕是最微不足道的，将足以让课堂氛围朝积极的方向转变。比如，老师可以说：“我注意到在我说话的时候，你的眼睛正在看着我”或“我注意到你坐得很端正”。老师对学生看法的改变，很可能是一种强有力的课堂管理要素，尤其是如果你是第一个察觉学生发生积极变化的人。

捣蛋的学生或乱哄哄的班级，其行为是最容易成为课堂上引人关注的焦点的。在这种情况下，老师自省似乎更加困难。老师能做的就是改变自己与这种境遇的相互关系。当你错误地认为你是整个课堂的主宰时，你一旦遇到这种情形就会感到备受挫折，也筋疲力尽。加强和学生的联系，了解学生不良行为背后的动机，弄清学生自身对这种场景的感觉，将要花上许多时间。

08.

我们可以不在乎领导和专家的感觉，但我们不能不在乎学生的好评，领导专家不满意，带给我们的也许是一时的不快乐，而学生不喜欢，带给我们的可能是一辈子的不开心。和我们朝夕相处的是学生，他们才是我们的衣食父母，音乐教育没有理由不倾听他们的心声。

郭声健：

在前面的帖子里我曾说过：我们的音乐老师这样地投入新课改的培训学习，并不是为了迎合什么运动或什么人，甚至也不是为了新课改，新课改本身也同样不是目的而只是一种手段。我们的目的是为了让我们的学生更轻松、快乐地学习音乐、享受音乐；我们的目的是为了我们自己更轻松、快乐地工作，为了我们自己从我们的工作中体验到更多的成就感和幸福感，真正从工作中得到享受。也只有当我们在工作中获得享受甚至体验到个人生命的价值时，我们也才能更好地投身到我们的工作之中，我们的学生才能因我们的这份投入而更多地受益。

这段话当时是针对老师们所拥有的高涨学习热情而言的，但我今天想具体谈的是如何通过了解学生对自己教学的评价，来达到这种工作境界。从一定程度上讲，博得专家的好评，多少还是有些虚荣的成分在里面，而透过学生来了解自己的教学状况，这动机和目标都非常单纯：那就是想法设法提高自己的教学水平和教学质量，让学生更喜欢自己的课，让自己能够更轻松愉悦地教学，并享受教学带来的快乐。

有时候我们的确需要换个角度来思考问题。长期以来，作为教师，我们接受的教育更多的是“一切为了学生”、“燃烧自己照亮别人”的蜡烛精神，这没错，这是一个教师的天职。所以，地震中“范跑跑”的言行必然会受到人们的普遍谴责。然而，我们对教师的这种奉献精神，也不能够片面地理解。教师，首先是个普通人，而不是伟人，不是圣人，也不是名人，我们都有自己的个人追求，我们都希望生活得快乐和幸福。甚至，我们工作，我们做教师，首先还不是为了学生，而是为了自己。其实，这只是换一种说法而已，这话也并没有什么特别的不妥。作为教师，为了学生和为了自己这两者，完全是并行不悖的，而且必然是紧密联系在一起的。这就是我们前面提到的，为了让学生快乐，我们自己得先快乐；为了自己快乐，我们又得让学生先快乐。我们不敢想象这样的事情有可能发生：教师上课很不快乐，学生却很快乐（除非那是幸灾乐祸）；学生在课堂上表现很不快乐，教师上课却很快乐（除非那是心理变态）。

有一首歌唱得好，"你是幸福的，我就是快乐的"。我想这就是我们教师的职业特征，更是我们教师的一种较高的工作境界。在这方面，前面也有老师谈到了，我们音乐教师更是有着得天独厚的优势啊。抛开职业精神和师生关系不说，只说我们的教学内容——音乐，这是让学生和我们都无条件喜欢的好东西啊！聆听音乐、表现音乐、享受音乐，就让我们彼此都很快乐，有这样一种共同的爱好和快乐的基础，或者说有音乐和我们牵线搭桥，我们音乐老师和学生之间的关系就马上走近了。学生学会了数数，学会了 1 + 1 = 2，他们会快乐，因为掌握了知识，但是在学习数数和学习加法的过程中，他们不一定快乐，如果老师教学不得法的话，他们甚至会很痛苦，因为 1 + 1 = 2 这个算式本身，是并不让人感到有什么值得好快乐的。而音乐呢，则完全不一样了，我们只要让学生听到音乐，只要给学生接触音乐的机会，学生就天然地喜欢，如果学生不喜欢，那很有可能就是老师在中间做了什么不该做的手脚。所以，音乐学科和其他许多学科的最大的差别，也即音乐学科和音乐教师最大的优势是，我们的整个教学过程，完全是可以而且也是应该让学生和老师都感到快乐的、都充满着审美愉悦体验的。如果彼此感到不快乐，都体验不到审美的愉悦，那一定是我们的教学出了问题。

那么，教学到底出了什么问题呢？评课的时候，我们的专家、我们的听课老师都会谈到，都会有甚至是非常深刻而理性的成因分析。但是，我一直都说，最有发言权的是我们授课者自己，以及我们听课的学生。因为，快乐、愉悦，都是一种感觉和体验，唯有自

己的感受是最真实的。当我们感觉到上一堂课很累，很不愉快时，其实，我们心中是隐隐知道到底是什么原因所导致的。学生不喜欢我们的课，原因同样是他们自己最清楚不过的。

所以，我们真的需要多从我们学生那里听取他们对我们教学的评价。按照我们上面所分析的，就算我们并不是为了学生，而只是为了我们自己，为了我们自己的快乐，我们也很有必要经常收集学生的教学反馈意见。如果我们有了这样的一种认识，我想，我们就不会再觉得这件事情可做可不做，也不会嫌做这件事情太麻烦了。

我们听取专家和听课老师对公开课的意见是重要的，这对于我们从理性的高度把握教学的问题很有好处，这有利于我们、特别是年轻教师的成长。但是，我更认为，经常听取学生对常规课的意见对我们更为重要，那才是最客观、最真实地反映我们教学问题的珍贵的第一手资讯。我们可以不在乎专家的好评，但我们不能不在乎学生的好评；专家的不满意，可能给我们带来一时的不快乐，而学生的不满意，则有可能给我们带来一辈子的不快乐。因为，和我们每天打交道的是学生，而不是别人，学生对我们的评价，才是我们最应该介意和关注的。

好啦，如果我们认识到了这个问题的重要性，那么剩下来要考虑的就是如何去做的问题。其实，有了足够的认识，做起来就简单了。在这里，我先举一个例子。这个例子虽然不是关于中小学教学的，但基本的思路我想还是差不多的，是能够给我们以启示的。

本学期，我在哥伦比亚大学听了一门《音乐教育的理论基础》课程，课程的主讲者 Abeles 教授是美国著名的音乐教育家。60 多岁的老先生，每堂课都是设计得那么的精致，真的让我深受教育，也令我特别惭愧。我在哥伦比亚大学系统听过四位教授的课，我有一个特别深刻的感受：其实，中美两国的中小学音乐教学相比较，我认为差别是不大的，尤其是教学设计方面，精雕细琢方面，我们可能比他们还要强，要是世界上举办一个中小学音乐公开课比赛，我们绝对要比他们取得更好的名次。我们的差别主要是教学理念上的，当然也有敬业精神上的（我丝毫没有否定我们老师的敬业精神，但美国的教师在这方面的确令人印象深刻，一天六七节课下来，他

	们依然能够保持那么高的工作激情，没有一种敬业精神的支撑，这是很难做到的）。然而，若比较中美两国的大学教学，真的是差距太大了。这一点，我想我还是多少有点发言权的，因为我自己就在大学任教，我基本了解我们的大学教学情况。哥伦比亚大学教育学院是不招本科生的，他们的音乐教育专业的研究生主干课程，都是大课，一般是 15 ~ 20 人不等，每次课两个小时。从我听的几位教授的课程来看，他们的教学真的都做了精心的设计，关于这个方面的详细情况，在我的《美国音乐教育考察报告》中有许多具体的教学案例和描述。有机会，老师们到时也可以去看看那本书，或许对我们的中小学音乐教育也不无启示。 中美大学教学两相比较，总体上讲，我们的大学教授是比较潇洒的，教学压力是不大的，如果没有什么责任心的话，应付教学工作是非常容易的。虽然现在也开始有了学生考评，但那个东西说实话，流于形式，意义不大，也不客观。那么，这边的大学教授压力到底有多大呢？我给大家讲个事，也许能说明问题：就在一周前，我和一位出生于香港、现在美国新泽西某大学任教的一位音乐教育教授一家见面，他们请我吃饭，同时也邀请了哥伦比亚大学的一对教授夫妇俩来了，因为这位教授是我上个学期的访学导师。香港同胞一家四口，有两个可爱的女儿，自然我就悄悄向她打听，哥大教授的孩子多大了（教授本人大概 50 上下）。香港同胞告诉我说，教授没有孩子。她跟我解释说，在美国，尤其在著名的大学里，压力是非常非常大的，所以，根本就不敢要孩子。听到这番话，让我对哥大教授进一步肃然起敬。后来我跟教授聊起，我说等我回国后，随时欢迎她去中国旅游和考察。她告诉我说，九月份开始，她将接替 Abeles 教授担任音乐教育系的主席，未来两年的日程都排满了。这就是这边著名大学里教授们的工作节奏。很多东西，不亲眼所见，真的难以相信。比如，我和哥大另一位教授，已经好几次相互约请吃饭了，开始的时候，真的很不习惯，定一个吃饭的时间，至少要提前半个月，没有别的原因，就是一个字——“忙”。 话题扯远了，言规正传。话说 Abeles 教授的《音乐教育的基础理论课程》，在最后一节课，教授让学生当场匿名填写了两份课

程评价表，以了解研究生对这门课程的基本看法。第一份评价表是针对该课程所布置的作业和课堂上所组织的学生活动进行的调查，第二份调查表则是听取研究生对该课程的总体评价和改进建议。我观察了周边同学的答卷，感觉他们都很认真、很实在地在填写，而并不是一味地勾出最佳选项，或一味地说好话。老师发放这样的问卷，目的就是要听到同学们的中肯评价和真实感受，而通过这样的方式，老师的确也能够发现自己的课程有需要进一步改进的地方以及需要继续坚持的地方。课程评价的最主要目的，就是为了进一步完善课程设计和提高教学质量。

第一份是封闭式问卷。调查的内容包括两个大的方面共 17 个小项，一个方面是该课程的七次书面作业，包括六篇论文和一个书评；另一个方面是该课程的十次课堂研讨活动，其中包括最后的读书报告即 presentation。这份问卷主要了解学生对这 17 项课外作业和课堂研讨的价值认同度，选项包括六级：5、4、3、2、1、DR。其中 5 代表“很有价值”，1 代表“浪费时间”，DR 则表示“已经忘了”。

第二份是开放式问卷。共有六道题，要求学生书面回答。这六道题是：1. 在这门课里，你最喜欢的是什么？2. 在这门课里，你最不喜欢的是什么？3. 你认为应该如何改进这门课的教学？4. 你认为应该如何改变这门课的课堂结构？5. 你认为应该如何改变这门课的课外作业？6. 其他方面的建议？

根据上面的这个例子，我想我们在向学生调查对我们的教学反馈意见时，主要应考虑这三个问题：何时调查？怎么调查？调查什么？下面我们简单地来谈谈这几个问题。因为我自己也没有做个这方面的调查，所以只是一些想法，不见得有什么价值，算是抛砖引玉，以便大家共同探讨吧。

第一个问题是，何时调查比较合适。我想这个问题，可能要考虑这么三个方面的因素，即：教学内容的相对完整，教学阶段的相对独立，还有就是确保不影响学生的切身利益。毕竟教师的教学效果和教学水平、教师教学的优点和存在的问题，不是某一堂课能真正体现的，这也就是公开课的一个弊端，它会掩盖问题，放大优点。所以，我们在向学生了解我们的教学情况时，要提供给他们

	一个系统考察的机会，这包括对某个教学内容领域的系统考察，对某个教学阶段的系统考察，只有这样，才能真实地反映我们的教学。基于这样的考虑，我们可以选择在单元结束时，针对这个单元的教学内容进行调查，也可以选择在期末的时候，对整个学期的教学工作进行全面评估。特别是如果有可能的话，我觉得，对毕业的学生或不再任教的班级进行调查，很有必要。因为这个时候，如果他们愿意配合调查的话，讲真话的可能性就非常大了。需要我们注意的是，在什么时候调查，一定要考虑，不要让学生担心这样的调查有可能对他们的成绩产生影响，就是说，如果音乐要考试，或要给学生一个成绩，最好是把这样的调查放在考试之后，或离考试时间很远的时候。只要学生认为这样的调查不影响他们的切身利益，他们就会实话实说。 　　第二个问题是采用什么样的方式调查。我想不外乎这几种方式：一种是访谈，包括个别访谈和小组访谈。因为访谈是一种面对面的交流，学生不一定实话实说的，这个时候，就要考验我们老师和学生的感情了。我想我们应该从一开始就有意识地培养自己的“铁杆”。让所有的学生和你保持一种非常亲密的、无话不说的关系是不现实的，但是，一个班上有几个知心的人，是完全可能的。那么，我们一方面可以通过这几个“铁杆”，听到他们的真实想法，另一方面也可以通过他们来收集其他同学的意见。其实，我们也不要把访谈想象得这么复杂，只要我们放下老师的架子，给学生说实话，说心里话，真正让他们感觉到你的确是想听到真实的情况，并且对他们又没有任何的负面影响，我相信学生是会开口说话的。 　　第二种方式是问卷调查，上面我举的例子，就属于这种方式。这是操作性比较强的一种方式，也是一种最主要的调查方式。问卷调查要注意的问题有两个：一个是你设计的问题，要有实质性价值，到底想从学生那里了解什么，在问卷设计时一定要非常明确，了不了解都无所谓的问题，就别耽误学生的时间了。这就要求我们每次的问卷调查最好是有所侧重，不要面面俱到。再一个是一定要操作简单，不要让学生感觉有压力，也要考虑学生的基本能力，如果有可能的话，在语言表达方面，问卷的版式设计方面，来点趣

	味性，那就更好了。 第三种方式是电子邮件。这种方式实际上是个别访谈的另一种形式，我想这种方式是很适合高中学生的。我看在这边，师生之间的课外联系，几乎就是靠电子邮件。当学生(意外)收到老师的邮件时，我们可以想象他们的那种感受，他一定会觉得他在老师心目中很重要，老师把他当好朋友在看待。这个时候，师生关系就会突然亲近很多，学生会很乐意给老师说真话。而且这种访谈还有一个好处，就是学生有充分的时间来思考老师提出的问题。 第三个问题是，到底调查什么。我刚才也说了，每次调查可以考虑侧重，所以这个问题很难有一个具体的解答。不过，大致的方向我们还是应该有的，那就是：第一，调查我自己困惑的、怀疑的、没把握的、自己已经想到了但又拿不准而希望从学生那里得到证实的问题，这些问题就比较适合设计封闭性的问题；第二，调查我根本就没有想到的问题，这类就应该设计开放性的问题。具体内容可以包括：什么课你感觉最好和最不好？你喜欢和不喜欢什么内容？你喜欢和不喜欢什么形式(这些最好都让选择就行)？为什么？有哪些建议？等等，其实这些问题，老师们一定比我清楚得多了。因为所有的问题都是从自己的教学实践中间来的。我就不啰嗦了。 我在想，如果有老师真正按我们上面的设想，从我们的学生那里不断获得对自己教学的反馈信息，那么，整个操作过程所涉及的一切材料，尤其是学生的反馈意见本身，都是非常珍贵的资料，我希望老师们能够好好地保存它们。也许就在不经意之间，一项项富有学术价值和现实指导意义的研究成果就这么问世了。
 Dodozi:	这两天网络不好居然打开不了网站，郁闷。看到郭老师的帖子，正好与我今天的工作相关啊。 因为今天在看学生写的反馈，我给的题目是：对这一年音乐鉴赏课的感受或建议，也可说说印象最深的一节课；对下学期模块开设的想法和建议。只要求不少于两百字。

	这次调查让我有非常多的感触：首先，学生并不像我想象的，只关注流行音乐，一个班大概只几个人说要多放放流行音乐。（由于没把书上的内容上完，通俗音乐那章也没讲，而我在开学就说有通俗音乐的课，不要担心听不到流行歌曲，结果后来因合唱比赛没上成，学生感觉我欺骗了他们吧，那没办法了。）有学生说应该也鉴赏现在的流行音乐，也有说流行音乐中也有“垃圾作品”，应该拿出来讨论。大部分的同学，对于了解各个地区、各个国家的音乐非常感兴趣，甚至有人提出来，京剧是国粹，作为中国人，应该多去了解，如果在模块学习中开设京剧课，也有必要。（或许是因为上了这么久的常规课，他们也知道课不可能脱离书本的内容，如果是才开学去问学生，说不定不会这样理性。） 其次，学生都对鉴赏两个字做了分析，然后提出，我让他们自己“鉴赏”的机会太少，应该多让学生单独谈谈每次听的感受。这一点，在一开始我就没做好，没能养成一个好的习惯，怕把问题丢给学生，其实更多的是自己对课本内容把握不够，不敢多说。如果自己都弄懂了，就应该不怕和学生多谈，怕只能说明教材钻研得不够。确实在刚刚开始的教学当中，一个星期一个新的内容，找资料，设计，做课件，没什么课堂经验，而且都是全新的内容，问题多多啊。由于这个学期很多学生在其他老师的课堂上看了《歌舞青春》这部电影，所以在模块建议中很多人说想学表演、音乐剧之类的。 说到印象最深的一节课，大部分同学提到了非洲歌舞音乐。这一节课，我也非常喜欢，因为借鉴了去年在黄山听到的江苏一位老师的一些教学内容，例如节奏练习和歌曲片段学唱。当我在黄山听课的时候，我就想，回来一定也要这么上。我在这堂课中借鉴了别人的东西，但正是由于这些内容的加入真的让这堂课深受每个班的同学的喜爱，由此我也非常敬佩这位老师。其中非洲歌曲片段的学唱，让我想到了很多：这一小段歌曲并不十分优美，而是非常简单、非常原始，如果是我自己上，我肯定不会想到要学生来学。学生在学唱的时候都在笑，但课后我居然听到学生开心地在唱，别的同事也说听到他们唱着玩。 所以说，有的事情并不都是自己想象的那样，正如同有位学

生说的：我们也唱了唱京韵大鼓，虽然唱得不那么好，但是尝试一下也是好的。就像一种陌生的水果，外表看上去不咋的，结果一尝，并不像想象中那么差呀，关键是得去尝试。包括我觉得非常好的节奏练习，虽然我平常并不是一个那么大胆的人，但由于对这个内容很喜欢，我还是加了进来。因为又鼓掌又跺脚，可以说自己形象全无，却也让我跟着学生一起体验了一回非洲的狂野。每到一个班上课都有隔壁班同学非常好奇地问：他们上课怎么那么吵啊，是上什么内容啊？我故作神秘地说：你们也会上的。有时候回忆起来，这一堂课的过程是让我最开心的最快乐的，虽然我唱的歌不够优美，我的动作也不够秀气。

现在回忆起来，虽然我也找了很多资料，设计了一些听辨乐器音色的环节让学生也非常感兴趣，但真正的亮点还是借鉴的别人的。有时候这让我非常非常的嫉妒，因为不是我从头到尾设计出来的，如果是全是我的功劳，那我该多么幸福啊！我要加油加油。（未完待续）

郭声健：

看了赵老师的帖子很高兴，好得很啊！现在赵老师发帖子也是洋洋洒洒的，太有培养前途了，这个老师我一定收下了！这两天我来了朋友，不能和老师们多交流。抱歉！

郭声健：

我想再重复说一遍，看了赵老师的这个帖子，真的很高兴。当时由于有朋友在我这里，我不能及时回复该帖，因而只是写了上面那一句夸奖的话，并决定收下这个“徒弟”，和赵老师就论文写作课题进行合作。虽然过了一夜之后，当初高涨的情绪有些褪去，但这个帖子我还是得再认真评述一下。至少这样，我才觉得对得起赵老师的这个“未完待续”的长帖子。

我想，赵老师所做的这个学生教学反馈调查是很珍贵、很有价值的。我不说它一定对其他的老师会产生多大的影响，但至少对赵老师自身的教学工作，是非常有好处的：作为学生教学反馈调查的一次成功尝试，它不仅让调查者积累了这种教学评价的经验，并

| | 有了一个非常良好的开端，而且还开启了一种关注调查研究、倾听学生心声的良好教风和学分；从学生那里获得的一手资料，真正在一定程度上让自己了解到了自身教学的优势和不足，也了解到了学生的音乐喜好与音乐教学期待。或许，赵老师一下子还感觉不到这种调查对自身的工作自信心和教学水平的积极影响程度到底有多大，但我相信，慢慢地她就会觉得这样的调查对她作为一名年轻音乐教师的成长，对她的教学水平的提高，所产生的潜移默化的积极影响，是绝不比上一堂公开课和专家的点评逊色的。不说别的，从写第一个帖子到现在，我估计差不多写了上 10 万字的帖子了，我不是在故作谦虚状，我以为我这些东西，对赵老师的启示，还真不如她所做的这一个学生教学反馈调查。
　　我想，大家读了赵老师这个帖子，多少都会有些意外。意外，就是此前没有想到过；没有想到过，可能是因为我们的先入为主；我们先入为主，表明我们对事看人比较主观。在前面的相关帖子里，我曾特别强调无论是一线教师，还是我们的专家学者，我们都需要倾听学生的声音。但是，我认为这方面至今依然是我们的一大缺陷，这或许是观点的问题，或许是工作方法和态度以及研究方法和态度的问题，我在这方面也做得非常不好。现在看看，倾听学生的声音是何等的重要！一个老师，一个班甚至几个班，这样的学生教学反馈调查，或许并不能说明太多问题，更不能引起轩然大波，但是，却足以引发我们的许多思考。
　　我们的意外不外乎两个大的方面：一个是对学生参与调查的积极态度感到意外，另一个是对学生所持的观点和想法更是感到意外。其实，对于这两个意外，至少在我看来，多少也在意料之中。就在我前天的帖子里，我都谈到了这个问题：当我们一直以来忽视倾听学生声音的时候，突然我们通过某种方式来侧耳聆听来自学生的想法，他们一定会深切感受到了老师对于自己的一种前所未有的信任，老师和自己在感情上的一种前所未有的亲近，以及学生作为学习主体地位的一种真正的确证。同时，这样的一种方式，也是学生表达自我、表现自我的一种很好的途径，自然他们不会放过这一难得的在老师面前展现自我的机会。这是我从学生的角度来思考这个问题的，因为如果我是个学生，当老师很诚恳地倾听我的意见和建议的时候，我就会这么想。所以，第一个意外，并不感到意外。 |

那么第二个意外呢？因为此前我们很少通过这样的一种方式听到来自学生的声音，因此，来自学生的任何观点和想法，都不应该令我们意外，如果太感到意外，那只能表明我们的主观，表明我们对学生的漠视，或许我们想象中的学生所想就是我们自己的所想，或许我们根本就没有去想象过学生在想些什么。

让我们一起再来读读赵老师的帖子：

我们先看看赵老师所给学生的调查题目："对这一年音乐鉴赏课的感受或建议，也可说说印象最深的一节课，对下学期模块开设的想法和建议。要求不低于两百字。"我想，对于高中学生来说，无论是调查内容还是字数的底线，这都是完全适合的。调查内容包括了对过去教学的评价和建议，以及对未来新的教学内容的基本设想，我相信调查者在具体的问题设计和表述中，没有这么笼统，一定会更加层次分明，其实就是调查了解三个方面的问题：对过去教学的感受和评价（包括印象最深的一堂课）、对过去教学中存在问题的意见和改进建议、对未来教学的基本设想和期望。这都是开放性问题，没有标准答案，学生可以自由发挥。大的方面应该就是这些，调查者在问题设计的时候，可以更为具体一点，让学生回答起来更有针对性和操作性。特别是因为这是对过去一年的回顾，时间跨度比较长，回忆起来也并不容易，有的教学内容和教学情境有可能一下子记不起来了，这个时候，也可以考虑适当设计几个具体的问题。而 200 字的字数要求也是完全可以的，方便的话，赵老师可以再粗略统计一下平均每个学生的字数大概有多少，以便供下一次进行类似活动参考。

我们再来看看学生对音乐教学所持的一些基本观点和想法。

关于流行音乐的问题，赵老师告诉我们说，"学生并不像我想象的只关注流行音乐，一个班大概只几个人说要多放放流行音乐"。有点意思，在我们最初的帖子中，讨论的话题刚好就是关于流行音乐的，几乎我们参与讨论的所有的人，都是假定学生会无一例外地热衷于流行音乐，甚至恨不得把音乐课就改成流行音乐课。虽然赵老师的调查只是一个很有限的调查，并不能够全面地反映问题，但是，不管这个调查规模怎样，它至少从一个小的局部表明，我们自身所存在的教条主义、经验主义倾向是很严重的。我们习惯于以老师的身份、以专家的身份来代替学生思考，我们对学生的想法有些想当然，我们总喜欢先入为主。这一点，恐怕真是我们亟待解决的问题。

当然，尽管学生不是我们想象的那样如此热衷流行音乐，但因故最终完全没有欣赏流行音乐，我想学生在感情上还是有些难以接受的，不知老师是否向学生表达了自己的歉意。赵老师告诉我们："有学生说应该也鉴赏现在的流行音乐，也有说流行音乐中也有'垃圾作品'，应该拿出来讨论"。你看，学生对流行音乐的态度是多么的理性和多么的客观。什么是真正的鉴赏？我也认为，欣赏音乐和鉴赏音乐两者比较，鉴赏包含着更多的对音乐的评论或批评，鉴赏的潜台词就是评价质量的好与坏、水平的高与低。这就好比我们现在大力反腐败，不能害怕别人学腐败分子搞腐败的那一套而不让其他人了解腐败分子的腐败行为，相反，我们还要专门组织广大干部认真学习那些害群之马的反面教材，让大家从中吸取深刻教训。鉴赏流行音乐，道理同样如此，把一些"垃圾作品"拿出来公开讨论，目的就是要提高学生的音乐鉴赏水平，让学生远离垃圾，不受垃圾的腐蚀。学生的观点是浅显的，道理却是深刻的。

关于多元音乐文化的问题，赵老师从调查反馈意见中得知，"大部分的同学，对于了解各个地区、各个国家的音乐非常感兴趣，甚至有人提出来，京剧是国粹，作为中国人，应该多去了解，如果在模块学习中开设京剧课，也有必要。或许是因为上了这么久的常规课，他们也知道课不可能脱离书本的内容，如果是才开学去问学生，学生说不定不会这样理性。"学生持有这样的观点，的确令人意外，但联系到他们对流行音乐的态度，这样的观点，也就在情理之中。特别是在这里，赵老师的分析角度很独特，也有一定道理，当学生知道很多东西是讲规矩的，是无法随意改变的时候，或许他们的确就会很理性地接纳那些当初甚至被自己一味排斥的东西。所以，这给我们的第一个启示是，和我们老师一样，学生的某些观念的转变同样是需要时间的，我们要有耐心，在给予他们引导的同时，还要给予他们思考的时间。

第二，教学是一种有目的的行为，我们绝不可以一味迎合学生的兴趣爱好，教学的基本底线我们必须要守住，既定的目标我们不能够动摇。当然，这一切都不能以牺牲学生的音乐兴趣爱好为代价，绝不可为了我们的既定目标而无视学生的基本感受，甚至让他们感

到很痛苦，同时也要确保我们所制订的教学目标是科学可行的。当学生一旦打心眼里认同了我们的教学目标的时候，我们的教学就会进展顺利了。

第三个启示是，很多东西，教师强制性地灌输给学生，和学生不管是主动还是被动地自己提出愿意学习，效果完全会是两回事。也就是说，征求不征求学生的意见，效果必然会明显不同，甚至截然相反。比如京剧的问题，当我们事先跟学生沟通，学习京剧有何意义，作为国家的一个导向，我们必须执行。但我们想先听听你们自己的想法，觉得如何做才最好，等等。像这样的一种交流，学生一方面了解到我们不可能抵制，另一方面也感到政府有关部门、我们的专家学者以及我们的老师，都非常尊重我们学生的意见。这的确是突出我们学生的主体地位、为我们学生着想的表现。我想，在这样的一种情况下，我们的京剧进课堂所获得的实际效果，或所产生的影响，与政府不管三七二十一，发个文下来，下面无条件执行的做法，是会完全不同的。

这一点，其实我们老师自己也有感受，如果我们的工作，永远都是无条件服从官方的指令，而我们自己的观点得不到尊重甚至是表达的机会，那么，我们工作的热情和干劲就会受到明显的挫伤。联想到后面学生说的，“我们也唱了唱京韵大鼓，虽然唱得不那么好，但是尝试一下也是好的……就像一种陌生的水果，外表看上去不咋的，结果一尝，并不像想象中那么差呀，关键是得去尝试”。我想说，当学生自己有一种探求欲望，而不是被动接受教育的时候，一切在我们看来的困难和问题，或许就随之迎刃而解了。

关于给予学生表达感受的机会问题，赵老师对自己所存在问题的反思令人赞赏。我认为，鉴赏课上应该多多给予学生单独发表个人音乐见解的机会，学生的这个建议是很积极的，是非常可取的，这其实也是我们早已想到了的。让学生多发言，多参与，这种落得轻松的事情我们为何不做？赵老师的剖析太真实了，怕把问题丢给学生的原因，主要还不是担心他们不知道，而是怕自己没有驾驭能力，怕自己知识面不够宽，掌控不了教学场面，甚至让自己丢脸。的确，对于高中学生来说，让他们静静地听音乐、静静地听老师解释音乐，而不给与他们表达的机会，那是无法满足他们的审美需求的。我在许多场合都谈过，高中音乐鉴赏课，其实是最难上的课。但往往这

	一点可能被人误解了，以为鉴赏课容易上，学生听一听，老师讲一讲，时间也就差不多了。甚至现在我们把高中音乐课定位为以鉴赏为主，不排除有这方面下意识的原因。当然，要想应付一下，不讲究质量，不考虑学生乐不乐意接受，这种课的确是容易的。但要想真正把课上出质量，真正让学生投入其中并获得审美享受，并不容易。最大的挑战是，我们现在的高中生，其知识面，甚至包括音乐知识面，都有可能超过了我们的音乐老师。在这种情况下，老师能否驾驭课堂教学，很大程度上取决于老师对话语权的掌控程度，如果老师完全掌握了话语权，学生没有表达的机会，那么，驾驭课堂就相对容易了。而一旦给予了学生发言权，老师的自身素养就受到了严峻挑战。不仅仅学生提出的问题老师可能难以回答，甚至学生谈到的话题，对老师都可能是全新的。 　　前不久，我儿子跟我说了这么个事情：他最近在琢磨金属唱法的问题，希望了解一下这种唱法怎么发声才能保护好嗓子，于是他给某高校的声乐老师发短信请教这个问题。我儿子问我，你说他回信怎么说？我说，他是说不知道吧。儿子说，你说好笑不，一个声乐老师还从来就没有听说过什么金属唱法这个词。我开玩笑地说，你以为所有的老师都像你老爸一样啊！ 　　其实，这也很正常，一个素养最高的老师，也不是百科全书，也很难抵得过全班同学的集体智慧。所以，当我们在学生面前表现出自己的诚恳和谦逊，并有一种不耻下问的精神时，我想学生也并不在意老师在某方面知识上的缺陷的。当然，基本的东西，尤其是专业领域范围内必须掌握的基础文化知识，是一定要具备的，它的缺失，对于一名专业老师来说是不能原谅的。这个问题我们若反过来进行思考，我们就会看到，音乐鉴赏课，其实也是我们音乐教师在学生心目中树立良好形象和威信的最好机会。因为，老师的技能层面水平再高，也高不过众多的音乐表演艺术家和专业表演工作者。但是，老师们的文化素养，则完全是可以高过专业领域人士的，而对于正在成长中的高中学生来说，对于这拨也开始把“文化”一词挂在嘴边的准成人来说，文化素养，则完全有可能是他们评判老师水平的一个更为重要的方面。 　　关于学生想学表演的问题，赵老师的帖子里谈得不太多，这可能是老师们并不在意的一个问题，但我却很关注这个问题，而且这

也在我的预料之中。我之所以一直在呼吁要听听高中学生自己到底对音乐教学有什么期待，其中一个非常重要的原因是，我对高中音乐教学是否就铁定以鉴赏为主，应不应该更多地为他们提供表演的机会，已经开始产生怀疑。而且我认为，已经是到了我们对这个问题进行认真思考的时候了。一直以来，我也猜想着走向成熟的高中生会面子观念强，不敢表演，不想表演，但美国的高中音乐教学给了我很大启示：敢不敢表演，是老师要解决的问题，想不想表演才是他们自身的问题。表现与鉴赏比较，谁能肯定说，学生更喜欢鉴赏一些？即便我们做个调查，学生自己也有这样的表示，我都觉得，这是因为长期以来的音乐教学现实所诱导的。表现与鉴赏比较，究竟高中音乐教学应该以什么为主（当然还有创作等），到底有哪些音乐教育专家真正去思考、分析和论证了这个问题，我还不太清楚，所以不敢说没有。不管别人怎么看待这个问题，我会为此专门写个帖子来对它进行初步分析，这也是前面“未完待续”的内容。

关于学生“印象最深的一节课”。赵老师告诉我们说，学生印象最深的一堂课是“我也非常喜欢的一节课……这一堂课的过程是最让我开心的最快乐的”。这个例子，从一个侧面印证了我前面说过的一个观点，一堂课好不好，最有发言权的还是老师和学生自身，因为好与不好，满意与不满意，这首先是一种感性的体验，而这种感性体验，是不可能因为理性层面的分歧（如所持教育理念不同）而反差明显。好的课，老师和学生都会感觉好，老师和学生都觉得好的课，那一定就是好课。赵老师说，这节课借鉴了优秀教师的教学方法，她认为这是这堂课获得成功的一个重要原因，并由此而让自己“非常嫉妒”。这话挺调皮和可爱，当然这话是一种很形象很夸张的表达方式，表明自己认识到了自身的差距，也树立了奋起直追的信心。其实“嫉妒”也并不那么可怕，理性和良性的“嫉妒”让人有追求的目标，有赶超先进的强烈欲望。我们说“虚心使人进步，骄傲使人落后”那主要是针对成功人士而言的。而如果我们说“嫉妒使人进步，羡慕使人落后”，这话对我们未成功人士来说也不无道理。另外，这节课的成功也表明，对于我们老师们来说，学习、学习、再学习，这是一件多么重要的事情，也是一件多么幸福的事情。

赵老师在最后说，“我要加油加油！”从这句话里，我们仿佛看到了一位年轻老师的工作激情和高昂斗志。我想这不仅是年轻人所

	需要的，我们每个人都需要为自己鼓劲加油。我在这里，也常常因为孤独，或因为写作的单调而感觉情绪有些起伏，这个时候，我就会在某个显眼的地方，比如在“挂历”上，写下“加油”二字，甚至给自己发个电子邮件，标题和内容都是“加油”、“加油”。这样的一种心理暗示，的确对调节自己的情绪和调整自己的心态都很有好处。 到今天，我在这个论坛上和老师们交流差不多快一个月了。虽然老师们问的少，我说的多，要继续下去并不容易，但是我还是在不断给自己“加油加油”，并坚持了下来，也终于看到了在自己的鼓动下，有像赵老师等这样的年轻教师开始慢慢融入到这样的一种交流学习之中，这对我来说，是一个很大的鼓励和鞭策。任何事情，只要坚持就一定有回报，对你、对我、对他，都是一样，对此我深信不疑。我很理解老师们还不习惯这样的一种交流方式，正如昨天我收到的一位老师来信中所说的：“我看了您在湖南基础教育网上的论坛，这段时间事太多，也缺乏胆量吭声，所以至今没现身，真不好意思！真佩服您洋洋洒洒一下就是上千字的帖子，我虽然躲着不出来，但还是在偷着学习，从中了解了许多美国的教育状况，再加上有您自己的见解在里面，很受启发！”这位老师也是我的朋友，所以，我跟她半开玩笑地说：“谢谢你的鼓励，你若在论坛上鼓励一下我多好啊。现在没太多人发言，大多是我在自说自话，看我多孤单。但我还是想再坚持一段时间，不希望现在就收摊。”其实，我很想跟她说：即便日理万机，在百忙之中抽出个 15 分钟，写个一两百字，对自己全面能力的提升，都是百利而无一害的。但这话我还是没说出口，在这里也不敢跟老师们说。
 玉　成：	郭老师点评赵老师的帖子，让我非常受益！这种形式正是我想要的，可否以此在《音乐教育与创作》我们社的版面中刊发？ 这一个月不到，郭老师已经把楼盖到了近两百层，真是难得。我自说自话了八十多层，就难以为继了啊。坚持再坚持，我们一直支持您！帖子最后这个“但这话我还是没有说出口”很妙，还是说了出来啊，相信老师们会勇敢地站出来表达自己的。我觉得大家

	是在积累能量，总会爆发，比如我们的赵老师。从网站开张到现在，参与的总体人数并不很多，赵老师说得好，还要加油，加油，再加油！任何事情，只要坚持，就一定有回报，即便没有回报，坚持本身也是一种美呵。 记得《士兵突击》里面有一个直接描述坚守的镜头。许三多费了千辛万苦修好了路，团部派记者来采访、拍照，其他几个在修路过程中并没有发挥多大作用的战友，把记者的相机内存都用光了，他却依然站在远处的岗哨上。意外的回报是：记者用了更加艺术化的手法来礼赞这位坚守者，用钢笔画了一张素描。这算是编导们的一个隐喻吧。 郭老师，我们希望一直看到您这个坚守者的身影呵！
 郭声健：	好！谢谢玉成的激励。我会坚持，会继续加油。 你的提议，我举双手赞成。你这么一说，我也的确感到这种教学笔记及其点评形式好，针对性强，可读性强。特别是我希望通过刊发像赵老师这样的一线教师教学反思的小文章，来给予老师们鼓励。就像我在帖子里说的，通过这种途径来开启和营造一种关注调查研究、倾听学生心声的良好教风和学风。像赵老师这样的年轻音乐教师，我觉得难能可贵的是有一种很好的心态，对自己教学行为与成因以及自身心理状态的反思和剖析，是我们每个老师都需要的。我期待刊物对此予以鼓励，相信通过刊物的传播，我们的音乐老师能够获得有益的启示。 玉成你是编辑，刊发时，请把我写的前后两个无关段落删除就是。

09.

美国没有音乐课本，以活动统领教学，教学内容教师说了算，我国则经济利益高于一切，恨不得打造教材市场的铁桶江山。“黄山现象”应该让我们反思和警觉，只有充分给予教师创造的空间，鼓励变通教材，音乐教育才能从霸权和教条下解放出来，才能健康和快速地向前发展。

郭声健：

今天，我花了几个小时，翻译了纽约市于2004年根据纽约州的艺术课程标准制订的纽约市《艺术教学蓝图》中音乐部分的有关内容。之所以突然想着要把这份材料翻译出来，主要基于两个原因：一个是前些天有老师给我写信，询问是否有该蓝图的中文版本，至少我是没有看到，我想这对我来说，只是多花点时间而已，把它翻译出来，也算是给老师们提供一份资料，尽管我对翻译感到有些恐惧；另一个原因是，我想把它翻译出来，让老师们通过这份资料，大致了解纽约市乃至美国音乐教育的一个整体态势。比方说，到底美国的音乐教育重视什么？我想，这对于我们在论坛上可能要继续讨论的几个问题会有所帮助，有可能我自己在论证某些音乐教育问题的时候，就要用上它。

美国出台的一些东西，好像名字都很响亮。我们只看看21世纪以来的几个文件、会议、项目、名称都是很振奋人心的。比如宏观教育法律方面的、由美国总统签署的《不让一个孩子掉队法案》；比如音乐教育领域的全美音乐教育协会“百年宣言”（2007年）、豪斯赖特研讨会“展望2020”宣言（2000年）、全美音乐协会“美国国歌”工程（2005—2008年）；再比如纽约市的艺术教育项目《艺术至关重要》（2007—2008年）、纽约市制订的《艺术教学蓝图》（2004年）等等。这些东西，至少在名称上就很吸引人，以至于有老师在看到了我的一个帖子里提到《艺术教学蓝图》之后，迫切地希望看到它到底讲的是什么。

其实,《艺术教学蓝图》这份资料我早就拿到手上了，但迟迟没有翻译，甚至没有打算翻译。因为，我初步看了一下，其内容并不如我们所想象的那么振奋人心。事实上，它并不是一个关于纽约市未来艺术教育发展的宏伟构想,而是一个非常具体的艺术教学要求，其中包括了视觉艺术、音乐、舞蹈、戏剧等四门课程的基本要求。比较之下，还只有舞蹈课程的内容显得更为充实，篇幅也长得多。

在我国，音乐知识技能教学一直是我们音乐教师的最大困惑，以至于在前面的帖子中，多位老师都希望我介绍一下美国这方面的情况，希望了解美国的音乐同行们到底是如何处理这个被我们认为是最棘手的问题的。我当时专门写了个帖子，简单介绍了我的一些所见所闻并初步分析了成因。我曾说，在美国，实际上根本就不存在这个问题，或者说，从某种程度上讲，他们的音乐教学本身就是一种音乐知识技能教学。所以，无论是其音乐教育行政管理部门，还是音乐教育专家或是基层音乐教师，都把这视为是理所当然的事情，因此，自然也不会有人提出所谓的“淡化知识技能”的理念。这话当时听上去显然让人觉得有些夸张，估计大家也不会太相信。所以，看看纽约市的这个《艺术教学蓝图》，对我们进一步了解美国音乐教学的现状以及发展态势，多少还是有些价值的。

从这个蓝图所描述的优质音乐课的整体特点、音乐课的三种类型(器乐课、声乐课、普通音乐课)，以及对这三门具体课程所提出的教学要求、教师要求和学生要求来看，他们的音乐教学的知识技能特色是非常鲜明的。不过，关于知识技能教学的问题，我不再打算发表进一步的看法了，我想说的都已经说过了。我把这个教学蓝图呈现出来，更主要的目的，还是想从一个侧面来反思我们的高中音乐教学，这也就是我昨天在帖子上写的：我们的高中音乐教学是否就铁定以鉴赏为主，要不要更多地为他们提供表演和表现的机会，我对这个问题已经开始产生怀疑。

下面就是纽约市《艺术教学蓝图》中音乐部分的有关内容，大家看了也不要有太多失望，美国的音乐教学其实也就这样。看看他们的东西，反思我们的教学，这也很不错。

优质音乐课的特点

在对音乐教学过程进行考察的时候，有多方面特点需要我们关注。音乐课可以分为如下三类：

•表演——器乐（音乐会乐队、管弦乐队、爵士乐、吉他，等等）

•表演——声乐（合唱、唱诗班、福音音乐，等等）

•应用音乐——普通音乐、理论、计算机音乐，等等

到2004年9月，所有音乐教学必须遵循新的K－12的音乐课程方案，该方案要求音乐教学包含如下五个层面的内容：

•音乐创造活动（译者注：这里的音乐创造是指学生参与的各种音乐实践活动）

•音乐文化知识

•音乐与相关文化的联系

•社会文化资源

•职业生涯与终身学习

上述三类音乐课，不管是表演还是应用音乐，都要求融合这五个方面的内容，除了发展“音乐创造”所必备的技能之外，学生将：

•通过视读乐谱等专业知识学习来掌握音乐语言

•加强音乐与社会、文化和历史发展背景的联系，并深入那些对纽约市的文化和经济发展做出贡献的公共机构、学校、音乐厅、图书馆以及社团组织以体验音乐生活

•了解各种音乐职业机会，理解音乐作为一种表达方式和享受途径所具有的价值

优质器乐课的特点

表演课应该侧重如下目标：

•新选学乐器与技能的介绍

•排练所学乐器和乐曲

•完美的表演

每一首乐曲学习的全过程，都必须关注与课程所确立的五个层面内容的联系，以便提高学生的曲目表演水平。为此，要求：

教学：

<table>
<tr>
<td></td>
<td>•有清晰而简明的目标
•有与学生学习成果相联系的实施目标
•有完善的计划与教学结构
•要由热身活动开始（音阶、音调、和声，等）。热身活动必须和所选曲目有关（如所选曲目的音调和节奏，等）
•包括特殊片断的演练（节奏、力度，等），作为学生表演和老师计划中的一个部分
•包括学生的个人展示，或学生能够对某些音乐片断给予应答配合
•包括总结（完整地演奏或评论音乐片断，甚至是必须掌握的整个作品）
学生：
•积极参与表演
•遵循老师的指导
•服从乐队指挥
•提高技能，以使他们成为敏感的、具有批评精神的音乐者，并能对其他人的表演做出回应
•成为具有音乐文化的人，理解社会、文化和历史与提升音乐表演能力之间的关系
老师：
•建立与管理教学常规
•检查学生需要演奏的乐器及其他设备是否充足
•点名
•安排好学生的座位
•选择适合学生能力的音乐素材
•关注正确的器乐演奏技巧
•使用音乐术语
•准备好集中提高学生技巧和演奏效果的教学材料
•聆听学生的个人见解，对学生的表现做出评价
•关注音乐基础知识（音调、节奏、力度、清晰度、乐句，等等）
•教学音乐知识（读谱、作曲，等等）
•与课程的各个层面内容相联系</td>
</tr>
</table>

<table>
<tr><td></td><td>
•通过个人和集体表演的方式来评价学生的表演水平
•有效地整理，包括清洁乐器、音乐材料回收、将乐器归还到适当的地方

优质声乐课特点
表演课应该侧重如下目标：
•新选学材料与技能的介绍
•排练所学选乐曲
•完美的表演
教学：
•有清晰而简明的目标
•有完善的计划与教学结构
•有与学生学习成果相联系的实施目标
•要由热身活动开始（上行下行音阶、音色、音程）。发声应该强调为所选作品做有针对性准备（有难度的方面包括发声位置、呼吸、定调等）
•包括特殊片断的演练（节奏、力度，等），作为学生表演和老师计划中的一个部分
•包括学生的个人展示，或学生能够对某些音乐片断给予配合
学生：
•积极参与表演
•遵循老师的指导
•服从合唱指挥
•提高技能，以使他们成为敏感的、具有批评精神的音乐者，并能对其他人的表演做出回应
•成为具有音乐文化的人，理解社会、文化和历史与提升音乐表演能力之间的关系
•运用正确的表演技能（比如，演唱姿势等）
•注意正确的声音技巧
老师：
•建立与管理教学常规，包括分发和回收音乐材料
</td></tr>
</table>

	•安排好学生的座位 •点名 •关注正确的声乐技巧（包括音调、呼吸，等等） •准备好集中提高学生技巧和演唱效果的适合学生年龄特征的教学材料 •关注音乐细节（音调、节奏、力度、清晰度、乐句，等等） •聆听学生的个人见解，对学生的表现做出评价 •为学生示范演唱的技能技巧 •关注音乐知识（读谱、作曲、视唱练习、音乐语言） •与课程的各个层面内容相联系 •通过个人和集体表演的方式来评价学生的表演水平 **优质普通音乐课特点** 教学： •有清晰而简明的目标 •有完善的计划与教学结构 •有与学生学习成果相联系的实施目标 •教学设备和材料准备充分（包括分发给学生的印刷品、录音带、音响器材，等等） •关注课程的五个层面内容 •包括有指导地聆听音乐并对音乐做出反应、演唱、演奏 学生： •积极参与教学活动（回答问题、呈现素材、示范说明、歌唱表演、拍打节奏等） •为教学准备进行必要的读谱（尽可能运用老师准备好的材料） •根据教学要求进行写作（如音乐欣赏日志） •作曲和创作原创音乐 老师： •提出问题，要求学生运用批判性思维技能，以便建设性地让学生融入教学活动之中 •在黑板上板书相关概念及解释，以便学生将他们记录在笔记

本上

•通过测验、评阅日志和笔记本、以及适当的布置作业等方式，评价学生的学习效果

•分配给学生个人或小组特殊的项目，并要求报告项目的完成情况

•关注课程的五个层面内容，并确保学生能够积极地：

1. 创造音乐
2. 掌握音乐知识
3. 将音乐与相关文化联系
4. 运用社会文化资源
5. 学习职业生涯和终身学习的本领

•指导学生有准备和探究地聆听音乐

薛 晖：

谢谢郭老师，专门为老师们翻译资料。

确实很有意思，一个名为“蓝图”文件表述竟会如此朴实，朴实到如出自一线音乐老师之手，但确实有指导作用。其“优质器乐课”和“优质声乐课”，对于我国课改后高中音乐教学中的《演奏》和《歌唱》模块的教学很有指导意义。只是我国高中音乐学科《演奏》模块的教学开展，由于受学生器乐演奏基础的影响，很多学校还较难达到以小型乐队的形式排练乐曲的水平，在本次高中新课程培训中，有老师提出来了并如此做了，即以学习一门易学的乐器为主要教学内容，如葫芦丝、吉他等，学到一定的程度之后也可以开展合奏表演。

请问郭老师,“普通音乐课”与我国的“欣赏课”相同吗？看你的介绍它属于“应用音乐”部分,“应用音乐”里还有理论和计算机音乐，这些单独开课吗？理论主要指哪些内容？谢谢！

徐 杨：

各位老师好！

一有时间就会到论坛上来，不过每次都是潜水，光看大家写

	的东西就足够我消化好久了，呵呵！郭老师总是忙着帮我们解答问题，带给我们很多音乐教育方面的新知。以前看过几本关于外国教育的书如《美国音乐教育概况》、《德国音乐教育概况》、《柯达伊教育思想》、《奥尔夫音乐教育思想与实践》等，觉得我们与他们的教学内容真是有很大的差距，他们无论是乐器、合唱、表演以及音乐的知识技能基本上都是从幼儿抓起。后来又看了一些关于《中国古代教育》一类的书，发现，其实几百年以前，我们的音乐水平也是很高的，那时候的人（当然多半是贵族）也是会几样乐器，精通音律的，可是为什么现在就断了呢？ 　　这个学期我区教研员组织我们学习和研究奥尔夫教育思想，在经过一段时间的学习后，我们试着将自己理解的奥尔夫思想和一些方法运用到教学实践中去（我是负责乐器部分），在这一过程中我收获非常多。 　　首先，我不再吝啬乐器，不再害怕课堂会吵吵闹闹，大方地将乐器发给学生们使用。我发现正因为孩子们对乐器的好奇才会喜欢去敲敲打打，那不是他们的错，那是他们在探索音响的奥秘，因为平时我们怕乐器会影响课堂纪律，所以总是将它们锁在柜子里。我采用了奥尔夫的一些教学方法引导他们根据乐器不同的音色去表现或是参与音乐及音乐活动，这样课堂就有序多了。 　　其次，课堂氛围宽松了。学生在课堂上没以前那么拘谨，思维开始学会慢慢发散，师生之间的交流增多了。 　　第三，就是学生慢慢拥有了一对会听音乐的耳朵。记得有一次上《一根扁担容易弯》，我让孩子们在音乐中寻找低声部，并将典型节奏模仿出来。以前学生根本就不跟你来神，可是经过一段时间的听力训练后，孩子们真的在“听”音乐了，我好高兴，因为我看到自己在带着他们慢慢靠近音乐了。 　　收获有很多，但也有很多问题与困惑，我们的音乐教育水平与外国的相比真是差太多，我还是用他们训练幼儿的方法与内容，在教我们的小学生。我觉得我作为教师真的太落后了，我们的教师培训真的还要加强，光学点这些皮毛是改进不了我们的课堂教学的。不是只有学生才有渴求知识的欲望，教师也有，

	因为我们再不改进自己的课堂教学，我们就会停滞不前，就会满足现状。我们也需要有老师指导，就像学习奥尔夫一样，光自己看书，研究来研究去，也只是皮毛，也不知道自己这样做对不对。 最后还有就是，虽然课堂质量有所改善，但是还不是自己理想中的课堂，并不是每个班都能做得很好，一个班 60 来个人，总有个别的孩子让你“有点烦”！有时为了这一两个孩子，就要耽误一半的上课时间。唉!
 郭声健：	好! 又涌现出一个发长帖子的，等我有时间再认真拜读，如有可能，也写点感受。但我先还是要回答薛晖老师的问题。另外，在昨天，有位老师给我来信报名，写得蛮有创意，这位老师值得我考虑。她说：我呢，学校很小、底子不好、光有想法、没人指导! 谢谢薛晖老师的提问。关于这几个问题，我想尽我的能力给老师们一一做个解释。 关于普通音乐课是否与我国的欣赏课相同的问题，我的回答是明确的：不相同。这个结论，是我现场听了数十堂高中的普通音乐课（实际上我主要就是听的普通音乐课），翻译了老师的教案，并从相关文件的要求中综合分析而得出的。 对于这个问题，我想做如下几点说明： 首先，我们从纽约市这个“艺术教学蓝图”可以基本看出，美国的音乐教学的确是重视音乐实践活动的，这一方面体现在音乐的三门课程的划分上，即器乐表演课、声乐表演课、普通音乐课。很显然，这相当于我们现在的六个模块，我们的模块无论从学分分配还是模块排序或是我们的固有理解，毫无疑问，音乐鉴赏模块是龙头老大。但是，在美国这边，显然，在音乐课中处于龙头地位的就是表演。那么，除了表演之外，音乐教学的其他方面内容也需要向学生传授，如乐理知识、音乐与相关文化、创作、欣赏等，而且还是有一部分学生不可能选修表演课，或有部分学校开不出表演课，在这种情况下，第三门音乐课程应运而生。这就是说，从教学内容

的角度看，普通音乐课应该囊括了所有的教学内容。

其次，在此前的帖子里，我也分析了普通音乐课的地位与作用问题。我说，美国的高中学生是需要获得音乐课程的基本学分才能毕业的，跟我们现在的新课改一样，但一般的情况是，学生选修器乐和声乐课的会更多。这一点，我们完全可以理解，既然反正要学分，反正要选课，那谁都愿意学乐器和学唱歌，初步掌握一门音乐技能多好，这相信是所有的学生都非常向往的。这也是因为他们的乐器课和唱歌课都不是我们理解的特长教育，而是普通教育，学生的基础也可以从零开始。在这种情况下，自然选择表演课的多。但正如我刚才谈到的，总会有因为种种原因而不能选修表演课的。所以，我说过，他们的普通音乐课，从一定意义上讲，实际上就是对表演课的有效补充，为那些不能或不愿选择表演课的人提供音乐学习的机会，提供选课或获得相应学分的机会。

可能有两种情况使得学生选择普通音乐课。一种情况是，学校条件不好，比如受场地和设备的限制而不能开设足够的表演课，不能满足所有学生选修表演课的需求。另一种情况是，学生自身条件不好，或者是家庭条件不允许，买不起乐器，而学校提供的乐器往往只是键盘乐器（如电钢琴、电子琴），这恰好可能又是某些学生不愿意学的；或者是自身条件不好，甚至可能先天不足（因为特殊学生也和正常学生一起上课）而无法选修表演课。

第三，我们可以再分析一下纽约的《艺术教学蓝图》里关于普通音乐课的基本要求，从中我们也大致可以了解普通音乐课到底包含哪些教学内容。首先，在普通音乐课的教学要求中有两点表述：一是要求“关注课程的五个层面内容”，即创造音乐（实际上是指参与音乐实践活动）、掌握音乐知识、将音乐与相关文化联系、运用社会文化资源、学习职业生涯和终身学习的本领；二是“包括有指导地聆听音乐并对音乐做出反应、演唱、演奏”。其次，对学生的要求中，包括的内容有：积极参与教学活动（回答问题、呈现素材、示范说明、歌唱表演、拍打节奏等）、读谱、写作（实际上主要指做笔记）、作曲等。再次，在对老师的要求中也包括有板书概念、指派学生活动项目、指导学生聆听音乐等。综上所述，我们不难看出，

	其实这里的普通音乐课，就是我们理解的音乐综合课，它包括了音乐教学的所有内容,这其中自然也包括了器乐声乐表演的内容。那么，是否这门课的设计与前面的两门表演课交叉重叠呢？当然不会，理由是：在音乐的三门课程中，学生任选一门，就可以获得足够学分，按照纽约州和纽约市的要求，这一门课程持续一年，每天都上课。 　　第四，通过上面的分析，大家可能对这里的普通音乐课就是音乐综合课不再持怀疑态度，但可能又引发了另外的疑问：如果学生选修音乐表演课程，是否其他方面的教学内容就无法涉及呢？我想，有所为有所不为，教学必然也是这样。我也认为，选修表演课，其他方面多少是会有些影响的。然而，这种影响也并不是致命的，应该也是有限的。这一点，我们同样可以通过分析《艺术教学蓝图》得到印证。首先，该《蓝图》在音乐课的总体要求中明确提出：不管是表演课还是普通音乐课，都要求要融合所有音乐教学五个层面的内容，而这五个层面的内容，实际上就包括了表演之外的其他教学内容。其次，我们从《蓝图》就声乐课和器乐课对老师和学生提出的具体要求中同样不难发现，像基本乐理知识、视读乐谱等方面的内容，都是融入了表演课当中的。这一点，其实我们也很好理解，前面我解释了，他们的表演课，谁都可以选修，有可能是从零开始学起，很显然，这样的一种基础，如果要让学生真正初步学会一门乐器的演奏，相关的乐理知识是必须要具备的，是必须要教的。同样的道理，在学习声乐和器乐表演的过程当中，要想真正提高学生的表演水平，除了老师的示范之外，鉴赏音乐家们的演唱和演奏作品，也是必不可少的。 　　薛晖老师提出的第二个问题是，普通音乐属于“应用音乐”部分,“应用音乐”里还有理论和计算机音乐，这些单独开课吗？理论主要指哪些内容？ 　　前面我没有解释清楚,《艺术教学蓝图》把课程类型分为三类，实际上就是指模块。但“表演—器乐”、“表演—声乐”、“应用音乐”这并不是课程名称，而是课程内容，真正的课程名称是：器乐课（或乐队课）、声乐课（或合唱队课）、普通音乐课。大家知道，美国是没有统编教材的，所以，他们的课程名称也就没有必要像我们这样

定得很死。这表明,“应用音乐”课程，实际上就是“普通音乐课”。关于普通音乐课里的内容是否单独开课的问题，我也可以明确答复，是不单独开课的。实际上在《艺术教学蓝图》里面，它只是举了普通音乐课所包含的教学内容的几个方面例子，所以，在理论、计算机后面有一个“等等”。这一点，我们在上面已经解释过了，即普通音乐课的内容几乎囊括了我们所理解的音乐教学的所有内容，在这里列举理论和计算机音乐这两个例子，我想或许是有所强调吧。那么，理论主要是指哪些内容呢？这一点，据我的了解，没有什么特别的涵义。主要是指基础乐理知识，音乐教育发展比较好、音乐教学水平较高的学校，理论的内容中还包括了基本的作曲知识。

在前面的帖子里我曾强调过，由于美国没有统编的教材，甚至没有“课本”的概念，所以，尽管绝大部分州都制订了艺术课程标准，像纽约这样的大都市自己还制订了所谓的《艺术教学蓝图》，但是，与其说这些文件是对课程提出的具体要求，还不如说只不过是一种基本的导向，毕竟，没有了课本的制约，老师就完全可以自主地选择教学内容。当然，在课程开设方面，音乐的三门课程，这是不容改变的，具体每门课程教些什么，这就依据具体情况而定了。这具体的情况包括：学生的基础、学校的条件、老师自身的素质尤其是音乐喜好等。因此，我们很难看到在美国会有千篇一律的教学模式，每个老师的教学方式和教学内容可能都不一样。

也正是由于音乐教师的自由度大，所以，要找一个中规中矩地按照标准或蓝图来实施音乐教学的老师还并不容易。我打听了好几个老师，都说没有教案，有也只是一个学期或一个单元的简单教学安排。我还算幸运，终于找到了这样一个高中老师，她给我提供了相关的资料。为了让老师们对我上面的介绍有更直观的理解，下面就有关普通音乐课的情况，我再给大家介绍一点具体的内容。

这位老师把普通音乐课分为如下六个板块：1. 什么是音乐；2. 音乐理论；3. 西方艺术音乐；4. 世界音乐；5. 爵士乐；6. 流行音乐。关于这六个板块的划分特点及给我们的启示，今天我就不说了。或许，只看这个板块的划分，大家还以为后面按音乐体裁划分的四个板块是音乐鉴赏的内容，其实不是。而且这其中鉴赏的比重，相对

	表演、创作、音乐基础知识、乃至音乐与相关文化等内容来说，还是最小的。下面我们来看看《爵士乐》模块： 整个《爵士乐》单元，老师把它分解为七课。具体安排为： 第一课，通过观看专题影片，了解爵士乐的发展历史及其对美国音乐文化和美国社会发展的影响。2 课时。 第二课，介绍爵士乐的基本特征，包括爵士乐的旋律、节奏、和声等，让学生对爵士乐有一个全面和大致的了解。1 课时。 第三课，介绍爵士乐特有的节奏，并进行节奏练习。1 课时。 第四课，介绍爵士乐的旋律与和声，并进行创作练习。2 课时。 第五课，学习十二小节布鲁斯，并进行创作表演，老师会就学生的表演给出分数和评价等级。5 课时（一周）。 第六课，学习即兴创作，并练习。1 课时。 第七课，爵士乐创作和表演实践。学生原创爵士乐作品并表演，同时撰写小论文。老师根据三个不同的评价量表分别对学生的创作作品、表演以及文章给出分数和评价等级。15 课时（三周）。 从上面这七课的内容安排来看，我们不难发现：在这样的普通音乐课中最受重视的内容依然是表演，其次是创作，然后是基础知识。鉴赏方面，若从上述课程安排来看，可能在第一课里包含了一些内容，但第一课，很显然也是属于音乐与相关文化的内容。 我们再看看老师制订的教学目标，包括要求学生了解的知识层面目标和要求学生掌握的技能层面目标。 学生将了解： ●美国爵士乐的发展历史以及为什么它是美国独一无二的音乐。 ●在爵士乐中是如何运用旋律、节奏、和声及其他音乐要素的。 ●基本的 12 小节布鲁斯形式，并将它与学生所了解的其他已经学过的音乐形式进行比较，如 verse-chorus（主歌加副歌）。 ●即兴创作是什么，为什么它很重要，如何发展即兴创作能力。 ●如何用标准的音乐符号写作音乐。 学生将能够： ●识别对爵士乐具有重要影响的作曲家和表演家。 ●描述和分析与爵士乐有关的旋律、节奏、和声。

<table>
<tr><td></td><td>

●识别爵士乐中使用的特殊乐器。

●表演一个 12 小节布鲁斯的和声进程。

●运用一组音符和节奏进行即兴创作。

●用一个 12 小节布鲁斯和声进程写一段旋律。

那么，通过上述的教学目标表述，对于普通音乐课的内容比重的分布，我们也基本上能够得出与前面相同的结论。

通过听课，通过看他们的教案或有关材料，其实我也感到纳闷，为什么我们如此重视的音乐鉴赏模块，在他们眼中就不那么重要呢？甚至在上面介绍的《艺术教学蓝图》里面，在普通音乐课对教师提出的要求中，也只是在最后一点才谈到“指导学生有准备和探究地聆听音乐”。

这让我又联想到去听高中音乐课的一个小细节，在前面的帖子里好像谈到过：我第一次去一所高中听普通音乐课，在上课前碰上两个学生，他们对我夸奖他们的老师怎么好、怎么好，其中特别谈到老师如何耐心地教他们弹琴。同样在那一天，我在回家的公共汽车上和另外两个学生聊天，询问他们上音乐课的情况，听到的也几乎是完全一样的说法，而且他们还特别强调，他们喜欢上音乐课，喜欢玩乐器。于是我想，学生一般是不会夸老师今天让他们听了什么音乐的，因为听的东西，若从学生个人的兴趣角度而言，学生自己的音乐资源可能比老师要丰富得多。

看来，美国的音乐老师就喜欢迎合学生的兴趣和喜好。的确，如果让美国的高中生还规规矩矩地坐在那里，安安静静地陪着老师听音乐，只怕还真不容易。不过，话说回来，若他们真正像我们一样上音乐鉴赏课，那效果又一定会很不错，因为，这里的学生太喜欢发表自己的见解了，你不让他说都不行。

</td></tr>
<tr><td>

薛　晖：

</td><td>

谢谢郭老师的回复。

郭老师介绍了一位老师普通音乐课分为的六个板块：什么是音乐、音乐理论、西方艺术音乐、世界音乐、爵士乐、流行音乐。这些内容其实与我们现在课改后必修模块中《音乐鉴赏》的内容

</td></tr>
</table>

	有些相同，但明显内容涉及要窄一些。以湘版教材为例，第一单元是音乐能告诉我们什么与“什么是音乐”应该差不多；第三单元是音乐与民族，与世界音乐内容相同；第四单元是音乐与时代里包括了“西方艺术音乐”，而爵士乐和流行音乐则包括在第五单元音乐与体裁中。但仔细比较，会看到其中组材的区别甚至教学目标的差异。从郭老师介绍的“爵士乐”一单元来看，此单元安排了七个课时，这在我们的高中音乐课中是不可能有如此多课时的，湘版教材中的第五单元“音乐的体裁”包括很多的内容，给每个内容的时间基本只能是一个课时，所以也不可能对一个问题深入的探讨，对哪一部分音乐有充分的体验，基本都是蜻蜓点水般的教学，浏览式的听赏，课后很难给学生留下一些音乐的记忆，或由此提高学生的审美能力更有些不太可能。且由于学生对这些音乐太陌生，或离他们的音乐生活太远，音乐教学过程中的审美性、愉悦性也很难得到体现。这确实是值得我们思考的高中音乐教学问题。我们的音乐教学有些求全，而教学时间有限，只能停留在浅层次的欣赏，很难提高学生的审美能力。
 郭声健：	其实这位老师的“普通音乐课”六个板块的设计，表面上看去，跟我们的《音乐鉴赏》课有些对应，但差别太明显了。我们的是鉴赏课，他们的是音乐综合课，其中鉴赏的比重微乎其微，就是说，课型完全不同。另外，“爵士乐”单元的课时不是7课时，是7课，这7课的总课时量多达27课时。
 薛　晖：	确实不只是7课时，而是七个单元27课时。仔细看看，其中只有第一、二课中的3节课里与我们的音乐鉴赏教学相似，而从第三课开始就基本上是创作与表演。通过27课时的学习，对于“爵士乐”的了解应该有准专业水平了，我充分相信。美国学生是“在音乐的三门课程中，学生任选一门，就可以获得足够学分，按照纽约州和纽约市的要求，这一门课程持续一年，每天都上课”。

<table>
<tr><td></td><td>每天上课 1 节（是 1 节吧？）在我国可能现阶段还不可能，保住现在的每周 1 节就很不错了。“蜻蜓点水般”的音乐教育如何能比！
在现在的音乐教学中，特别是初中和高中音乐教学中，自组教学内容的现象普遍。上次在黄山的全国录像课比赛现场调教中，估计有 80% 的中学音乐课为自组教学内容。当时有些专家在点评时谈到了这些问题，认为要尊重教材，但老师们确实有自己的难处，在选择教材还是选择学生的问题上，一般的老师还是选择了学生。同时，又由于受诸多条件的限制，这种自组教学内容的音乐教学也存在很多的问题，随意性太强，学生喜欢什么学什么，老师手上有什么教什么，很难达成音乐教学的目标。不知郭老师对此问题有何高见？</td></tr>
<tr><td>
郭声健：</td><td>关于薛晖老师提出的问题，我没有什么高见，但是既然提出了这个问题，我想也无需回避，今天太晚了，明天我再谈点自己的想法。我想这个时候，我们需要重温我党的思想路线——解放思想，实事求是。</td></tr>
<tr><td>
郭声健：</td><td>接着昨晚的话题聊。
这是一个又可能让自己情绪激动的问题，所以，在开始聊这个话题之前，我告诫自己要冷静、冷静、再冷静，同时尽量少说几句，把话匣子打开之前就闭嘴。想是这么想，只怕做不到，因为不说就罢了，要说的话，还是最好把观点表达清楚。
昨天我看到薛晖老师这个问题的时候，已经是夜里 11 点多了，所以就没有再动笔，但当时我脑海里立刻浮现出了一句清晰的话——“解放思想，实事求是”。我想，对于我们音乐教育目前存在的诸多困惑，我们只有用我们党的这条正确的思想路线为指导和武器，才可能真正地解决问题。
首先，我们需要实事求是，既要敢于承认目前音乐教育中存在的问题，也要勇于剖析造成这些问题的前因后果。其实，无论是领</td></tr>
</table>

	导、专家，还是我们这些普通老师，大家的智商都是差不多的，只是由于职业的特点，每个人体现自我智商水平的方式不同而已，领导擅长说，专家擅长写，普通老师擅长做。很多问题大家都心知肚明，知其然也知其所以然，只是因为这样那样的原因，而不愿意说出来而已。不愿意说的还算好，最怕的就是明知不对，还要自圆其说。当然，也不排除决策者们的确对我们的音乐教育现状了解不深，那么，只要真正本着实事求是的态度，我们就会乐意“从群众中来，到群众中去”，切实、诚恳地听取老师和学生的心声，不仅只是形式上听听而已，而是一定要听进去。 其次，我们需要解放思想，既然发现了问题，也既然知道问题的成因所在，剩下来要做的，就是要义无反顾地打破思维定势，冲破传统教条，抛弃个人私利，要直面现实，该承认的就承认，该改的就改。不要认为音乐教育，也如国家的政治体制和法律制度，基本的框架不允许质疑。政治和法律是代表一个国家最广大人民的根本利益的，可我们现在敢说，我们的音乐教育、我们音乐教育中的条条框框，代表了最广大学生的根本利益吗？学生的利益高于一切，这是包括音乐教育在内的所有教育不能动摇和侵犯的一条红线，这就是学校教育中的“四项基本原则”。在这样的一个基本原则之下，我们需要充分尊重事实，充分尊重老师的教学实践，特别要充分尊重学生的感受。 我想先说这几句话做一个铺垫，这样，大家或许对我下面要说的，更会宽宏大量，即便认为我在胡说八道，也愿意包容我这样一个持不同“学见”者。 看来我是真的远离我们音乐教育实践了，一个号称是搞音乐教育的教授，竟然对我们的音乐教育现实如此地不了解，真的是令人汗颜。谢谢薛晖老师给我带来了这样的讯息——“在现在的音乐教学中，特别在初中和高中音乐教学中，自组教学内容的现象普遍。上次在黄山的全国录像课比赛现场调教中，估计有80%的中学音乐课为自组教学内容。”在我看来，这是一个多么令人振奋的消息，这是一个多么好的迹象，它表明我们的音乐老师已经觉醒，表明我们的普通老师也开始敢于说“不”，表明民主的概念已经开始渗入

我们音乐教育的领地。真的觉得好惭愧，我还在这里自以为是、喋喋不休，试图给我们的音乐老师灌输点什么东西，改变点什么观念，可事实上，我们音乐老师的观念与行为早已经走在我的前面去了。

可能在一些人眼里，“黄山现象”难以让人接受，似乎它带来的负面效应要远远大于其积极影响，甚至还可能被认为没有积极影响。可我认为，恰恰相反，它给我们的音乐教育带来了深远的积极影响，这种影响，不仅体现在现象本身的价值所在上，而且也体现在这一现象能够引发我们更多的思考。只是有一个问题我还没弄明白，难道这次录像课比赛的方案制订者没有要求“必须选用教材内容”？如果真是这样，那这又是一个令人激动的利好消息！这表明，不仅是我们上黄山执教的老师们，而且是自上而下，我们的音乐教育领域已经迈开了“解放思想”的步伐。

下面针对薛晖老师描述的“黄山现象”里的几个问题，我谈点个人的困惑，请教各位老师。

首先，为什么会出现这种现象？我想，这是黄山执教的老师们留给我们每一位音乐教育工作者思考的一个重要问题。作为一个全国性的比赛，执教者毫无疑问都是全国各省市的音乐教师精英，自然也是目前我国中小学音乐教师队伍中的佼佼者，他们应该代表了我国目前音乐教学的最高水平和发展方向。然而，他们中的绝大部分人不约而同地选择了自组教材，这到底是因为什么？我们真应该好好听这些老师们讲讲他们这么做的原因，或许专家们已经听过了，那就好。但我没听到，所以我还是在这里请教这些老师和各位知情者：这80%的老师之所以不选择教材上的内容，难道是教材太难了？如果是这样，精英们都如此有难处，那成千上万的普通老师会感觉如何？难道是教材太容易了吗？这还好，或许对普通老师来说，教材难度比较适中，但这种可能性到底有多大？难道是老师觉得教材内容离学生太远，早已知道学生不喜欢？厚厚的一本教材，甚至还找不出一个适合用于教学比赛的内容？找不出一个可以让学生足够喜欢的内容？找不出一个学生无条件最喜欢的内容？如果真是这样，这到底是学生的错，还是教材的问题？另外，难道是教材无法突出执教者的水平？若真这样，我们的教材是否给执教者留下了足够的

	创造空间？我不知道到底会是什么原因，是上面的某个原因，还是上面各种原因的综合，或是我根本就不知道的、上面没有提及的其他原因？所以，我在这里不便多嘴，最有发言权的还是“黄山现象”的当事人，我们那些优秀的音乐教师。 其次，如薛晖老师所描述的，我们的老师正在做这样一个二选一的题目——“选择教材还是选择学生”。这是一个很好的题目，虽然让我们的执教者犯难，但却给了我们诸多深刻的拷问：这是不是一个必然的二选一题目？可不可以不需要让我们的老师做出这种艰难的抉择？难道教材和学生两者注定是不可调和的吗？如果是不可调和的，那我们的教材到底是为谁而编写？我们编写教材的目的到底是什么？如果是可以调和的，那现在造成二选一的尴尬局面，又到底是学生的错，还是教材的问题？现在，80%的优秀老师在这种两难选择之中，毅然选择了学生，这又有哪点不好？难道必须选择教材而忍痛放弃学生？ 其实，我只是把这些问题抛出来而已，对于这个问题，我想每个人都有自己的立场和观点。我的立场和观点是：教材和学生本可以也应该协调统一，好教材能做到这一点；如果不能统一，那不是学生的错，那不是学生不适合教材或挑剔教材，而是教材不适合学生或不顾学生，而且不管是哪种不适合，都是教材的问题。一旦我们的老师面临着这种选择，我们的答案只有一个，那就是无条件选择学生。所以，黄山的老师宁愿得罪教材，得罪教材的编写者，而绝不得罪学生，这种义无反顾的选择，令人敬佩，我坚决和他们站在一起。退一万步讲，我们可以为了维护教材的权威性而放弃学生，但我们不要打着为了学生的旗号去做不利于学生的事，因为这实在有些“强奸”学生的民意。谁都会说，为了学生的健康成长，为了学生获得音乐审美体验，为了提高学生的音乐修养，我们编写了教材。但只怕不是所有的人都敢于承认，学生不满意我们的教材，这就是教材的问题；更没有勇气去反思我们的教材，因为，我们有一个很好的借口：“我们不能一味迎合学生”。 第三，专家认为“要尊重教材”，这到底是什么理由？首先，我们得搞清楚一个概念，到底什么是教材？简单说，教给学生的东西，

就是教材，那么专家编写的教材是教材，老师自组的教材同样也是教材。这就意味着，专家在这里所说的需要得到尊重的教材，是特指专家编写的教材，即课本。由此看来，恐怕“要尊重教材”这句话的言外之意，或者是下意识里要说的是尊重专家吧？专家需要尊重，专家编写的教材也需要尊重，那么我们的老师呢，我们的学生呢，是否也需要尊重？

好，在这里我也抛出一个选择题，可以选择多个答案，但要求我们依据答案的重要程度排序。这个题目是：当我们的音乐教育面临如下若干选择时，我们怎么办？A.尊重专家；B.尊重教材；C.尊重经济利益；D.尊重音乐教师；E.尊重学生。我相信，不管是专家还是我们的老师，我们都会把尊重学生放在首位的，是否真能做到，则另当别论。至于排在第二位的是谁，就很难说了，如果是我们的老师，总不好意思说要尊重自己，但如果是我，毫无疑问是尊重老师。我们不仅要尊重老师，而且我们要信任老师，不要老以为老师自组的教材就水平太差，会害人害己，会让我们的学生终身抱怨。教师自组的教材受学生欢迎，是不是就显得档次低了？教师自组的教材迎合了学生，是不是显得教学就没有权威性？黄山的老师，到底违背了音乐教育“四项基本原则”的哪一条？

我们提出“要尊重教材”，是不是觉得只有采用了专家编写的并通过了教育部审定的教材，我们所实施的音乐教育才算是真正的音乐教育？我也参与了一点点教材的编写工作，我在设计我所负责的教材内容和框架的时候，会把自己想象成执教者，也想象成学生，设想着教材怎么样才能让老师好教，学生好学，我相信绝大部分的教材编写专家都会是这样的。然而，在这里，怎么好教和怎么好学，都只是设想。此时此刻，我们并没有真正地站在中小学音乐教学的讲台上，虽然我们中有部分人曾经也从事过中小学音乐教学工作，但是，扪心自问，那个时候，我们的教学观念是最先进的吗？我们的教学水平是最高的吗？我们的教学经验是最丰富的吗？恐怕谁都不敢这么说。而到现在，就更不敢这么说了，因为，今天，真的有很大一批音乐教师在教学上的表现是非常出色的。既然如此，为什么我们就这么自信地认定，我们编写的教材就是最好的呢？是必须要受到尊重的呢？当然，我们会说，教材编写班子中，也吸纳了一些优秀一线教师，但谁都明白，他们在这其中所扮演的角色到底有多重要。由此，我设想，如果真正集中一批优秀的一线教师来自主编写教材，真正给予他们绝对的决定权，让他们拿起“解放思想，实事求是”的思想武器，并且不要什么专家审定，想想看，这样的教材学生会欢不欢迎？

写到这里，我突然想到一个很有趣却很得罪人的事：哪位老师可否去统计一下，在新课改之后编写的全国各种版本的音乐教材中，到底有几个主编（我指的是第一主编，这是教材的第一责任人，是教材的首席策划）是真正上过中小学音乐教学讲台的？如果不嫌麻烦，可以再在上网搜索一下，到底有几个主编是专门研究中小学音乐教育的？如果说一定要让主编上讲台有些过分，那么从事这方面的理论研究，这应该是必备的资格吧？

其实，我们大可不必把现行的教材看得如此的重要和神圣不可侵犯。美国根本就没有统编教材，不也照样干得挺好的，除了他们学生的音乐素质比我们的要高之外，好像也没有什么别的太多问题出现。当然，美国学生音乐素质的高低，可能和有没有教材没有必然的联系，因为这不仅只是音乐教育自身的问题，而且还涉及到整个教育体制和社会音乐环境的问题。但至少有一点是肯定的，像美国这样，即便没有统编教材，音乐教育也并没有遭受毁灭性打击。记得1999年底，国家酝酿课程改革之际，教育部传出一条消息，准备取消音乐和美术教材，此时，惊惶失措的当然是教材的既得利益者——出版社。最终在有关主管部门领导的力争下，教材终于保住了，大家也都松了一口气。试想一下，如果当初真的把音乐教材取消了，除了进一步激发音乐教师充分发挥自身的创造性和主动性，学生因此有可能更加喜欢上音乐课之外，我们的音乐教育是否就因此而彻底崩溃了呢？只怕也不见得。人民教师是人类灵魂的工程师，我们的音乐教师绝不可能在音乐课堂上让学生“吸毒”的。这一点，我们应该给予老师们最起码的信任。

教材问题，其实是所有问题的关键所在，所以我多说了。

第四，“学生喜欢什么学什么，老师手上有什么教什么”，到底是

不是问题，这要看我们从什么角度去看。从理想的角度看，这是一个问题，因为它太随意，自由散漫，没有了规矩，没有了权威，谁都可以说了算。但是从现实的角度看，这恐怕就不是问题了。虽然目前我们的音乐教学现实并不是“学生不喜欢什么学什么，老师手上没有什么教什么”，但这样的情况是存在的（或许是两者并非同时发生），否则我们黄山的老师以及还有我们许多不熟悉的老师就没有必要自组教材了，我们在这里讨论也就毫无意义了。那么，从现实的角度看，“学生喜欢什么学什么”和“学生不喜欢什么教什么”这两者比较，到底哪个好？到底哪个是问题？这个答案是显而易见的。

对此，我做如下的说明：并不是学生喜欢的都是好的，也并不是学生喜欢的就都是差的。这里的好与差，实际上不是指音乐的好与差，真正的音乐根本就没有好与差之分。这里的好与差，主要是就教育价值而言。在我们看来，教材上精选出来的音乐，教育价值高，但是，这种价值的实现，是以学生的接受为前提的。当学生不喜欢而拒绝接受时，再有教育价值的音乐，因其教育价值无法实现，自然也就没有了价值。而我们认为，学生自己喜欢的音乐其教育价值低，但学生喜欢它，乐于接受它，那么至少这种较低的教育价值就能够得以实现。现在我们这么分析，是假定学生不喜欢教材，如果学生喜欢教材，这也就没有必要讨论了。

为什么我们宁愿看到学生学他们不喜欢的东西，而硬是无法忍受“学生喜欢什么学什么”这样的情况出现？学生喜欢的东西，就一定是音乐垃圾吗？音乐教育需要借助于学生现在的音乐喜好来让他们喜欢我们认为值得他们喜欢的更高雅的音乐。而且，一旦学生真正喜欢上了音乐，他们是绝不会满足于现状的，他们在音乐方面一定会有更高的追求。比方说，他们先觉得音乐好听，然后想唱，会唱了，还想弹；他们先觉得流行音乐很酷，然后又觉得民间音乐也秀美，再然后又觉得西方音乐很大气。对音乐的喜好，都是一步一步来的，学生的音乐视野，也是一步一步开阔的。我就不相信，现在学生那么喜欢流行音乐，但老师天天教他们流行音乐，他们就一定知足了。想想看，这么多年了，按照我们自己的设计，不管学生喜欢不喜欢，学生都得学，现在到底效果如何？如果效果理想的话，

| | 为什么还要大刀阔斧地进行改革？改革之后，效果又怎么样？
第五，人们对老师自组教材的忧虑，并视其为我们音乐教育的一个问题，原来归根结底是害怕我们的音乐教育“很难达成音乐教学的目标”。这种忧虑看上去很有使命感和责任感，而且我也毫不怀疑人们产生这样担心的良好用意，但这句话和这种观点，我个人并不认同。照这样的一种逻辑思路，像美国这种没有教材的音乐教学，那就根本都不存在教学目标的达成了。好，我不再动不动拿美国来说事，尽管它很有说服力。我们来思考一下这样一个问题：到底什么是音乐教学的目标？我知道，我这是一个明知故问的问题，因为，音乐教学的目标不就是经过专家们研究讨论并写入文件的那几条吗，是的，专家们定的目标，专家们的追求，就是我们音乐教学的目标。那么，老师的追求和学生自身的音乐追求呢？就不能是音乐教学的目标了？
这又是一个挺有意思的问题，多少年来我们把知识技能确立为中小学音乐教学的首要目标，那也是当时的国内顶级专家们研究讨论制订出来的。后来慢慢地人们觉得这个目标有点问题，甚至是错误的，于是另一批专家又坐到一起来研究讨论并制订出另一个不同的教学目标。随着时间的推移，将来还会有一批又一批的专家坐下来做同样的事情，即否定或修订前面的目标，确立自认为准确的目标。我讲这个事情，主要是想引出一个疑问：音乐教育到底有没有绝对准确的、放之四海而皆准的教学目标？如果有，是不是就一定是我们现在制订的这个目标？与此同时，到底音乐教学目标准不准确，是制订人来评判还是让老师学生来评判？是理论上给予论证，还是要通过实践来检验？我的观点是明确的，判断音乐教学目标是否科学客观、是否符合教育现实、是否符合学科发展规律，当然不可能是由制订人说了算，也不能由几个审定者说了算，而是必须由实践者的老师和学生说了算，实践才是检验真理的唯一标准。说这些话，我丝毫没有否定我们确立和制订音乐教学目标的必要性，也丝毫没有否定制订音乐教学目标的基本程序。我只是想说，音乐教学目标是一定音乐教育发展阶段的产物，它只具有相对正确性，它不是僵死的教条。因此，当我们在音乐教学实践中发现这个目标 |

很难达成的时候，我们是不是也该考虑目标本身的问题，而不是在一种思维定势之下，去一味追究教学执行者的责任？要知道，经过全国人民代表大会审定通过的宪法，都有与社会发展不相适应的地方，都要不断修订，都要与时俱进，更何况一个学术层面的区区音乐教学目标。

在这里，我没有质疑我们目前实施的音乐教学目标的相对正确性。我们的新课程标准目标把情感态度与价值观放在首位，至少现在看来，是对的。因为，我们的学生还并不热爱我们所教的东西。这也正好说明一个问题，如果学生不喜欢按我们教材所设计的去接受教育，不说别的目标，情感态度目标就已经没有实现了，还奢谈什么整个音乐教学目标的达成呢？由此看来，“黄山现象”中的优秀教师们，一定是深深懂得了这个道理，他们认定了一条最朴素的真理：教学生喜欢的东西，让学生喜欢我们的课，只有这样，教学的目标才能真正实现。有一点，我相信不只是优秀教师认同，我们所有的音乐教育工作者都会认同：如果说音乐教学有一个永恒不变的追求，那就是，让学生享受音乐，这才是音乐教育的最大目标和最根本目标，是统领其他一切目标的目标。

今天的交流该写个结语了。薛晖老师在上面的帖子里，道出了问题的一个症结所在：“我们的课时就那点儿”，“保住现在的每周一节就很不错了”。我也非常认同这一点，还是让我们把精力先放在保住每周一节的音乐课这个上面吧，这才是首要问题。至于，老师自组教材的问题，如果说它一定是个问题，那么比起保住课时来说，实在是一个微不足道的问题。享受着自组教材教学的老师和学生，还是很幸运的，因为他们保住了每周的一节音乐课。

不过，老师自组教材现象，应该给我们的专家，尤其是我们的教材编写者以警示。在课时短缺的情况下，我们必须确立一个基本的战略思考：第一，到底是宁愿学生什么都没学会，也要“蜻蜓点水般”面面俱到，贪大图全，还是抓主要矛盾，有所为有所不为，学会主动放弃，让学生能学多少算多少？第二，我们的教材，到底是服务于教学，服务于教师和学生，作为教学的媒介而存在，还是它本身就是我们的教学目标，我们的音乐教学就是以学会教材为己

	任？这两点思考，直接关系到我们的教材面貌，也直接关系到我们的教材命运。我不是在耸人听闻，随着社会和教育的向前发展，随着教师素质的不断提高，如果我们的教材不与时俱进，不能够较好地满足老师和学生的教学需求，如果自组教材的现象继续下去，并既成事实，那么，迟早有一天，我们的音乐课本将会成为历史。 因此，如果我们真的觉得老师自组教材是一个问题，而且这个问题必须解决，那么解决的办法就一个：改进我们的教材。要让我们的教材不再成为教条和唯一；要让我们的教材更加兼容并包，甚至要鼓励和便利老师们随时融入新的教学内容；要让我们的教材成为音乐教学的一种导向和框架，而不要把音乐教学这个小屋子用一块块砖头盖得严严实实密不透风，让学生听不到屋外传来的任何声音；要让我们的教材更贴近学生的现实音乐生活，提供给学生更多的音乐选择……
 薛　晖：	“解放思想，实事求是”，谢谢郭老师，应该如此。 这使我想起了我亲身经历的一件事情：十二年前我在某学校当音乐老师的时候，我们学校举行“校园歌手赛”，但有一个规定（校长的规定），不能演唱流行歌曲。结果全校只有5位同学参赛，原因可想而知。我想，如果一定要硬性规定教师必须按教材上课，参赛的老师又会有多少？或许学生与老师也有些不同，赛课与赛歌又有些不同，老师知道变通，老师知道对策。赛课有较大的对教材的处理余地，而唱歌则没有。郭老师说对了，赛课比赛的文件中是对教材有规定的，“参评课必须使用经过教育部教材审查委员会审查通过的小学、初中和高中音乐（《大纲》版或《课标》版）教材”，如果真按这条规定严格实行，到黄山上课的老师就会少很多了。当然，我说了老师们知道变通，材料不能用就用教材标题，完全自组内容，可称“借题发挥”；材料能用就借用某一个很小的材料，再无限拓展内容，可以说是将教材材料作为引子，然后标上教材出版社的名称，也可以顺利过关了。这说的是参赛，那么在常规课中，就不需要老师们这么费心了。据我初步调查，目前初

	中和高中教材内容使用量应该只占到了常规音乐教学内容的３０％左右，同时需要说明的是不同老师或不同学校情况又会有所不一样。
 郭声健：	薛晖说得太好了。我上面辛辛苦苦写了7000多字，其实主要就想表达这个意思：我们老师们要学会变通地、灵活地运用教材。如果这样还不行，我们的课还是不受学生欢迎，那就没有理由再把责任推给别人了。当然，提高音乐教学质量，必须双管齐下：教材要与时俱进，不断完善；老师也要与时俱进，不断创新。办法总会有的，关键是看愿不愿意去想，愿不愿意去实践，实践出真知啊。 今天很高兴，老师们给我上了一堂非常形象生动的课。这个论坛不仅促使我思考问题，更是让我学到了许多东西。谢谢薛晖，谢谢老师们!
 Dodozi：	这几天晚上都打不开本网站，别的网站能打开，就这个不行，急死我了。但是白天能打开了，再来一看，又有了这么多新帖子。 谈到自组教材的问题，我也回顾了自己这一年当中的新课程教学，教材上的材料用的可能不超过60%。我认为新的教材比老教材给我的感觉要好一些，这种编排的方式相对来说也容易上些了，我希望能按教材上课是因为以后反正都能用得着，再难也就这一年。但事实上，由于各方面的原因，考试占了课，还有运动会、排合唱等原因，使得很多内容根本没上，其中就包括了京剧，只有少数几个班上了。当我非常想让学生了解的内容没有机会上时，我觉得非常遗憾，因为每一章节，我都觉得非常好。而为什么我强调学生在反馈中提到京剧呢？因为无论是上了的班还是没上的班，都有人意识到京剧作为国粹是理所当然要了解的，这点出乎我的意料。 再回到自组教材的问题。为什么要自组教材呢？我想大多数的老师想法应该跟我一样，那就是寻找一些更贴近学生生活的东西，有时候我把学生的兴趣和爱好作为重点，我首先想让学生去

	喜欢它，觉得有味。有时候一堂课的结尾是学生能区分一些音乐的体裁类型，但没让学生真正喜欢，他以后不会去听，即使在电视里看到也会 Pass 掉，那上这么多有什么用？或许我的想法太简单。就比如汉族民歌，因为这个内容我是参加过教学比武的，花的时间也比较多，书上的材料大部分我也用了，只是没有细细地讲解，只听了片段。并不是说书上的材料不好，而是离学生的实际生活比较远，如果一首首地全听完，时间上也不允许。 在找资料的时候，我听到了《血色浪漫》中的信天游，老实说，我并没有专门看过这部连续剧，虽然有很多人说片子很不错。我在网上搜索的时候，发现里面的歌曲打动了千千万万看了这部片子的人。说到这里，我又忍不住想多说几句了，就像孙老师对《士兵突击》的感受，我非常喜欢《士兵突击》，也为里面的很多动人的片段流了不少眼泪。《血色浪漫》我只看过片段，准备这个课的时候，我把女主角所唱的歌都下载了下来，第一次听《走西口》，居然把我给听哭了。这种真挚的感情感染了我（即使歌并不是演员所唱），那一刻，我也真正地感受到陕北民歌的魅力，那么直白的声线，朴素的歌词，我又不知道怎么来形容这种感觉了。总而言之，真的很感人，不过因为太煽情，我课中还是用了另外一首非常优美的《圪梁梁》。刚刚又听了一下，真的很美呀！ 我突然想到一个问题，有时候，老师本人在听某些音乐的时候非常陶醉，非常喜欢，却一点都不能感染学生，那是多么痛苦的事情。很多自问自答在这个时候产生了，因为学生没产生共鸣呀，就像教材中的一些曲子，我们自己听，总会觉得很美，但是这次调查甚至有学生说，一开学看到音乐教材的时候就觉得不抱什么希望了（不是很喜欢），结果真正上了，才发现是非常有意思的。所以，我们寻找一些新的资料，目的就想吸引学生。 课改前，学生都是两个星期才有一节音乐课的，我问过很多学校都是如此，一周音乐一周美术轮着上。现在音乐美术都是一周一节了，还有学生提意见嫌课时太少，如果每天一节该多好，没想到别的国家真的有这样的，真是幸福啊！

徐　杨：

受到郭老师情绪的感染，又谈到自己感兴趣的话题，我又麻起胆子说点心里想的。有表达不清的地方还请老师们见谅吧！

说起自组教材，那可是我们区最喜欢做的一件事，两年前我们区就开展了创编教材的比赛，内容可以是完全自组，也可以根据教材内容进行适当调整。我记得那时我区的音乐老师干劲真是大，那一年也出了很多优秀的课。比如：《阳光总在风雨后》、《心手相牵》、《摇篮》、《夜——彩云追月》等等。唉！可惜这些课仅仅是在我区的范围内进行了观摩和展示，好不容易有节课送上去了，还备受争议又被打下来了。这次又送了一节自编课，唉，同样结果！黄山的课我也去听了，受争议的课往往也是老师们呼声最高的课，我们几个去了的老师私下曾讨论过：没想到自编教材的课也能拿到全国比赛，要知道我们区有几节自编课拿出来也不见得差到哪里！（有点孤芳自赏了。）

我个人也自编了一些教材，如：《父亲》、《校园》、《湖南花鼓》等。记得上《父亲》一课时因为有的学生沉浸在音乐中流下了眼泪，个别老师还说："上音乐课就是开心、快乐！为什么要搞得这么伤心？"其实，这不是伤心，而是感动。

我们区有个很有个性的音乐老师，她是班主任，要上语文课，同时还兼本班的音乐课。很多年以前，当她看见她的学生把音乐书撕得粉碎时，从那时开始她就没上过教材的内容。也是从那时开始她的学生开始走近音乐。现在她带的这个班已经六年级了，上期参加了全区的合唱队比赛，别的学校都是全校选拔的精英，只有她是带的一个教学班来参赛。但她们的表演让在座的领导、老师为之惊叹与感动，惊叹的是他们美妙的声音，感动的是他们站在台上无拘无束的表演，很自由，他们完全没有想到台下坐的几百人。现在这个班的孩子主动要求唱合唱歌曲，他们说他们喜欢听"和声"。可能由于她是班主任又是语文老师的原因，她们班处处都有音乐，连语文课都有！我真的很佩服这位老师，在那么多人（专家、领导）不认同她的教育方法与教学方式的情况下，她还是带着她的这群孩子们快乐地前行着，为什么我们不能呢？

	记得有位领导来听一节展示课时说：展示课是源于常规课，但又高于常规课的，它就要像一个精致的节目一样展示给大家。我反复思量了很久，或许自己的一些课是不是就是因为不精致，所以才……我是给学生上课，还是带学生在众多老师面前表演节目？我想，作为听课的老师，在听课时是想从这节课中学到什么，这才会有听的价值。如果老师只为表演节目给听课的老师，那也不用记什么笔记，当观众“看”就好了！我这人天生就不是那种会表演得“很精致”的人，我和学生的课堂真是再随意不过了，所以总达不到上级要求呀！呵呵！ 东拉西扯了很多，只是想到哪里说到哪里，没有像前面的老师一样总结得很有条理，下次改进！
 郭声健：	这几天我这里的无线网络出了问题，而有线又必须到另外的房间去接，需要的网线太长，现在只能拉到走道上的一个小房子里，所以上网很不方便。约好周一下午网络中心才来人检修，所以，暂时每天上网的时间有限。 刚打开网站，发现上面又有两个长帖，还没来得及看呢。我想根据最近的表现和报名情况，我可以不要等到18号才宣布人选结果了。我今天就正式地跟上面两位老师——赵老师和徐老师说，我收你们俩为“徒”了，希望我们能够好好合作，一定取得很好的成果，到时向论坛上的各位老师们汇报。
 Dodozi：	呵呵，谢谢郭老师能给我锻炼的机会，我一定会努力的。 这一次反馈中，学生对模块的期望非常大，说如果像体育一样就好了。因为我们学校体育早就是开设模块了，学生比较满意，乒乓球、篮球、健美操、足球等，项目很多，毕竟体育老师充实，而且开设模块难度不大，而音乐就有难度了。 高中音乐老师本来就比较少，不可能每个模块都能开的。不是专业舞蹈老师，很少能开出音乐与舞蹈模块的，不过真正想去

学舞蹈的学生不会很多。至于音乐与戏剧表演，学生的热情就比较高了，有想了解歌剧的，更多的是对音乐剧、京剧感兴趣，但这对老师的要求就比较高了，如果开设这个模块，应该是教学相长的，老师可和学生一起尝试探索。有些可以放手让学生去做，我也看过有些学生也能自己排节目呢，有些当然还是要老师来教。

歌唱模块选择是最多的。虽然我们今年的合唱比赛占了鉴赏的课，但这一次合唱比赛，让学生明白，并不是他们认为的流行唱法才是最好听的，很多学生都想再学学发声的技巧。不过还有一部分学生说希望也能唱流行歌。看到薛老师的帖子中提到，不唱流行歌，全校居然只有五个同学参加，也能看出学生对流行歌的喜欢了。而如果不是这次合唱比赛，我想我的学生一样，完全没有流行歌曲，他们是可能很难有兴趣上歌唱课的。这会不会又出现一个矛盾，学生喜欢唱歌，却不喜欢上歌唱课呢？

徐　杨：

啊？我的天呀！真是好意外哟！谢谢郭老师，谢谢！谢谢！估计我这个徒弟由于底子差，会让您有点头痛呀。我已经做好了挨骂的准备了，只要能让自己写作有点点提高，我都心满意足了，因为我现在实在是进入到一个“盲区”了。不知道写什么，没点感觉，这也不想写，那又不敢写。

郭声健：

看了两位老师的帖子，我很享受，也很感动。享受，是因为她们随意给大家描述的小事情，是那么的真实，那么地富有美感；感动，则是因为她们所讲的都是真话，很朴实，没有任何修饰和矫揉造作，没有任何的套话空话，在当今社会，只要是真话实话，就会让人感动，因为现在我们听假话空话的机会太多了。说假话是令人反感的，不管是生活中还是教学和研究中都一样，但现实生活中，似乎不说假话都很难，那么这个时候，我们就尽量不说话。

今天我决定了，我要和这两位老师合作，尝试一下论文写作的课题，我希望这两位老师，在今后的论文写作中，也要保持这样的

	一种心态和风格，不要到了一写文章，人就变了，腔调就变了，就变得干巴巴、冷冰冰，那就不好了。写文章也是要充满激情的，那是一种创作，没有激情，是写不出好东西的。你们两个上了这条“贼船”，先就按我所指的路划一段，若感觉方向不对，就跳河，这河淹不死人的，放心好了。 　　我不是先给自己找退路，我们学写文章，首先是找到一条表达自我的途径，找到一种自我确证和自我满足的方式；其次才是养成自己思考问题的习惯，并因此提高我们的教学水平，让我们的教学更受学生的喜爱，让我们更能享受工作带来的快乐；最后，才是寻求发表，而如果因为表达风格的问题、或是思维角度和观点的问题，文章实在发表不了，我们也不要有太多的遗憾。能通过写作，做到前面两点，就很好啦。当然，如果一定要迎合编辑的口味，写几篇够发表水平的文章，那也不是什么蛮难的事情。 　　当然，不仅是写作，我更希望你们能够在工作中保持这样的一种激情、这样的一种健康心态和进取精神。人生在世，态度太能影响人的生命质量了。当你把这个世界想象得很黑暗时，它会变得比你想象的更黑暗；当你老把眼睛盯向阴暗的角落里时，它会变得比你看到的更阴森；反之，当我们把这个世界想象得很美好时，它会变得比我们想象的更美好；当我们的眼睛在不停地寻找着光明时，它会四面八方都变得一片光明。可是，现实并不如我们想象的这般美好和光明，这似乎有些自欺欺人，似乎很傻，然而，只要我们自己能从中获得更多的快乐，骗一骗自己又何妨？做一回傻子又何妨？其实这并不傻，这很聪明，真正傻的人是那些觉得自己看透了我们这份傻的人。从来就没有什么神仙上帝，要解放还得靠我们自己。 　　上面两位老师都重点谈了自组教材的感受，可能情绪上多少会受到了我前面帖子的一些感染，但我相信，在观点上他们是没有受我的误导的。大家都不是小孩子，什么东西感觉好，感觉不好，绝不可能是听别人来说，更何况我的观点更多地来自于我的理性思考，带有假想和推测的成分，而他们的感受则来自于自己的教学实践，是真真切切的。如果他们的帖子在前，我写帖子在后，我会承认，我真的很容易受到他们的误导，因为，事实胜于雄辩，他们写的东

西才是最有说服力的。这就是同样的话题和同样的观点，我写的东西最多可能只是让人觉得写得好但不会感动人，而她们写的东西可能就既能让人感觉写得好又能感动人的原因。

关于自组教材这个问题，在前面我更多的是分析，没有十分明确表述自己的观点，所以，我先想作个表态。虽然现在我们看到的更多是自组教材的好处，但要冷静地思考这种好处之所以产生的缘由，我认为这主要的原因是教材成问题，是教材不能够满足我们老师和学生的教学需要。但这正像知识技能教学一样，知识技能教学成问题，我们不能把回避这个问题来作为解决这个问题的办法，那根本就没有解决问题，只是躲开了问题而已。同样的道理，教材成问题，不是说索性就不要教材了，这样教材问题就解决了，就都可自组教材了。因此，我所持的基本观点是，教材是需要的。原因有很多，恕我在这里不做论述，因为论述这个问题的人多的是，用不着我来操空心。当然，即便我有什么想法，我也不敢说可以不要教材了，那我必定成为了被喊打喊杀的对象，所以，上面的帖子里面，我只字未提不要教材，我只是设想假如没有教材。因为，客观地说，老师的自组教材行为，虽然是被教材不理想所逼出来的，但是现在看上去的自组教材的好处，同样也是教材不理想所衬托出来的。如果没有了教材，现在看来的自组教材的优势就可能不是优势了，而且不仅如此，随之而来的问题，可能会更多更大。这个问题，也用不着我们来操心，反正这种状况暂时不会出现。

因此，在教材不甚理想但又不能取消的这一前提之下，我们应该怎么办，这才是我们必须认真思考的问题。我想，对于这个问题，作为教材编写者的专家和作为教材执行者的一线教师，都应该多从自身的角度去寻找解决的办法，而不要一味地把责任推给对方。比如，专家说：这些老师的水平和素质怎么这么差呀，这么好的教材，还觉得不行，还不满意，明明就是自己的问题嘛！（我就会说：说这话的专家最好是自己去上上自己编写的教材）而老师说：这些专家水平也比我们高不到哪里去啊，这样的教材让我们怎么上啊，明明就是不懂实践嘛！（我也会说：老师们不妨自己去编一本完整的教材看，体验一下教材编写的难度到底有多大，毕竟系统编写教材

	和某一堂课上自组教材是两回事情。）我认为，对这个问题，比较正确和务实的态度应该是这样的： 对于教材编写专家而言，我们应该彻底放下架子，多听取一线老师和学生的意见，多吸收一线教师的教学经验包括优秀教学案例，更新教材的编写理念，改变教材的编写思路，尽可能完善教材。不要以为听取群众意见，就会丧失自己作为专家的威信或权威，真正的威信不是自己能够想树立就树立的，而是需要老师们认可的。我们不能认为，还是有一部分优秀教师可以用这个教材，还是勉强可以坚持着用下去，特别是现在吃政策饭，老师喜不喜欢都得用。这可说不准，政策随时会变，像我在上面帖子里说过的，如果老师对教材的不满意度长久持续下去，那教材是撑不了多久的。在这里，我特别呼吁我们的专家们，请你们宽容地看待老师们的自组教材行为，他们这么做，自有他们的理由和苦衷；他们这么做，没有对不起学生，也没有对不起专家，他们不欠专家什么东西，不需要逼着他们来给自己捧场。 有件事情说出来又很得罪人，想了很久也忍了很久，但还是决定说一说：果然不出我所料，我们的比赛决策者和组织者，是绝不会放弃这样的一个机会来强行推销自己的教材的。可到底有什么理由和资格来规定全国性的教学比赛必须使用规定的教材？如果自信自己的教材好，这种规定不是多此一举吗？那只有一种可能，就是怀疑或担心参赛老师们可能不选用规定的教材了，那就是对自己教材的质量没有把握了。既然如此，为什么还要硬性规定老师们来选用呢？这不是“强奸民意”又是什么？这么做的资格，可以自己给，这一点基层老师没办法。但这么做的理由呢？我换位思考在帮着想理由：为了维护政府的权威？这毕竟是通过教育部教材审定委员会专家审查的教材，不用还行吗？可这是理由吗？这不是理由，这是我们在管理方面的最大悲哀。为了老师好？这么好的教材不用来比赛多可惜啊？可刚说了，若是这样，还需要硬性规定吗？老师们都是傻子啊？想来想去，恐怕只有一条，为了发行更多的教材，以维护自身的经济利益。他们把这个作为一个“导向”，表明政府和专家们是要求使用统编教材的。然而，这种“导向”有任何意义吗？小

孩都知道，毫无意义。因为，这个比赛无法控制我在实际教学过程中的自组教材行为，作为一个参赛者，我甚至可以在自己的常规教学中完全不用教材，更有甚者，我从来没见过教材都没关系，在准备比赛的时候借一本来看一看，或复印一课就行了。所以，这样的"导向"，哪有什么实际的意义，除了最后丧失活动的权威性之外（因为，依然有这么多人就偏偏不信这个邪），对推广教材，是没任何实际意义的。

假如我是这项活动的决策者，我也需要维护自己的经济利益，我也需要借此推广我的教材，那么，我的做法可能会"聪明"一点，可能不会这么露骨。我会允许甚至下文鼓励参赛老师自组教材（因为这并不等于鼓励所有老师自组教材），而且要特别强调，教师参赛的自组教学内容将是评比的一个很重要的指标。我要通过这样的一种方式，让全国最优秀的音乐教师奉献出他们最经典、最精彩的教学设计。然后，征得他们的同意（相信谁都会同意），我会将这些经典的设计引入自己的教材。试想，这样的教材谁不用？这不就是教材推广的活广告吗？当然，我这种考虑，首先不是从经济利益的角度来考虑的，而是从提高教材质量、提高教学质量的角度作为出发点的。

上面谈的是专家对于自组教材问题应该所持的态度。那么对于我们一线的老师来说，我们就不能指望和被动地等待着教材的修订，毕竟教材的修订和提升是需要一定周期的。我们应该思考和探索的是，如何对于现有教材的"活学活用"，也就是薛晖老师所说的"变通"。"活学活用"（或"活教活用"）现有教材，并不是一件容易的事情，它是对我们老师全面素质、敬业精神、创造性等的一种全方位的考验，更需要我们对学生、对教材非常了解和把握。

其实，"活学活用"教材或"变通"教材，并不等同于自组教材，或者说，"自组教材"这种提法，还没有很准确地表达我们所持的观点。自组教材，有点抛开教材，另起炉灶的味道，对这种做法，在现有条件下，我们不一定要提倡，尤其是不能大面积铺开，但可以在适当的时候采用，这实际上是变通教材的一种极端做法。因为，大面积地自组教材，实际上就等于没有了教材，那不说别的，起码是浪费了国家的钱和纳税人的钱，浪费可是极大的犯罪，得好处的就只有出版社了。所以，我们可以考虑把"自组教材"的提法改为"变通教材"，这就不引起歧义了。

这里所指的"变通教材"，大意是指：尊重教材的基本框架和设计思路，在具体的教学内容上，比如说具体的曲目上，老师完全可以变通和调整，不要让教材上的具体曲目捆住了老师和学生的手脚。再比如说，在教学单元的顺序方面，完全可以打破教材的编排，根据实际情况进行调整甚至取舍。当然，充实教材已有的，补充教材没有的，这应该是我们考虑变通的最主要方面。至于变通的程度或比例，则由老师们根据教学内容和学生情况灵活掌握。对于这个问题，我也只能像上面这样抽象地提点原则或建议。

说明一点，我们对任何事情的处理，都不能够走极端，我们是需要变通才变通，如果老师们对现在的教材很满意，用起来也得心应手，那就没有必要为变通而变通了。当然啰，从更高的层面去要求，其实，再好再完善的教材，也需要老师们的再创造。所以，从这个角度上讲，对教材而言，无条件服从是相对的，有条件变通才是绝对的。作为教材的执行者，我们无时无刻都要考虑学生的需求，都要关注音乐的发展，把最新的创作成果且又满足学生需要的音乐及时地"变通"到教材中间来。我相信，任何一个正直和真正的专家，对这一点都不会持有异议，老师们应该放心大胆地去探索，去积累这方面的经验。

上面两位老师描述的一些细节，对我们如何看待教材，如何变通教材，如何保持一种良好心态，很有启示。

赵老师告诉我们：她这一年当中的新课程教学，教材上的材料用的可能不超过60%，并认为新教材比老教材要好一些，编排的方式便于操作了。她希望能按教材上课是因为以后反正都能用得着，再难也就这一年。她这段话，其实对我们的新教材是很肯定的，如果我是教材编写者，不仅不会感到失望，而且还会受到鼓舞。对比薛晖老师提供的相关比例，60%算是很不错的了。编排的方式易于操作，也表明我们的新教材更多地考虑了学生的音乐学习与活动规律。对于新教材要超越旧教材，我丝毫都不怀疑，当然，这也不能

	成为我们满足的资本。虽然赵老师先苦一年的想法，有些让人感觉无奈，但我觉得这样的一种心态还是好的，是比较务实的。不过一年之后，可能新的问题又出现了，所以，要有不断探索和不断进取的思想准备。 关于自组教材，赵老师解释了她的意图，就是充实一些更贴近学生生活的音乐，并相信大多数老师都是如此。我也认为，这应该是我们变通教材的最重要的目的。正如赵老师所说的，这样做，首先是想吸引学生，让学生喜欢。的确如此，教材上的音乐，本身的价值自不用说，但就如我前面说过的，价值再高，如果学生不喜欢、不接受，其价值永远都只是潜在价值，根本就无法实现，那么再有价值的音乐对教学而言也变得毫无意义。所以，通过充实贴近学生的并深受学生喜爱的音乐，来过渡到我们所认为的具有更高价值的音乐，这似乎是我们唯一的选择。 赵老师举的"汉族民歌"的例子很典型，如果我们不变通教材内容，不引入新的曲目，很有可能这是学生最不喜欢的内容。有些音乐，可能对我们这些不同时代出生的人来说，感受的差别是非常明显的。我们那个时代的音乐，因为我们经历过，我们对它们有感情，所以我们就认为它们有价值，年龄越大，怀旧的感觉就越浓。就像服装一样，穿过中山装的一代人，一定觉得它永远都是那么庄重、气度不凡，甚至有一种中山装情结，但要拿给我们现在的学生穿，只怕没几个人看得上。你说中山装有没有价值，毫无疑问有价值，因为它代表了一个时代的服装文化，甚至折射了一个时代的历史变迁。 有时候想想，也觉得很有趣，我们把一些我们认为很值得学生学唱的曲目编进了教材，可要是真让我们自己在现在的某一个场合上唱，可能就不敢了，就觉得自己太老土了，像汉族民歌，就极有可能是这样。赵老师选择《血色浪漫》里的插曲切入，我觉得就很好，现在电视剧中有许多的插曲其实都是改编于民歌，有些甚至都没有改编，它只是融入了电视剧场景和现代的配器手法等种种新的元素，但这样的变化，一下子就可能拉近了音乐和学生之间的距离。当我们给学生分析我们现在听到的音乐其实大多都改编于民歌时，学生对民歌的认识一定会大有改变，这方面的教学案例太多了。谈

到《血色浪漫》，令我兴奋，该剧播映时我刚好出国了，这是我的老师和朋友龚若飞先生导演的，他早就跟我提及过这部片子值得一看，播映之后，又答应等我回去送我一套碟，我期待听到里面的歌。

赵老师突然想到的一个问题，也有点意思。她说，有时候，老师本人在听某些音乐的时候非常陶醉，非常喜欢，却一点都不能感染学生。看来赵老师真是善于思考了，能够自问自答了。是啊，导致这个问题的原因就是没有引起学生的共鸣。数学老师教学生 1 + 1 = 2，他的前提是自己要会做这个题目，但并不需要受到这个题目的感染或感动，这也没什么好感动的。但音乐老师不一样，教学生《走西口》，光自己会唱还不行啊，最需要的是自己要被这首歌感动。说得极端一点，即便自己不会唱都关系不大，因为可以放录音，学生可以跟唱，但是老师一定要在和学生一同欣赏这首歌的时候，受到感动，而且这种感动，要让学生能够感觉到。

为什么同样的一个东西，就不能引起学生的共鸣呢？因为你对所听的音乐，可能是积累了很多感情的，你在下面可能听过多遍的。对于老师来说，在备课的时候，需要让音乐感动自己，这的确是上好音乐课的前提。但是我们不能够偷偷地让音乐感动，甚至被感动得一塌糊涂，那对教学来说，也是白感动一场。我们需要的是，如何在课堂上把自己的这份感动传染给学生，而这个仅仅靠我们的言语描述恐怕还不够，更需要的是要让学生看到我们感动的样子（当然，不能夸张）。音乐本身很感染人，同样的，音乐听众之间也很容易相互感染。好多年以前，我就看到过一篇文章，介绍美国音乐教师如何备课的事。文章说，甚至家里的卫生间也是音乐备课的场所啊，可以在里面边听音乐，边照着镜子看自己的表情，为什么要这么做呢？就是要看看自己的这个表情能不能感染学生。

徐老师也介绍了她自编教材的经历和见闻，同样也让我们受到启示。

两年前，天心区就开展了创编教材的比赛，说明组织者很有前瞻眼光也很有勇气啊。不管他们是以推动校本教材建设的名义还是提高教学质量的名义来做这样的活动，都不简单，因为那个时候，还是课程改革如火如荼之际，是教材推广重拳出击之际。“我记

得那时我区的音乐老师干劲真是大，那一年也出了很多优秀的课"，这一事实表明，这样的活动，深受老师的欢迎。虽然这些优秀课例仅仅只是在区里范围内进行观摩和展示，好不容易有节课送上去了，还备受争议又被刷了下来，但是，我觉得这也没有什么值得叹息的，我们办这样的活动，首先并不是要去评什么奖，而是要让老师们自己受益，事实表明也的确受益了，这比获奖更有价值。获个奖，得到上级专家的肯定，属于锦上添花，心里当然舒服多了，虚荣心得到了满足，但仔细想想，也就是那么回事。我们搞这样的活动，我们自创教材，首先还不是要这个，更不是要博得谁的欢心。

这里有个情况也希望老师们能理解，区里的课送到市里，市里的课送到省里，省里的课再送到全国，这样一级一级地送，大家都是看着上一级的眼色行事的，就是说，最终都是在琢磨全国那一级评委们的喜好。所以，区里的好课被刷下来，并不意味着市里的专家不识货，同样，市里的好课刷下来，也并不意味着省里的专家水平低，大家都有难言的苦衷，说白了，大家对这些荣誉的东西看得太重了。这也没办法，现在就是这样的一种环境。不过，我认为，不管是哪一级的专家，基本的做人自尊和学术标准还是要守住。明明认为是一节好课，却因为自组教材等原因而不往上送，导致的直接后果会是什么呢：最终让全国一级的专家欣喜地发现，原来下面的老师对我们编写的教材是多么地喜欢啊，没有一节课是自编教材的，自然也根本就看不到其实自组教材的课例水平要更高这样一个事实。所以，"黄山现象" 的确是个好现象，能够让全国那么多顶级的专家们感受一下一线教师自编教材的水平，像这些课送上去比赛，效果多好，不仅观摩的老师受到了启示，评课的专家也一定受到了触动啊，我昨天还特意上网查了一下专家们的评价，对展示课例的评价都是相当高的嘛。

徐老师介绍的那位语文音乐老师很典型。"很多年以前，当她看见她的学生把音乐书撕得粉碎时，她就没上过教材的内容，也是从那时开始她的学生开始走近音乐。" 这位老师敢于这么做，我想首先是源于一种心理优势，我是语文老师我怕谁，我只要学生喜欢上我的音乐课，天塌下来我都不怕。这样一种心理优势说明什么问题

	呢？说明兼职音乐老师没有七七八八的约束，也说明我们这些专职的音乐老师自我约束较多，自己捆住了自己，放不开。在美国，小学音乐教师是不要求专职的，这样的规定，是有道理的。因为，这种兼职的音乐教师，可能在音乐专业技能方面不如专职的老师强，但是教育观念、文化底蕴、学科综合、师生关系等方面优势明显，而对于小学音乐教学来说，也的确不需要教师具备太高深的专业水平。所以，徐老师介绍的这位语文音乐老师在全区的合唱队比赛中能够震惊四座，也并不意外。 看来，有没有教材，真还不是我们音乐教学问题的关键啊，或许这位老师只是一种个案现象，我们不能由此得出结论，没有教材更好一些，但起码这个事例让我们感觉到，没有教材也不是什么大不了的事情。这还是一个兼职的音乐老师，照理说自组教材的能力应该是比不上我们专职音乐教师的。徐老师佩服这位老师在那么多人（专家、领导）不认同她的教学方式方法的情况下，还是带着她的这群孩子们快乐地前行着，这也让我敬佩。徐老师问，为什么我们就不能呢？要我来回答这个问题，我会说，最根本的一点是，我们缺少“解放思想、实事求是”的勇气和行动。 徐老师还谈到了他们领导的一个观点，展示课是源于常规课，但又高于常规课的，它就要像一个精致的节目一样展示给大家。徐老师看来是不认同这个观点的。我的看法是，这句话前面一半是对的，后面一半不太妥。关于这个问题，我在前面的相关帖子里谈过了，这里就不再重复。
 Lh70：	感谢郭老师这么有耐心这么长时间守候我们这些弟子，也感谢徐老师和赵老师一直担当着我们的表率。今天当我看到郭老师宣布收二位做弟子时甚是嫉妒，于是也鼓足勇气浮出水面，正如郭老师所讲，嫉妒能使人进步吧！但愿这份嫉妒能促使我能向二位老师一样勤于思索敢于求教。 谈到教材与学生的兴趣之间的矛盾，我也深有感触，当然二者之间也不是绝对对立，教材毕竟倾注了专家和部分一线教师的

心血，所以有许多经典的和本土的音乐也是备受学生的喜欢的。但是正如郭老师和薛老师所谈的，教材需要与时俱进，同样我们这群“戴着脚镣狂欢的舞者”（我给中国的音乐教师冠的美称），也需要不断地修炼内功（加强音乐的修养和教育理论的武装），借助外力（专家的指导、同行的交流、主管领导的支持和理解）以达到逐步挣脱脚镣束缚的目的，充分地发挥个人的创新和激情，把对音乐的感悟和对教育终极目的的理解注入课堂，引领学生徜徉于乐海之中，快乐学生幸福自己，便是最高境界也。一孔之见，望能得到老师的鼓励！

话匣子一打开似乎就收不住了，在尊重教材与尊重学生这两者的关系的思考中，我的态度是多倾听学生的心声。每个学期期中我会以“我对音乐说”“我对老师说”“我对自己说”“我对同学说”四个话题给学生选择写出自己的想法。其中包括对音乐的喜好态度，对老师的建议和看法，对同学之间学习交流的建议，对自己的音乐学习方面的欣赏和总结。小文章收上来，在阅读时我真的觉得既幸福又有沉甸甸的责任感，幸福的是孩子们对我的信任和对音乐的独到理解，以及一些我想不到的但又很有创意的建议；沉重的是孩子们有着更多的需求和美好的期待，有些是我意识到了而硬件上无法达到的，有些是我根本没有想到的。在自责之后我往往会好好与学生交流，诚实地告诉他们哪些我们暂时还没法实现，哪些老师会采纳他们的建议并改进。于是学生加入到了我们教材的选定中，一些好听的、时尚的歌乐曲、视频表演等丰富了我们的课堂。于是教材本身经典的内容和学生老师自组的内容相得益彰，和谐共存。所占比例和出示的频率和节奏问题就需要老师艺术地把握好，以便学生的兴趣得以延续。

不知各位认为此举如何？

郭声健：

因为这几天上网不方便，加之近段时期我写的帖子比较长，有学生提醒我绝对不可以再在网上直接写，因为万一碰上停电之类的问题，就前功尽弃了。我觉得提醒得非常及时，所以立即改正了这种冒险行为，先在word文档里写好再贴上来，因为我深知这种即兴的表达，一旦重新来过一遍，不仅是味道变了，我肯定也不会再写第二遍的。这样一来，我就无法及时看到老师们的新帖子，也就无法及时回复或应答，帖子中间就有了一个时间差。可能由此怠慢了老师们，真不好意思。

Lh70老师鼓起勇气浮出水面，为我们这个论坛注入了活力，欢迎你啊。看了你的帖子，感觉你和前面几位老师一样，善于思考，也擅长表达，你的这两个帖子里表达的观点有深度，富有哲理。这样的帖子，根本就不需要你自己提出来希望得到鼓励，谁都会情不自禁地给予赞赏。你说你嫉妒徐老师和赵老师被我收为徒弟，你怎么就没想到报名参加我们的论文写作交流活动呢?

我发现，我们湖南的音乐老师水平真不错，我真的为你们感到骄傲!

Lh70：

引用郭老师的话：其实,“活学活用”教材或“变通”教材，并不等同于自组教材，或者说,“自组教材”这种提法，还没有很准确地表达我们所持的观点……所以,我们可以考虑把“自组教材”的提法改为“变通教材”……作为教材的执行者，我们无时无刻都要考虑学生的需求，都要关注音乐的发展，把最新的创作成果且又满足学生需要的音乐及时地“变通”到教材中间来……

顶一个!!!郭老师你的观点我支持，现阶段我们的国情，我们作为教材的实施者，恐怕最明智的做法是“变通教材”。我正在实施和倡议我们湘潭雨湖区的教师们持这种观点来活用教材。

刘薇珊：

好不容易盼来了短暂的几天假，在新课程论坛上饱餐了一顿，只可惜帖子真的好长有时看得眼睛很累的，所以每次只能慢慢看一页。早就有一种好强烈的感觉憋在心里不敢说，怕一出口就被别人打回来了，但想了想还是决定说出来。

其实打心眼里挺羡慕音乐的，尤其看到论坛上的那些老师跟

	郭老师在一起交流得那么Happy，这种感觉更是强烈。因为音乐拥有比舞蹈幸运得多的机会与地位，让大家能进一步致力于怎样具体教学、如何开展得更好等等每一个从小到大的环节，包括像新课改引起的那些争论与探讨。不管怎样，有摩擦也好有争议也好，起码这都是建立在一定的平台上的。而对于舞蹈而言，虽然表面上在中小学也有它小小的天地，而从某种程度上说不论它的境况如何，只要它有实践的机会应该就能激起大家对具体教学进行无限的探讨与追求的，但现实中恐怕做的人太少。我只是再平凡不过的一位舞蹈学子，进入这行也近十年了，深深感受到舞蹈对我们身心发展带来的益处，所以也很想实打实地为舞蹈教育做点什么，哪怕只是一点点，至少在我的教学中能让我的学生真正受益。 因而，我时刻提醒自己不要为了研究舞蹈而研究舞蹈，也不要异想天开地（在中小学舞蹈教育的现状下）提倡什么让中小学舞蹈教育拥有一个独立的地位。更何况很多人会认为我国教育体制的现状摆在这，音乐争取了那么多年现在还是这个样子，何况是舞蹈呢？对学生而言，音乐总比舞蹈涉及的面广些吧？这些我觉得都有道理，所以我也一直希望大家能在中小学舞蹈教育的现状下寻找突破口。但在做了些个别访谈后我似乎又迷茫了，脑子一直在回想郭老师之前跟我说过的，"你想研究中小学舞蹈教育，那么你到底发现了什么问题，而你觉得通过你的努力最终能解决问题的可能性到底有多大？"越想越觉得恐怖。因为很多东西是不由我掌控的，我访谈的结果跟我一开始观察、设想到的问题是差不多的。 我总结出了几条：1. 在思想上，从老师到学生对舞蹈的认识都是比较浅的，这也是进一步导致音乐教师很少进行舞蹈教学的原因之一吧，更何况音乐教学领域里本来就有那么多没解决的问题。2. 在教学实践上，教师的能力也是不够的，比如说舞蹈队，这应该算是个很好的教学机会了，可一开始报名的人也许不少，虽然有些并不是出于喜欢舞蹈才加入舞蹈队，但教师的教学却并不让学生们很喜欢，导致可能实际上平日参加舞蹈队训练的人数并不很多。因为教师教的东西单一枯燥，也经常半来不来，不是到了非要排个什么节目的时候抓得并不紧。再比如：音乐教师能真正

	在音乐课中融入舞蹈进行教学的是不多的，而在现有的具体教学中，有的偶尔上舞蹈欣赏，具体做法就是放些录像带却很少做点评，有的就是在课前偶尔让某部分学生动一动。而学生们真是对舞蹈没兴趣吗？不是，我的访谈结果告诉我他们对舞蹈有兴趣啊，对街舞还特别感兴趣啊，有的还曾经为了学街舞差点高位截瘫呐！ 这些都让我感到困惑。本来在理论上，中小学舞蹈教育的研究就不多，虽然整个舞蹈教育内的很多东西是相通的，但现实中的确很多人对舞蹈的认识只是知其然而不知其所以然，这样的了解并不深刻，必定会影响教师的教学和学生的学习动机与态度啊。而在实践上，教师的教学却又不一定能满足得了学生的需要，老师教的也许非但不能吸引更多的学生，反倒是让更多的人否认舞蹈。因而我有时也在想，抛开一切不谈，舞蹈对我们的中小学生到底有没有用，是不是可有可无呢？如果是这样，我想我就根本不必要为它犯愁了，其实也根本不是我能解决得了的。 但我还是在安慰自己，因为我做的个别访谈并不代表全部，也很不全面，所以我现在算是把我的学习情况跟老师交流，也想看看郭老师您作为一个局外人是怎么样来看待它的。当然，还有就是现在有这么好的一个机会，课程网上有那么多一线的中小学音乐教师，我也希望能借这个平台了解更多真实的信息。包括像新施行的校园集体舞，我的观察与访谈并没有涉及到这个方面，因为我发现好像这个项目还一直在探索中，也许不一定真的全国每所学校都实行了，而且校园集体舞看起来也就比以前的广播体操复杂了点，每天早晨路过某中学我看到的就是满操场的学生在摆着某个姿势，还真挺像广播体操的。但就是没看他们动起来，也没听见音乐的声音，不知道这个项目是不是也是十分艰难地进行着？
 郭声健：	刘薇珊同学是学舞蹈的，尽管现在跟我在读“艺术教育”方向的研究生，所从事的工作也不是专门的舞蹈，但显然有一种非常强烈的舞蹈情结，我当然也希望她的研究选题是自己的老本行。搞舞蹈的人不去研究舞蹈，不去宣传舞蹈，那谁还帮你去研究去宣传呢？

从她这个帖子里我们不难看出，她对音乐教育是充满羡慕甚至嫉妒的，她说得很实在啊，不管音乐教育现在的状况如何，起码我们可以在这里热火朝天地对话，起码还有音乐教育的问题要讨论，可舞蹈教育就没这么幸运了，就连出现问题的机会几乎都没有。所以，我觉得她在这里给我们留一个这样的帖子很好，让我们一直深感委屈和不平的心从刘薇珊这里、从舞蹈这里得到一些自我安慰和满足。

其实，这也是我在前面的帖子里表达过的一个意思，我们不要老是对我们的命运或对音乐教育的命运长吁短叹的，不要老拿自己和主科老师去比，不要老拿音乐课和语文数学等主科去比。如果总是这么比来比去，让自己总处在委屈之中，越比越觉得自己掉价，哪还有多少心思去搞好我们手上的工作，哪还有多少精力去提高我们的教学质量。而教学质量提不高，若再使得学生也不认可我们的话，那我们的地位就真的会直线下降了。我当时说，其实，我们跟美国同行比起来，我们的音乐教育同美国的音乐教育比起来，要幸运。因为当时候我还没想到跟舞蹈比，毕竟我们没有专门的舞蹈课程，但想到过要和美术比，但也没有比成，因为我不知道在我国，到底美术更受重视还是音乐更受重视，这从开课率上应该基本能够体现出来的，据我的猜想，我们美术的开课率有可能要比音乐低一点（可能猜错了啊）。但是，在美国，四门课程，地位最高的，或开课率和师资配备最好的还是视觉艺术，其次才是音乐，这么一比，我们应该也觉得幸运点。今天，我们再在这里和搞舞蹈的人比一比，会发现自己更是幸运了。人既需要有不断进取、永不满足的精神，也需要有务实意义上的阿Q精神，只有这样，我们才能够保持比较好的心态，才能够相对全面和客观地看待问题。

我在这一年访学当中，发现自己这种阿Q心态就保持得不错，看到别人那么流利地和老外交流，而自己的外语还是那样的磕磕巴巴，想听懂的依然听不懂；看到别人到处游山玩水还出国去加拿大旅游，而自己整天在忙自己的事情，有时候也觉得自己有些失落，但这样的情绪从来就没有占据过上风，我更多是为自己的战略计划与表现而满足。英语说得再流利，回国后或许就再也没有开口的机会了，要想出来游山玩水将来照样机会多多，但是要想再有像这样的让自己安静写作和思考问题的机会，恐怕非常难得了，要想再在一年之内写出数十万字的东西来，恐怕也是痴心妄想了。正是这样的一种心态，让我耐住了寂寞，根本就不和别人去攀比自己没有的东西，并深深体会到这样的一个道理：为了得到自己想得到的，就首先要放弃自己必须放弃的。

在我国，舞蹈在中小学没有单独设课，只是在高中设置了一个“音乐与舞蹈”的模块，据老师们的介绍，选择这个模块的恐怕并不多。整体上讲，如果我们承认中小学有舞蹈教育，那也就是在音乐课里附带了一点而已，而且，对于音乐老师来说，那还不见得是为舞蹈着想，或许更多是以音乐为出发点，是让舞蹈为音乐服务的。的确，这么一想，舞蹈艺术这样的命运也是够冤的，因为，像音乐一样，舞蹈也有自己独特的教育价值和文化传承价值，要从理论上对它进入中小学课堂加以论证，那也会很有说服力的。然而，现实就是这样的残酷，就像我们的音乐课程地位永远都无法和那些主科平起平坐一样。和舞蹈命运差不多的还有戏剧，搞戏剧的人同样对戏剧不能进中小学课堂而愤愤不平。上海戏剧学院副院长、博士生导师孙惠柱先生曾在《戏剧在教育中的地位与作用》一文中，对我的《艺术教育论》进行了严厉的批评。他写道：

“1999 年末中国大陆第一本关于普通学校艺术教育的博士论文《艺术教育论》在上海教育出版社出版，作者郭声健对在学校推广艺术教育的必要性和经验教训展开了相当充分的论证，也坦率地指出了当前中国艺术教育中存在的问题，但就艺术教育的范围而言，该书对中国艺术教育及其理论的全面考察只是更加巩固了‘艺术教育=音乐＋美术’的传统观念，全书的二十二万字中没有一处提到戏剧教育在中国的必要性。”

其实，我的融合原则，也就是针对当时的“艺术教育=音乐＋美术”这一不可更改的现实，尽可能将其他艺术门类融入整个艺术教育系统之中而提出来的，这里面自然就包括了戏剧的内容。但的确没有专门论及戏剧教育。对此，我诚恳地接受孙先生的批评。

不过，新课改在一定程度上改变了这种状况，增设的艺术综合课程，融音乐、美术、舞蹈、戏剧于一体，不管这门课程的探索

	之路是多么的艰难，也不管未来的结局会怎样，至少人们已经认识到了舞蹈和戏剧等艺术学科的价值和重要性，并试图在给予它们实实在在的地位。然而，就如在整个学校课程体系中也有强势学科和弱势学科一样，在各门艺术课程里面，也是有强势内容和弱势内容的。比如，音乐课程里，舞蹈和戏剧就明显是弱势内容，我相信，即便是在艺术综合课程里，舞蹈和戏剧的比重也是比较小的，尤其是在教学实践当中会体现得更小。在这个问题上，我觉得，我们音乐老师，应该有一种全局意识，要在最大可能的限度内给舞蹈和戏剧以关注和机会，不管出发点是音乐自身还是舞蹈和戏剧。这其实并不是同情弱者的问题，而是为了我们的孩子。如果我们的孩子能够在音乐、绘画、舞蹈、戏剧甚至包括其他艺术门类等方面，全方位地获得审美享受，那该是一件多么美好的事情！ 正如赵老师在上面一个帖子里谈到的，其实，有很多学生是乐意选择“音乐与舞蹈”和“音乐与戏剧表演”模块的，他们希望能够像体育模块的选择那样，自由地选择自己感兴趣的模块来学习。尽管音乐也设计了这样的一些模块，但由于师资条件的限制，有些模块实际上是虚设的。必须承认，如果按照高标准严要求，我们的音乐老师的确难以承担这两个模块的教学。但是，赵老师说得好，这两个模块的教学过程，实际上就是一个“教学相长”的过程，也是一个提升我们音乐教师自身素质的一个很难得的机会。其实，在高校，很多年轻教师甚至包括老教师都是伴随着所承担的新课程教学而一起成长的，有的课程可能在接手之前甚至都没有接触过，硬着头皮接了下来，经过一段时间的自学，特别是经过一定周期的教学实践，可能就成为了这个新领域的真正的专家了。 另外，鉴于目前高中音乐课程的模块设计布局，我以为，有条件的学校，应该引进舞蹈戏剧老师。其实引进的老师不一定非得要科班出身，以前从事过或现在正在从事相关工作的人都可以任教相关模块。这里的引进，既包括正式调入或聘任的专职教师，也包括在其他文化艺术部门聘任的兼职教师。 舞蹈与戏剧的弱势，在目前情形下是不可能有太多改观的，我们只要看看目前美国的相关状况，就对这个结论不难理解了。

在美国，舞蹈和戏剧均是作为一门正式的课程而设立的，从课程设置的角度讲，舞蹈、戏剧、视觉艺术、音乐这四门课程的地位是完全一样的，各州的要求也都是要在中小学开设这四门课程，或要求至少开设其中的三门或两门（各州、各年级的要求都不一样），而这三门或两门，也并没有规定哪几门优先。但实际上舞蹈和戏剧的师资配备情况和开课情况又如何呢？我还是给大家举举纽约市的例子吧：

到2007年，纽约全市配备了舞蹈教师和戏剧教师的学校均为14%。在2006—2007年度，纽约市公立学校共有2458名持有专业教师资格证的艺术教师，其中包括1263名视觉艺术教师，957名音乐教师，157名舞蹈教师，81名戏剧教师，就是说，舞蹈和戏剧教师加起来，还不到整个艺术教师队伍的10%。

小学：只有43%和32%的学校依靠自己的师资开设了舞蹈和戏剧课程。小学之所以能有这么高的比例，我想这和小学的艺术师资状况有关，因为，在小学是不要求专职艺术教师的，大部分都由普通教师（classroom teachers）担任艺术课程的教学。这应该给我们一些启示，越是不专业的老师，越敢上一些我们专业老师不敢上的课，这在小学是完全可以的。此外，只有10%和4%的学校为每个年级提供了三门或四门艺术课程。这三至四门课程中间，自然就包括了舞蹈或戏剧了。

初中：配备了具有专业教师资格证的舞蹈和戏剧教师的学校，尚不到20%。只有10%的七年级学生和7%的八年级学生接受了舞蹈教学，只有7%的七年级和八年级学生接受了戏剧教学。

高中：只有20%和29%的学校配备了具有专业教师资格证的舞蹈教师和戏剧教师。分别有21%和15%的学校为学生提供了戏剧和舞蹈教学。选择舞蹈和戏剧系列专业技能培养课程的均只有4%的学生。

杨　丹：

在电脑前呆了一个晚上，终于把课程资源网上这几天的帖子都看完了，又是很多感触，越看下去越觉得自己对中小学音乐教育的实际情况了解太少，尤其薛老师说的很多高中的情况。我觉得研究音乐教育的人一定要去深入实践，所以我下学期想去带实习队，亲身感受一下，也许会很有限，但总比我自己想当然的好。另外，如郭老师所说，湖南的音乐教师水平还比较高，确实如此，论坛里很多老师的发言都是有血有肉、有理有据的。她们的教研气氛很浓，意识也较强，要是大学音乐教师也有个这样的园地就好了。

其实在大学里，很多问题与中小学音乐教育中存在的问题很相似，只是大学的音乐教育在行政关注上没有中小学的强（并不是说完全没有），音乐学科与其他学科的冲突不那么显著，所以在很多方面，例如教材、开课方式等要灵活一些。但是，我认为在育人方面，在教学内容、教学方法等方面，二者还是相通的，所以老师讨论的问题我都很有共鸣。

例如自组教材，我前面说的行政关注这样的表述不知道是否正确，我的意思是，在大学的音乐教育中，不管是专业还是非专业，师范还是非师范，音乐的教材没有有关部门强制性的干预与限定，我们选教材就是根据一本不知道是哪里出的教材目录来挑。里面的选项也是五花八门，老师在里面选好了之后，学校会定好发给学生，至于老师怎么用就没有人去追究了。我去年刚上班的时候拿到的是学习定好的教材，某出版社的《音乐欣赏》，编著者是若干个学校的教授们，光是写编者的单位和姓名就用了一版。可翻翻内容，很明显的“逗霸场合”，就是张三李四分好，你写什么我写什么，有话则长无话则短，然后凑起来。于是出现了这样一种现象，有一章是专门说器乐体裁，细致到谐谑曲、奏鸣曲、序曲等概念、例子什么的，一个章节十分长，而后面有关中国戏曲的章节就是三张纸，泛泛而谈。这不由让我想到，编戏曲这一章的教授也许对这个内容并不熟悉，只是不巧分到这章，就这样“宏观”地介绍了一下。我看完之后就决定自组教材了，效果还行，但也有很多问题，刚才看到老师们讨论自组教材的问题让我受益匪浅。但不禁又思考，中小学的教材可以说是集专家的集体智慧于一身，经过反复锤炼了之后面世，结果在使用过程中还是要经受很多考验。一线音乐教师在使用之后会有很多感受与讨论，而这些反思

	也许会促进教材质量的提高，从而促进教学质量的提高。大学的音乐教材选择性多，可以现实地说也充斥着滥竽充数的作品，这也许还是个缺乏关注的角落，可很多大学教师们也很坦然地用着，觉得无所谓。很少有人（至少据我了解）会去思考这本教材是否适合这门课的教学，有哪些优缺点，如何补充，如何调整。 注明：由于我在学校是教音乐欣赏课，就愈加觉得与中小学音乐课有相似之处。我所说的教材也是限于音乐欣赏的教材，并非大学音乐系其他专业课教材。
 郭声健：	杨丹是我过去的学生、现在的大学老师，她反映的有关大学的情况是非常真实的。全面地衡量，我国的大学老师，无论是在敬业精神或职业道德方面，还是在不断提升自身素养和努力探索教学规律以提高自身教学质量方面，是根本比不上我们中小学老师的。不说开了，就说我们培养未来音乐教师的高师音乐教育专业，真正有多少人了解中小学音乐教育实践，又有多少人想到过要去了解？而不了解市场的发展和需要，又怎么可能培养出合格的产品？我们也别说没有人去研究，课题好象也一个一个地立项，但令人悲哀的是，高校课题的申报和研制已经严重畸形，不夸张地说，大部分课题研究唯一的目的就是功利的需要。因此，即便是高师自身的教改课题也好，或是专门研究中小学音乐教育也好，研究者完全可以不要了解毕业生的就业市场需求以及用人单位的人才标准，也完全可以不要了解中小学音乐教育实践，就可以圆满地完成课题研究任务。最不能忍受的是，一些人根本就不了解音乐教育实践，却总是以专家自居，沽名钓誉。当然，这还好，只要不去误导我们的老师就不错。这个论坛，不是探讨高师音乐教育的问题，所以，我就不多讲了。 在这里，我只是想表达一个意思，作为一名高校教师，还是一名专门从事音乐教育研究与教学的教师，在这方面我自己做得也很不好。虽然，要想混一混，指导几个研究生写写论文，上上课，我也完全可以像许多老师一样，甚至根本不需要关注目前的中小学音乐教育实践，就可以应付自如，更何况我还不是专职的教师，我

还承担了一份出版社的全职工作。但是，我觉得，和我们的中小学老师相比，无论在敬业精神方面，还是在学习进取方面，我都感觉非常惭愧，对不起音乐教育教授的职称，我不能允许自己如此堕落。这也是为什么我很珍惜现在跟我们的基层老师交流的一个重要原因。我既希望通过这种方式，更多地了解我们的中小学音乐教育实践，了解我们音乐教师的困惑；也希望通过这种方式，能为我们的中小学音乐教育做一点点力所能及的事情。我想，哪怕由于自己的能力有限，最终没有任何的效果，但是，我至少有这份心思，我起码还敢于自我反省，这也多少能减轻自己的一点愧疚感。

此外，我时常地提醒我的研究生，我希望他们在高校里，要严格要求自己，不要随波逐流，如果承担了与中小学音乐教育相关的教学任务,那无论如何都要关注实践。我相信,像杨丹这样的老师,一定在这方面会做得不错的，因为，她已经在网站上几次呼吁我们的同学关注这个论坛，关注我们的一线老师的发言，并深感自身对中小学音乐教育实践了解太少，这表明，她至少具有了这样一种强烈的意识。

可能是由于技术方面的原因，杨丹的这个帖子是发在我自己的网站论坛上的，在她的帖子下面，我回复了这样一段话：

的确如杨丹所说的，基层老师虽然不会像我们这样长篇大论，但写出来的东西真的是有血有肉的。我都会很用心地去读，我夸奖他们的话，也是发自内心的。我觉得对比之下，很惭愧，我不想为自己找什么工作性质不同的借口，或许我们有些同学没什么感觉，甚至可能不屑一顾，那么，我希望这种人好好度量一下自己，包括我在内，算个什么啊？别以为做个教授，有博士、硕士学位就了不起了。……令我奇怪的是，我也带了一些教育硕士，我感觉好像某些一线老师一上了教育硕士，那种味道就变了，这或许不是普遍现象吧。当然，我们在论坛上见到的老师都是敢于说话的老师，是有思想有激情的老师，我想，也并不是所有的中小学老师都这样。但不管怎样，这也不要成为我们自我安慰的理由。

徐　杨：

今天刚组织完学生在社区开展创建文明实践活动，就回到办公室打开论坛看看老师们有什么新的话题了。看了老师们的讨论，让我想起了我们老校长在我才参加工作的第一天跟我说的一句话："你呀！是粮店里的烂红薯——够削（够学）。"转眼8年过去了，我发现自己要学的东西没减少反而越来越多了。论坛中老师说的话都好有条理性，而我就不行了，随意性太强。呵呵！向大家学习。

我们的论坛话题越来越多了，流行音乐、音乐评价方式、自组教材、公开课……不知不觉15页了。我感觉这里真像个"话吧"，大家真的就好象坐在一起喝茶聊天一样，而且"话吧"的人越来越多，说话的人也越来越多。今天，只是上来学习，还没想到新话题，下次一定整理好思路再写上来。

10.

中国高中生恐怕是地球上压力最大的年轻人，音乐教育最应该给予他们的，是静静地聆听还是尽情地表现？高考结束的当晚，这群姑娘小伙最可能去的地方有两个，并试图在那里将压抑了三年的情感在一个晚上全部发泄，他们从网络游戏里获得生命的快感，从卡拉 OK 中找回青春的岁月。

邓　兰：

看论坛上郭老师和一线老师的对话，有种很过瘾的感觉，似乎文字随着思想肆意地流淌着，没有一丝阻力。因为落下太多，所以还在继续学习着。

郭老师几次都提到关于高中生音乐表现的问题，正好这一阵我对此也存在着深深的困惑，所以很想在此提出来，敬请郭老师和各位老师为我指点迷津。

前一阵去一所大学面试，他们的考核非常严格，理论、实践和写作一应俱全。考核结束后给我的评价是：“理论非常满意，实践急需改进！”这一评价，的确指出了我最薄弱之处，我确实对教学实践太缺乏了解。当然，实际上，我的理论也不好，只是相对于实践而言会强一点。实践的考核内容是说课，授课内容是一堂高中音乐欣赏课，欣赏西北民歌。我从没有说过课，也没有给高中生上过课，可想而知，这一环节，我考得不好。但他们对我实践的一个质疑我也不能完全接受，或者说，至少我有疑惑。

在我的授课安排中，有一项是“表现与创造”，也就是让学生在对所欣赏的音乐在感性和理性上都有了基本了解后，分组合作进行探究，然后以合适自己的方式对音乐进行表现或创编。有考官问我：“你让学生进行表演，表演什么？对一个刚欣赏的曲子，你要他们怎么表演？你要一群高中生在台上去唱去跳吗？这合适吗？”我回答说：“表现与创造并不仅限于让他们唱歌跳舞，安排这一个环节（包括合作探究）是为了让他们更近距离地贴近音乐，能切身地融合进音乐，他们完全可以选择合适自己的方式去进行表现。”考官又继续追问："那你说可以以什么方式？”我回答，“方式真的无所谓，表现的质量也不用苛求，只要是他们愿意的，哪怕是最简单的方式都可以。比如说，就只是将歌曲最经典的那一句改编一下歌词，都能够表达出他们对音乐的理解。这就够了。”考官显然对我这个回答不满意，也或者他误解了我的意思，于是他更进一步对我提出要求说："那好，你现在马上来改编一句歌词看看！”我有些尴尬，我只能说："很抱歉，我在此能做的只是把我对这节课的构想，我的一种理想的课堂建构说出来，因为我本身不是中学教师，所以很惭愧，我对这节课所要欣赏的音乐并不了解。”于是考官说："好的，己所不欲，勿施于人，既然你不能创编出歌词，那也别强求高中生们去做了！看来，你对教学实践太不了解了，还是让他们多听听音乐吧！”

这一场下来，我很沮丧。一方面，我自责，我确实太不了解教学实践，一个所谓研究艺术教育的人，如果不亲近实践，理论研究也深入不到哪里去。但另一方面，我也很懊恼，看来那些考官是认为我不应该在欣赏课上安排“表现与创造”的环节，原因有二：其一，这样耽误了学生听赏音乐；其二：这不符合高中生的身心特征。但是，这让我更困惑，一方面，我并没有、或者说主观上绝对没有让表现驾驭于听赏之上，不管课堂的流程安排是否合理，但听赏是一定占主导的，我甚至安排在他们进行自主讨论时都让音乐始终萦绕在他们耳边；另一方面，我并没有让老师以一种绝对主导的地位出现在学生面前的意思，也就是将“己所不欲”强加于学生，我认为教师应该充分尊重学生的身心特点，引导他们勇于表现。我们总认为，高中生开始步入青春期，他们愈发害羞，不太愿意在同学老师面前表现自己。不错，这是高中生的特质之一，但同时，我们是否也发现，高中生开始喜欢标榜自己的个性，开始有明确的、强烈的对某种音乐的喜好，当他们有心灵自由的空间的时候，他们的音乐表现是非常有质量的！另外，他们真的不愿意在众人面前表现自己吗？不一定，想想“超级女声”、“快乐男声”，参加初选的有多少都是高中生啊！而我们

	在看初选时，又爆发出多少的笑声，难道这些参赛的孩子就不怕被人笑话吗？难道高中生在参与到音乐的同时，就没有在欣赏吗？就没有因为参与着而更理解音乐吗？当他们因为聆听而喜欢上了这一音乐的时候，我们很难主观地说他们就没有想去表现的冲动。害羞是表现的阻力，我们教师除了尊重他们的身心特点之外，是否也要在此基础上为他们排除这一阻力呢？ 　　我很想知道，究竟现实的高中欣赏教学中，怎样组织安排教学才是真正最合理的？或者说各位老师理想中的欣赏教学应该是怎样构建的呢？
 郭声健：	看了这个帖子之后，我在自己的网站上写下了这位老师“一派胡言”的话，过后不久又删除了这个帖子，因为发现自己太不冷静，太没修养。 　　之所以在看到这个帖子之后，冲动地说出了这种不文雅的话，的确可能是因为昨天自己在谈到高校老师存在的问题时，心里憋着的一口气还没完全释放出来，而上面这位考官的问话恰好让自己找到了出气的“理由”，于是让自己情绪失控了。对于自己这种缺乏修养的举动我深深自责，也对这位老师的言语冒犯表示道歉。 　　冷静想想，或许这位老师并非我所想象的那样不了解教学实践，而只是所持的观点不同而已。根据上面的描述，我觉得那位老师的两个观点是我所不能认同的，一个是他不赞成高中音乐欣赏课中设计“表现与创造”环节，认为那是不尊重高中学生身心发展规律和审美发展特点的表现，而我却认为，真正不了解学生，不了解和不尊重规律的可能正是他自己。第二个问题是关于对“己所不欲，勿施于人”的理解问题，如果真是如上面所描述的这种情况，那么，那位老师对这句话的理解是有些偏差的。所谓“己所不欲，勿施于人”，通俗地讲就是，自己不想要的东西，切勿强加给别人。孔子所强调的是，人应该宽恕待人，应提倡“恕”道，唯有如此才是仁的表现。这句话所揭示的是处理人际关系的重要原则，指人应当以对待自身的行为为参照物来对待他人。人应该有宽广的胸怀，待

	人处事之时切勿心胸狭窄，而应宽宏大量，宽恕待人。倘若把自己所讨厌的事物，硬推给他人，不仅会破坏与他人的关系，也会将事情弄得僵持而不可收拾。这是尊重他人、平等待人的体现。因此，很显然，这位老师把这句话套在这个地方，有些张冠李戴了。 从道德与为人的角度上讲，老师设计一个创造环节，如果目的是要为难学生，那么，指责这个老师说“己所不‘能’，勿施于人”还说得过去；但如果从教学的角度讲，老师自己不懂的东西，也不能让学生去尝试、去学习，那就大错特错了，那学生怎么能够“青出于蓝而胜于蓝”？社会又怎么能够进步和发展？不说大学生，就是现在的高中生所具有的知识和能力，有许多也是我们所不具备的。
 Caoqirong:	这个论坛真是太好了，郭博士大篇大篇的帖，真是让我们受益匪浅，来纽约学习的日子里，每天必做的事就是上网看帖子了……学习了郭博士的帖子再来参观学校，收获更大。 前面提到一线音乐老师的敬业精神，确实让人敬佩。我比较了解小学音乐老师，有很多老师教学钻研精神非常强，而且，上课激情特别高。前些日子看到一所小学音乐老师在排练，并记录了下来。音乐老师的情绪感染着每一位学生。 到纽约 PS205 学校礼堂时，正巧看到在排练周五将要表演的音乐剧《灰姑娘》，音乐老师是一名年纪较大的女教师，她叫 Dale Litlman，她全身上下都充满了激情与活力，眼睛看着台上的学生表演，半蹲着和着节奏不时地摇动身体，双手弹着钢琴，嘴里还不断地在指导提醒学生注意事项，看得出来她非常敬业和投入。大约有四十来个学生站在舞台的两边合唱着，受 Dale Litlman 老师的情绪感染，学生们个个都非常有激情，非常投入地表演着。 休息时，与 Dale Litlman 老师交流，她的声音已经沙哑，她一直在夸自己的学生，对学生的表现非常欣赏和满意，说她们个个都是很优秀的明星。听到她这样夸奖学生，我特别感动，Dale Litlman 老师完全陶醉在她幸福的工作中。

Lh70：

郭老师谈到的高中生缺乏表现欲，我觉得完全是学习氛围和环境造成的学生的一种心理障碍，如果每一位高中教师能像楼上的这位老师提到的美国老师那样，去欣赏、去用自己的激情感染学生，我想无论是什么年龄的人都能放松自己，而融入到音乐中去，用自己的方式来表达个人对音乐的理解。在很多次赛课中，我见识过不少高中生的出色表现。我以为善于表现和创造是艺术最重要的内容，我们教育的目的不就是要培养人的个性和创新精神吗？艺术有其独特的手段和功效，难道我们要放弃？否！我们要做的是加强！

郭声健：

讲得好！几个小时后，我有一个专门的长帖子出来，谈谈这个问题。正在写着呢。

好了，写完了。言归正传，让我们一起来讨论一下高中音乐教学的问题。

目前，高中正在实施新课程改革，实行学分制，其中音乐课程要获得3个学分。音乐教学内容分了六个模块，音乐鉴赏两个学分，歌唱、演奏、创作、音乐与舞蹈、音乐与戏剧表演等均为一个学分，要求是学生自主选课。这样的一种设计，如果真正能够实施的话，对高中学生来说，真是不错的（我们暂且不去讨论这种模块的设计是否非常科学）。现在，让我们设想一下，如果学校能开出所有六个模块的课程，如果这六个模块学分都一样，如果每个模块的授课时间都相同，那么，学生会如何选课？

其实，我之所以这个帖子迟迟不敢写，不想写，就是在期待有老师能够给我们提供一个这样的调查数据，即在我上面设想的这三个“如果”的前提之下，看看我们高中学生对上述六个模块的期待值到底如何。如果按照我现在的想象，我会武断地推测出至少一点：音乐鉴赏模块不太可能成为高中学生的首选。前面我多次呼吁，我们需要倾听学生的心声，我也几次强调，实践是检验真理的唯一标准，如果有老师就这个方面做过相关调查，我希望能够提供

	出来，供我们参考。如果调查结果证明我的推测是错误的，我一定会深刻检讨自己的主观主义行为。好在这只是一种学术交流，不管对错，我的推测都不会产生任何实质性的后果。而且先讨论讨论，比放个马后炮价值或许还是要大一点点。 就我所了解和分析的情况看，在一定程度上，其实目前我们的音乐教学并没有真正实现学生的自主选课。第一，真正能够开全六个模块课程的学校恐怕微乎其微，这意味着学生的选择面缩小了，但其中音乐鉴赏模块是一定可以开出来的；第二，在目前高考体制之下，学生学习压力大，不管课时分布如何，能少选一门课就尽量少选，而音乐鉴赏是两个学分，这样的学分设置，一方面表明了课程设计专家的一种明确导向，同时也鼓励了学生选择这个模块；第三，一些地方行政主管部门，行文硬性规定，其中的音乐鉴赏属于必选模块，这就意味着，真正可以自选的，就只剩下另外一个学分的模块了；第四，更有甚者，学生自主选择的权利被完全剥夺。 近日，有朋友来信告诉我一个这样的消息：在某个地方，选修模块教材最早要到今年秋季才使用，但高中学生的手上早在去年就已经有了两个模块的教材了，相关部门不仅早就代替学生“选”好了模块，而且还提前一年发到了学生手上，我相信这里面免不了有一门音乐鉴赏（只是不知道这笔提前定购教材的钱是谁掏的）。为什么在这个时候大家都这么积极主动地替学生做主呢？谁都知道，选择什么版本、选择哪个模块（教材有厚薄，定价不一样），都是跟经济利益直接联系的，所以这种现象也就见怪不怪了，这也不是我们能够操心的问题，因为这是一个经济问题。而通过上述现象的描述，我想要引出的是一个学术问题：高中音乐教学把重心放在音乐鉴赏模块，到底是否科学？很明显，上面我陈述的几个现状都表明，目前高中音乐教学是以音乐鉴赏为主体的音乐教学。这一点，我记得《高中音乐课程标准》中也非常明确地提出来了。 由于目前本人在国外，除了网络之外，手头上没有任何可查阅的资料，而这个问题的讨论，是需要追溯一下历史的，所以，今天我也只能把自己对这个问题的质疑提出来而已，我根本就不敢妄下

什么结论。而且这也是一个很敏感的问题，我自然也有思想准备，随时欢迎大家批判。

之所以我会对高中音乐教学把重点放在音乐鉴赏模块，或者说高中音乐教学内容以音乐鉴赏为主体持质疑态度，主要是因为以下几个方面的原因：

第一，从高中学生的现实需要和身心发展特点看，我认为，音乐表现模块必须加强。从学生出发，始终是我们思考教育问题的逻辑起点。在前面的好几个帖子里面，我们都谈到了高中学生的学习状况，那是一种炼狱般的生活，一个人的全部几乎都被作业、课本、考试所淹没，一个本来青春焕发、朝气蓬勃、"好象早晨八九点钟的太阳" 的姑娘小伙，却几乎没有了情感宣泄和表达的机会，一个本来很感性的人由此变得非常理性。没有机会表达情感，并不是就不需要表达情感。可是，即便是我们的音乐课，也热衷于让他们变得更加理性和成熟，也并没有很好地给他们创造情感宣泄和表达的机会。

可能没有人统计过这样的数据：高考结束后的当天晚上，我们的高中毕业生去得最多的地方是哪里？我猜是两个地方：一个是网吧，一个是卡拉 OK 厅。因为，这两个地方，都是最好的情感宣泄和表达之处，积累了三年的情绪和情感，恨不得在这个晚上，在这个地方，利用一个通宵的时间全部发泄出来。通过网络游戏，让人发泄，获得快感；通过卡拉 OK，表达对情感的渴望，和对青春回归的庆祝。

我们不妨设身处地地想象一下：整天埋头做作业、死记硬背那么多东西，一个星期下来，好不容易有了一堂音乐课，我们到底希望它带给我们什么呢？说句心里话，我想是没有太多的人在这个时候还期待来一场真正的审美体验的，最大的愿望恐怕就是放松一下、放肆一把。显然，聆听音乐，是最好的放松，而表现音乐，则是最好的放肆。照这样的推理，高中学生应该是很期待上音乐鉴赏课的，是，我也这么觉得。然而，实际情形是，在音乐鉴赏课上，我们可能并没有让他们放松，因为，我们给他们的音乐聆听活动附加了若干指标，他们要配合老师来完成审美教育的任务。这么一比较，

	其实学生最需要的可能还是参与音乐表现活动了(实际上表现活动也就是一种创造活动),唱一唱、吼一吼、敲一敲、跳一跳,这都能够既让他们放松,又让他们放肆。在这里,我并不是说我们的音乐教育为了迎合学生的这种宣泄和表达,就可以甚至必须降低我们的教学目标,就不要让学生进行审美体验,不要学习基本的知识技能了。我只是强调,我们的教学目标的达成,音乐审美教育的实施,必须是在充分考虑和尊重学生现实需要和身心发展特点的基础上才是可行的。 的确如人们所担心的,在我们的印象中,高中学生有些怕丢面子。但是,这并不意味着他们就不想表现了,他们是因为更期待表现、更看重表现才怕丢面子的。如果我们让学生参与音乐表现活动,就会导致学生丢面子的话,那首先还是说明,我们的音乐表现活动的设计出现了问题,我们并没有遵循学生的身心发展规律和审美发展特点来行事。或者是我们以太专业的思路来设计活动,或者是我们以太专业的眼光来评价学生的音乐表现,或者是我们让那些更期待集体表现的学生被迫单个地表演,等等。在课堂上,让学生丢面子,首先是老师考虑得不周全;而学生怕丢面子,也一定是自身有过丢面子的经历或看到过别的同学丢面子。我相信这总会是有理由的。还有一种可能,学生不愿意表演,不敢表演,怕丢面子,或许这都是我们的想当然,是我们的一种先入为主。而我们越是这么想象,就越觉得是这样,就越不轻易地给他们表演的机会。慢慢地,假象就变成真理了,让学生表演的机会就越来越少、越来越少了。 其实,对这第一个问题的讨论,我觉得意义不是太大,我之所以要把它拿出来讨论,并且把它放在第一个问题,就是想强调我前面说的一句话——从学生出发,是我们探讨教育问题的逻辑起点。像这样的问题,我们还是去问问学生自己怎么说,这最简单省事,也最可信。 第二,从基础教育的性质看,传授和掌握学科的基本知识和基本技能,是基础教育的本质规定性,也是基础教育的最基本的目标,音乐教学也不例外。不好意思,一不小心又跑到音乐知识技能教学的问题上去了。其实这也很自然,音乐的基础知识和基本技

能，从一定意义上讲，就是和音乐活动交织在一起的，这其中最主要的就是从音乐表现活动中得以体现的。比如说，识谱，不管是五线谱还是简谱，这是音乐中最典型的基础知识（可能也有人认为这是技能），那么这种基础知识怎么才算是真正掌握了呢？恐怕心里明白还不行，只有看着谱子唱出来或弹出来，才算是真正掌握。而唱和弹就是一种表现活动，只是表现的内容可能不一定就是音乐，或者只是音符。当然，纯粹的音乐知识也是有的，但在整个音乐知识技能系统中，它不是最主要的。那么，从音乐技能方面看，则更离不开表现了，有没有技能，技能的高低，无一例外都是要通过音乐表现活动才能体现出来的，像演唱、演奏技能，都必须通过演唱演奏这种表现活动才能得以确证。

音乐本是一种表现艺术。除非那些非常专业的人士，对于一般的人来说，根本就不可能通过音乐文本来掌握音乐，更不可能通过音乐文本去体验音乐，而必须是通过听、通过演唱或演奏，来学习、掌握和体验音乐，而听实际上也是听别人的音乐表现。从这个角度上讲，音乐的基础知识和基本技能，是与音乐表现活动息息相关的，其中大部分内容甚至就是通过音乐表现活动而得以呈现的。这是否可以让我们基本得出这样的结论：加强音乐表现教学，是基础教育的本质规定性和必然要求。与此同时，从上面的分析我们也不难看出，音乐知识技能的教学，唯有与音乐活动尤其是音乐表现活动紧密结合，或者说在音乐活动中进行知识技能教学，才是最根本的出路。脱离音乐实践活动，孤立地进行知识技能教学，根本就是“此路不通”的。

第三，从基础教育与高等教育的衔接来看，高中音乐教育若以音乐鉴赏为主体，那不仅只是背离了基础教育的本质规定性的问题，而且还造成了教育资源的严重浪费。我们这里所指的高等音乐教育，自然是指与基础音乐教育相对应的普通高校公共艺术课程中的音乐教育，而不是指大学音乐社团，更不是指专业音乐院校。对于普通高校公共艺术课程来说，高等教育本科阶段是一种通识教育，是一种全面文化素质教育，而且从大学生的思维和心理特点来说，理性思维完全占据了主导地位，因此，把普通高校公共艺术课程定位

	为以鉴赏为主，我认为是比较科学和现实的。 根据教育部颁发的相关文件，普通高校公共艺术课程中的主体是艺术限定性选修课程，它们包括《艺术导论》、《音乐鉴赏》、《美术鉴赏》、《影视鉴赏》、《戏剧鉴赏》、《舞蹈鉴赏》、《书法鉴赏》、《戏曲鉴赏》，共八门课程。如果我们认定普通高校的这样一种课程设置思路，那么，明显就出现了高中音乐鉴赏课与高校音乐鉴赏课程的重叠，虽然我们同样会找出许多理由来说明，可以不让它们重叠。比方说，鉴赏内容的深度和广度不一样，鉴赏的侧重点不一样等等。但是现实情况是，谁来保证不一样？一方面中小学教材的编写和高校教材的编写完全是双轨制，没有任何的衔接，高中我们选择的是经典作品，同样高校也是选择经典作品，高中教材强调面面俱到，同样高校教材也是强调面面俱到；另一方面，并不是高校公共艺术课老师自身素质就一定比高中音乐老师的素质要高，也就是说，靠教师自身水平来保证高中音乐鉴赏和大学音乐鉴赏课程的不一样，同样也是不现实的。 由此分析得出，如果高中主要是以音乐鉴赏为主，那么势必和大学音乐鉴赏课程相重叠，造成教育资源的浪费。也许有人对这种担忧不以为然，认为目前大学也并没有普及公共艺术课程，我想这又是另外一个话题了。事实上，根据前面老师们所反映的情况看，高中同样也没有普及音乐课程。 第四，从美国高中音乐教育的实践来看，音乐鉴赏的比重是非常小的。虽然美国的做法不一定就是正确的，但他们的经验至少表明，不以音乐鉴赏为主，在教学实践中是具有可操作性的，而这一点恐怕恰恰是我们最为担心的。在前面我曾非常具体地介绍过美国的音乐课程设置的情况，高中阶段，主要是三类课程，即器乐、声乐和普通音乐课，另外针对有兴趣进一步发展的学生还提供专业技能系列培养课程。仅仅从这样的课程设置我们就不难得出结论，他们的音乐课是以音乐表现为主体的。真正的音乐鉴赏内容，可能就包含在普通音乐课里面了。然而，我对这个问题也已经举例说明了，即便在普通音乐课中，音乐鉴赏的比重同样还是最小的。我在纽约听了几所高中学校的普通音乐课，无一例外，都是以音乐表现为主。

大家可能会认为，这完全是基于他们有着良好的硬件设施，其实并非如此。我想，歌唱表现，是不需要太多硬件设施支撑的，我们的课堂上，这样的条件应该是基本具备的。那么乐器呢？我们也不要以为美国学校的音乐教室就是乐器成堆。我在纽约曼哈顿的一所高中连续听过好多节普通音乐课，我第一次去那间音乐教室的时候，简直不相信那是真的：除了一台电脑多媒体和一台教学用电子琴之外，再也没有别的乐器了（他们的器乐课是在专门的器乐教室里上的）。那学生在普通音乐课堂上玩的是什么呢？塑料桶。这就是他们的节奏乐器，用两个小棒槌敲打着桶子的不同部位，发出不同的声音，敲出不同的节奏。这种“乐器”，我在另外的学校也见到过，在这里就是普通音乐课堂上最常用的乐器了，而且，用塑料桶排练的节目，还上了学校一年一度最隆重的圣诞狂欢晚会。

这让我联想到我们自己，又有哪位老师敢于把这样的东西搬上舞台呢？我们虽然也经常批一批音乐教育专业化的问题，但在我们许多老师的下意识里，只要一提音乐表现或表演，马上就是专业化的标准出来了。其实，学生本身也并不期望我们能够在这有限的几节课里面，把他们培养成为音乐家，他们首先需要的是一种表现或表演的机会。因地制宜、土法上马，搞不好他们更高兴，因为他们也不需要太在意自己的专业水平，也不会那么害怕丢脸了。其实，高中学生，说大不大，说小不小，但在我们眼里，他们终归还是个孩子，你若真要提供给他们表现的机会，他们会想尽千方百计来好好跟你表现一番的。

上面四点，是我暂时想到的对高中音乐教学以鉴赏为主提出质疑的原因。

那么，为什么我们又把鉴赏放在首位呢？我想，对于这个问题，课改专家们应该有很详细的论述，因为，既然把它作为六个模块中唯一具有两个学分的模块，既然大家都把它作为必修模块，总会对此有说明的。很遗憾，我手上没有任何资料供我学习研究，自然我也不能随意推测。不过，有两点，我觉得有可能是理由：

第一点，就是对我上面提出的四个问题，没有特别的关注，或者是关注了，但根本就不认同我这样的观点。当然，在此之前，我

| | 也没有公开表达过这样的观点，但我相信，除了我之外，还会有很多人想到了这些问题，也一定有人公开提出过类似的观点，甚至还可能不只是这几点。如果真是这样，只说明，这种观点并不被人关注，或被人关注了但并不被认可。
　　第二点，也可能是更主要的原因，就是新课改之前，我们的高中音乐课程本来就是欣赏课。新课改之后，把高中音乐的重心放在音乐鉴赏方面，这是理所当然的事情，更何况还增添了另外的五个板块，这不能不说是一大进步。的确如此，这是新课改的一大贡献和亮点。然而，这也并不能成为我们不需要探讨甚至不应该探讨上述问题的理由。1994 年，当时的国家教委下发了关于在普通高中开设“艺术欣赏课”的通知，恢复了中断近 40 年的高中艺术课。艺术欣赏课包括音乐欣赏和美术欣赏两门课程。到底为何当时不是恢复音乐课，而是开设音乐欣赏课，我暂时找不到可以佐证的材料。我认为，这极有可能是基于操作层面的考虑而做出的决定。要知道，在那个时候，音乐教育领域里的专业化意识比现在要浓得多，一想到要对高中学生开设欣赏之外的表演课，首先就感觉设备条件不允许，其次可能还觉得师资力量也不够。因此，认为高中恢复音乐课，先从音乐欣赏课入手，比较具有可操作性。我认为，在当时那样的观念支配下，尤其是在从无到有的那种历史背景下，这样的考虑是完全可以理解的。
　　其实，这里面还包含有一个对音乐欣赏课程的认识问题。表面上看，音乐欣赏课程是最容易对付的，设想得极端一点，甚至不懂音乐的人（或吹拉弹唱都不行的人）也可能凭借一台放音机，就可以拿下一堂音乐欣赏课，大不了就让学生自己听，然后自己谈感受。而这种认识的后果，就是在人们的意识中大大降低了音乐欣赏课的标准，或大大降低了音乐欣赏课的难度。而我却一直认为，对于高中音乐教学来说，即便是现在的几个模块比较，音乐鉴赏课依然还是最难上的，是最富有挑战性的。主要原因是，高中学生的知识面宽，信息量大，资料检索能力强，并已经形成了一定的音乐审美偏好，老师讲的那些东西，完全有可能无法满足学生的期待。反过来，像唱歌、演奏等其他几个模块，一方面我们可以侧重为学生创设和提供表演 |

的机会，多让他们去动；另一方面，在音乐表演技能上，一个班，真正能够超越老师水平的学生是很少见的，这就是说，在表演技能层面上，我们的老师在学生面前是占尽了优势的。由此，我也联想到在美国，为什么并不重视音乐欣赏内容的教学，搞不好，这就是一个很重要的原因。因为，首先，美国同行的工作量比我们要大得多，再一个，美国学生的音乐见识广，特别是表现欲强烈，让他们一堂课就这么安静地听音乐，或安静地听老师分析，只怕也不现实。

除了上述两点，我现在可以再补充一点内容了。因为刚才我从网上查阅了《高中音乐课程标准》，从中找出了与我们此刻讨论的话题相关的四句话：

第一句话：上述各模块的教育功能和作用，虽有不同的侧重，但对于绝大多数高中学生来说，“音乐鉴赏”作为增强学生基本音乐文化素养的主要渠道，在普通高中音乐课程中应首先得到突出和强调。

这句话，应该基本对为什么高中音乐教学要以鉴赏为主这个问题做出了解释。理由有两条：一条是，“音乐鉴赏”能满足绝大多数高中学生的需要。对此，我的困惑是，这是从教师教学操作层面来说的，还是从学生自身需要层面来说的？这个结论到底是怎么得来的？另一条是，“音乐鉴赏”是增强学生基本音乐文化素养的主要途径。对此，我的问题是：到底什么是基本音乐文化素养？音乐基础知识和基本技能是不是基本音乐文化素养？而且是不是最重要的基本音乐文化素养？

第二句话：从目前师资及教学设备等情况来看，并不是所有地区和学校都具备同时开设六个模块的条件。各地、各校可根据实际情况，对不同模块分步实施。总的原则是：优先开设有利于面向全体学生的基础性模块——“音乐鉴赏”，以保证学生获得参与现代社会生活应具备的音乐文化素养。

这句话表明，在课改专家的心目中，同样存在着我上面所分析的那样一种认识：首先，高中音乐鉴赏课是最容易上的课，师资水平弱一点也能够对付。其次，其他模块的教学需要有较好的教学设备条件才能实施。这两点换句话来表达就是，音乐鉴赏对师资及教学设备的要求没有其他几个模块那么高，容易操作和普及。第三，“音

	乐鉴赏”是有利于面向全体学生的基础性模块，这是否意味着，其他几个模块，专业性要求高，主要是面向个别学生的专业培训模块，是为特长教育或为了培养尖子学生而设置的？ 第三句话：音乐鉴赏是培养学生音乐审美能力的重要途径。具备良好的音乐鉴赏能力，对于丰富情感，陶冶情操，提高文化素养，增进身心健康，形成完善的个性具有重要的意义。 第四句话：歌唱、演奏是实践性很强的学习内容，是培养学生音乐表现能力和审美能力的有效途径（注：歌唱和演奏是分开表述的，因为完全一样，我把它们综合在一起了）。 我把这第三句话和第四句话放到一起了，因为它们互相关联。这两句话表明，音乐审美能力和音乐表现能力是并列的两种音乐能力，音乐鉴赏培养的是审美能力，而音乐表现培养的是音乐表现能力和音乐审美能力。那么，我的问题是：既然音乐表现能力都不属于音乐审美能力，那么，音乐审美能力到底指什么？它包括哪些方面？是不是这也意味着，音乐审美活动就是音乐鉴赏活动，而音乐表现活动就根本不属于音乐审美活动了？是不是还意味着，音乐审美教育就是音乐鉴赏教学，音乐表现教学或音乐知识技能教学也不属于音乐审美教育的范畴了？另外，在这里我还注意到，“对于丰富情感，陶冶情操，提高文化素养，增进身心健康，形成完善的个性具有重要的意义”这句话，是只针对音乐鉴赏说的，而对于其他五个模块的意义表述，并非如此，这是否意味着，这是音乐鉴赏模块教学的独特价值，而另外的五个模块教学就不具备这样的价值和意义？ 也许正是因为自己对上述课程标准中的有关表述理解不透，还存在着那么多的困惑，使得我在学习《高中音乐课程标准》之后，依然感觉把音乐鉴赏作为高中音乐教学的最主要内容的理由并不充分。 综上所述，我的基本观点是：高中音乐教育必须加强表现教学，要为学生尽可能多地提供音乐表现的机会。如果说十多年前，我在《艺术教育论》中提出要加强欣赏教学，是在当时特定的音乐教育现实背景下，针对九年义务教育阶段提出来的（因为高中开设的就是音乐欣赏课），那么，今天我提出要加强表现教学，则是在当前特定的音乐教育现实背景下，针对高中阶段而提出的。

	关于如何在认识上看待和在实践上加强音乐表现教学，我简单说两点： 首先，谈谈我们应该如何理解表现教学的问题。 在《音乐教育论》中，我曾对音乐教育的内涵做过这样的表述，音乐教育包括相互依存的两个方面：一个方面是通过教育学音乐；另一个方面是通过音乐培养人。对于社会来说，通过教育学音乐，主要目的是为了传承音乐文化；而对于学生个体而言，通过教育学音乐，则其目的主要是享受音乐，其中对音乐最大的享受，恐怕还是表现音乐，通过表现音乐来享受音乐。它包含两个层面的意思：一个是技能层面的表现，如演唱演奏等，另一个是相关文化层面的表现，如从历史、美学、批评、社会的角度来鉴赏和表现音乐。不要认为鉴赏和表现是相排斥的，其实它们是互相交融在一起的，并没有孤立的鉴赏存在。一则鉴赏者必须通过别人的表现而实现鉴赏，二则鉴赏者需要表现出自己的鉴赏感受。所以从这个角度看，对于个体来说，通过教育学音乐，也可以认为就是表现音乐。 第二个方面是通过音乐培养人，那么，音乐究竟是通过什么来实现培养人的目标的呢？我想，主要也是通过音乐表现学生自我来实现的。表现自我，也有两层涵义：一层是表现音乐方面的自我，包括自身的音乐兴趣爱好、特长、音乐才能，等等，通过这样的表现，来体现和实现自我的价值，让自己获得一种成功的满足和审美享受；另一层是表现作为个体人的自我，包括个体情绪情感、性格气质、个人魅力等等，通过这样的表现，来实现个体身心的健康发展。由此看来，音乐教育与其他方面教育比较，一个最大的特点就是，它不只是一个知识摄入和吸收的过程，更是一个艺术和情感的表现过程。音乐是一种表现艺术，同样，音乐教育也是一种以表现为特征的教育。 当然，我们不能够狭隘地理解音乐教学中的表现，就如我在上面谈到的，这个表现既包括表现音乐，也包括表现自我。而对于表现音乐，我们也不要将它等同于演唱演奏这种最基本的表现活动，实际上在音乐的创作和鉴赏活动中，同样也包含着一定比例的表现。具体就欣赏教学来说，学生回答老师的问题，这是一种表现，但这种配合老师的表现还是一种浅层次的表现。无论是鉴赏教学模块，

	更或是其他侧重表现的几个教学模块，我们都要真正做到以学生为主体，我们的音乐课堂要成为学生表现音乐、表现自我的舞台，要成为他们的卡拉OK厅，要成为他们的超级女声和快乐男声的舞台。 其次，谈谈在现阶段如何加强音乐表现教学的问题。第一，作为一种导向，我们不能明文规定学生优先甚至必须选择音乐鉴赏课程，要让学生真正自主选课，根据自己的兴趣选课。要做到这一点，我们一定要转变一种错误的思维定势：认为音乐鉴赏课简单，容易操作，而其他课程专业性太强，不利于普及。用双重标准来衡量鉴赏和表现，是不可取的，这直接导致了我们不能开出其他的几个模块。其实说到普及，鉴赏和表现比较，表现要容易得多。举个简单的例子：现在社会上，到底是进音乐厅去鉴赏音乐的多，还是去卡拉OK厅去表现音乐的多？再设想一下，若我们把快乐男声和超级女声改成音乐鉴赏比赛，情形又会怎么样？ 第二，要融表现于各个模块之中。这一点，其他模块自不用说，尤其是唱歌和演奏模块，本身就是表现教学。这里主要是指音乐鉴赏模块的教学，音乐鉴赏一定要与音乐表现有机融合，一方面要通过音乐表现的方式去让学生鉴赏，而不仅仅是单一的聆听，另一方面在鉴赏过后，一定要给学生表现的机会。 哦，这个帖子写得太长了，该结束了。 最后，我有两个期待：一个是期待老师们能提供这方面的调查结果；另一个是期待老师们奉献出自身加强音乐表现教学的经验之谈。 各位老师，上面这个帖子有上万字，写累了，真的累了。我得跟大家请几天假休息休息才行。
 Dodozi：	今天才从长沙回来，才上论坛，看完了郭老师这篇洋洋洒洒的帖子，我也有一些疑惑和问号。 还记得前段时间在高中新课程培训课上，专家播放了几个视频，都是国外的音乐课例，都是以学生的实践活动为主。像随便拿一件废物所做出的奇形怪状的物品，每人敲出一个音，用不同

	的方式，一个一个轮着来。然后是敲出不同的节奏，都由学生来表现，学生自己来创造。我在看的时候觉得很新颖也觉得非常好玩，如果现在有这种活动，我也想参加。如果时光倒流，我也能上这种音乐课该多好哇！ 　　这让我又想起在中专时我们上作曲课，虽然对老师讲的内容已经没什么印象了，唯一有印象的就是考试，老师让我们自己写歌。那时候就后悔上课没认真听一些理论，但仍然很高兴、很兴奋地去构思自己的小作品。后来我的室友拿了一个最高分，她高兴得不得了，我想她一辈子都记得。虽然我没有得高分，但这一次创作却永远都留在我的记忆里。 　　在大学的时候，有一次音乐欣赏课，老师给我们一段音乐，当时我没听过，就是音乐剧《猫》里面的*Memory*。听旋律，老师让我们填词，大家都很积极投入地想啊，写啊，还相互看看写了些什么，有写爱情的，写亲情的等等，我也非常怀念这种感觉。为什么我提到这一点呢，因为我们的学生也一样需要这种方式来表达自己的情感。在我们学生的反馈意见当中，就有学生提到应该给他们创作的空间，让他们唱一唱自己写的歌，虽然不是每个人都会写，但可以尝试一下。在平常跟学生的交流和活动中，我也了解到个别学生自己写歌的经历。以前有个上高中的弟弟他屡次要求我给他写的词谱曲，他发过两首他写的歌词给我，而我一直都没回复他，一方面是由于时间的关系，还有就是因为作为学音乐的，都认为真正专业的作曲是要有很多理论基础的，而我没有，我也不敢写。从这一点上不难看出，作为高中的学生，有想创作、想表现的欲望，而我听学生唱自己写的歌（大都是流行歌曲），我也觉得好听。这又让我想起中专时候，班上一个女生写了一首歌，也是流行歌曲，当时每个人都学着唱，都觉得非常好，那个时候我很羡慕她，觉得她很有才华。说这些话，我想表达的就是：学生时代都渴望表现，也渴望得到别人的肯定，大部分的高中生并不害羞。现在这信息时代甚至让老师都担心学生会比自己知道得多，学生敢不敢于表现，更多的是老师的引导。 　　以前每次第一节课，我也跟别的老师一样，不教书上的内容。

	我的安排就是，由班长带头，每人唱一首歌（因为叫班长唱台下都是掌声雷动，而且班长都很大方），然后唱了的同学再点下一个，课堂气氛非常好。因为大家来到新的班级，都比较陌生，而爱好音乐则是大部分学生的共同点。但这么做，有两点不好：一个是我变成配角，我只能偶尔给学生点评一下，学生让我唱我也唱一下，然后开开玩笑，让课堂比较轻松；二就是一节课唱不完，学生要求下一节课没唱的同学再唱。这样在有的老师看来可能就“浪费”一两节本来应该上书本内容的课，而对于学生的强烈要求，我没有说 No，因为他们难得有机会一起唱着歌玩。 　　在这个过程中，我又发现，如果一个班上有一两个学生不愿意唱，大家放过了他们，后面再点的学生也跟着会有不愿意唱的，或者拖延时间。而如果每个点到的人都很快上去的话，这也使后面的学生形成一个惯性，都很快走上去。而那时候我感觉到，学生都是喜欢唱歌的，虽然上台的时候都说很紧张，但得到大家的掌声，无论他唱得好不好，都享受其中了。但是这个演唱活动的前提是，我没有规定要唱什么歌，他们都是唱自己喜欢听的歌，所以大家都乐于上台演唱。我最后告诉他们，以后我们的音乐课会有歌唱模块，大家都很期待。 　　我对学生的调查，是在开设了一年音乐鉴赏课后进行的，在开学的时候我本来打算调查的，但是还是没有进行。如果是那样，就能更好地让郭老师了解一下我们学生最初的想法了，所以深表遗憾。 　　我们学校也是先定了歌唱教材（因为我的师傅——另一个音乐老师，她在排练合唱方面是全市有名的，非常厉害，所以我们决定开设这个模块，学生也想学），所以在开设完一个学期的音乐鉴赏课后，就把教材发给学生。以至于到开学的时候，学生都带着歌唱书来了，大家都在翻歌唱书，他们显然都忘记我说过音乐鉴赏要开一年了。有学生上课前兴奋地问我是不是上歌唱课，我说是鉴赏课，课堂上当我再次声明说还有一学期鉴赏课，下期才开歌唱的时候，大部分学生说了一个字：“唉！”从这一声叹息当中，我明显感觉到，学生是渴望表现自己的，他们是想唱一唱了。这

	个前提是学生已经是看了教材的，他们也知道我上课的风格——就是以教材为主，附加一些他们喜欢的材料。就是说，他们对教材还是有好感的。 但话又说回来，后来在几次合唱比赛排练的过程中，我发现学生并不是每次都主动地投入进来（这也与我自己的教学经验不足有关系），但同时也引发我的思考，歌唱课可能没有我想象的那么容易上。如果没有流行歌曲与教材的结合，恐怕很难激发学生的兴趣。像这次合唱自选歌曲中，有的班级选择流行歌曲，像《阳光总在风雨后》、《明天会更好》、《和你一样》，根本不需要我指导，他们都唱熟了，还自己排了队形并加了朗诵，非常不错。而像我建议有的班选的《友谊地久天长》、《保卫黄河》，多数时候都是我去指导，而且在唱的时候可能还有学生注意力不集中。到底怎么样的歌唱课会受到学生欢迎呢？因为学生的反馈当中选择歌唱模块的是最多的。当然，怎么做更好，只有做了才知道。老师的假设不能代表学生的想法。 在学生的反馈当中，开设完一年音乐鉴赏后，学生选择歌唱的最多，其次是表演，还有就是乐器，舞蹈很少，创作提到了，但很少。 在此我也想说一点自己的看法。可能与郭老师的不大相同的就是，我觉得音乐鉴赏开设一年，是合适的，因为我并没有上足一年的课，除去第一、二节课给学生唱歌，我还放过一个我认为非常好的电影《放牛班的春天》给学生看，占了两课时（电影里面的合唱和独唱非常美妙动听，我想为以后的歌唱课做点铺垫，让学生对合唱有点向往的感觉。看完后就有学生问我们学校有没有合唱团，以后有没有合唱比赛），结果合唱比赛一开展，占了一些课时，有好多我希望学生能了解的东西，都没能讲。而学生在意见中提到了，还有哪些东西他们需要了解，其实就有说到我没有上过的教材内容，毕竟我们的音乐课，并不能保证每节都能上，即使是现在一周有一节，比以前多一倍，但学生的月考、期末考、运动会、节假日等等，还有老师的外出学习，都会缺掉一些课，这是不可避免的事实。我想很难有一个学校的音乐老师真正上完

	整本的鉴赏教材。我现在看我们的鉴赏教材，我还是非常喜爱的，也常常为没有上学生所提到的教材内容而遗憾，我觉得一年的音乐鉴赏是有必要的。正如学生也说过：音乐课上是繁重学习生活唯一的放松，听听不同的音乐，了解世界各地的音乐风格，喜欢非洲鼓的狂野，音乐舞蹈的奔放，拉丁美洲舞蹈的热情，这也未尝不是一种享受。除一年音乐鉴赏之外，现在比以前还是多出了模块的学习。音乐鉴赏不好上，在鉴赏的当中，如果能更多加入学生的体验活动，唱、跳、创作，即使不一定很成熟的表演，应该也可以让学生更好地理解音乐。我想这样结合也更好，毕竟我们高中音乐课程改革才一年，我们音乐老师也需要有一个学习和成长的过程，才能带给学生更好的体验。 先说这么多，不早了哦。 还想再补充一下，如果音乐鉴赏和其他五个模块放在一起，给高一才进来的学生选择，我估计选歌唱和乐器两个模块的会最多。如果是我，我想学唱歌（因为爱唱），也想学乐器，但对鉴赏可能不太感兴趣，因为它没有唱歌和学乐器好玩。不过乐器当然还得看是什么乐器，如果是我不喜欢的则又另当别论了。表演应该也好玩，在我看来，有很多东西我都想学。可能想着想着我又回到老师的身份来了，我每个都想学，呵呵，所以啊，不是学生，也只能假设了。
 郭声健：	真的很高兴又看到这么长的帖子，看来赵老师可以申请退出我的论文写作计划了。其实，这就是一种最好的写作培训啊！现在看来我得反过来了，要花更多的精力来学习老师们的帖子，自己少写点了。我还没有看赵老师的帖子，我马上认真拜读。 刚写了一个比较轻松点的帖子，我先贴上来吧。 昨天收到一位老师来信，信中说：“好羡慕您能在美国呆那么久哟！一定很好玩！对了，等你休息好了，能不能另开一个轻松的话题，比如说美国的音乐生活，或是家庭音乐，或是街头音乐……” 我这人可能不懂生活情趣，品位也低，不怎么会享受生活。从

一个月前开始就每天更改回国的倒计时牌了，今天刚好离回国的日子还有 60 天。40 多岁的人了，我认真想了想，我还真不知道什么好玩什么不好玩。尽管每天都在计算着归国的日子，但我同时又开始担心起回国后那种“好玩”的生活，喝酒玩牌打麻将、洗脚按摩、唱卡拉 OK 等等。其实这些好玩的活动中唯一让我怀念的只有唱卡拉 OK，我觉得那种休闲方式是真正的休闲，真正的发泄，而且偶尔出去吼几嗓，对身体也有好处。另外我还期待的就是晚上在潇湘大道的湘江堤岸上快走，那是我的一种锻炼方式，感觉很好。

在美国这一年，我旅游的时间并不多，我一想着那种完成任务式的跟团跑，就实在觉得压力大，太不轻松。而让自己感到有心理压力的活动，在我看来都是不好玩的。可能我的感觉是，人很放松同时又感到充实，这才算好玩。前天写帖子太累，下决心好好休息，在论坛上向老师们请了个假。于是我连续两天只是上午搞点不给自己任何字数指标的翻译，下午就去附近的商场购物。大家知道，美国的确是一个购物的天堂，这购物也的确是一种放松，但购物的同时老是想着回国时箱子能否装得下，却也难以彻底放松下来，另外购物也不是那种让人感到很充实的休闲方式，尤其对于我们男人来说。所以，今天就不想再去购物了，觉得还是在家里写点东西的好。回忆起来，来美国 10 个月了，时间也不短了，我也跑了些地方，但最让我满意自己的，还是在寂寞的生活状态下做了不少的事情，特别是写了不少的东西，这让我非常充实，也感到非常有价值。

最近还有两件事情，让我进一步思考着这人生的价值问题。一个是我听我一个朋友说，他孩子想考研究生，去联系老师，一节专业课 30 分钟 400 元。地方院校的价格涨到这个样子，我真的没有料到，估计是在我出来的这一年里，老师们根据整体物价的涨幅而上涨的。或许，在老师看来，这上课的价格体现的并不是钱本身，而是自身的价值。另外，好多年前我就听说有老师改一篇论文是 100 元，也不知道现在这改论文的价格又涨到了多少？很遗憾，我没有什么一技之长，也就只能写写文章改改文章了，这么多年来，也不知到底给多少人（认识的人还是不认识的）看过了多少篇论文，可那是分文不收的（肯定也有熟人什么时候给自己带盒茶叶之类的表示谢意，我觉得这是另一码事情，属于正常的人际交往和人情世故了）。而且有时候还会因为自己太忙而无法及时回复感到内疚，因

	为，尤其是那些不认识的老师给自己寄来文章，他们一定是充满期待在最短的时间里能收到我的回信的。我分文不收不是因为自己钱太多装不下了，也不是觉得自己所做没有价值(当然价值也的确不大，不足以明码标价收取任何的费用)，而且我也需要体现自己的价值。但是，我认为自己的价值就已经体现在别人对自己的信任上，尤其是那些根本就不认识自己的人，敢于来信，首先表明了他对我的为人和能力的信任和认可，而这份信任和认可，我觉得比什么都重要，也更值钱。 　　再比如说，我最近准备做的系统辅导两到三名老师进行论文写作这件事(有位老师说一定珍惜这三个月时间，她误解了，怎么只有三个月，一定要见到成效才算结束，所以我们都要做好长期奋战的思想准备)，显然是要增加我一些负担的，我自然也是期待着有所回报的。那么，我的期待是什么呢？我需要的回报是什么呢？可不是茶叶，我需要的是看到我的心血没有白费，看到他们在论文写作方面有实质性的长进，能够发表论文。如果真能获得这样的效果，不就是我最好的价值体现吗？ 　　还有一件事情，最近有外省某个大学申请新的本科专业，有位仅一面之交的老师给我来信说，按照要求，需要在申请表上有一位领衔的外省教授(即申报成功后的客座教授)，他首先想到了我，还说“您这种重量级人物”，可以尽管提条件。他发给我看了他们的申报报告，我觉得写得不错，自然他们是很认真的，也是具备申报条件的。所以，我毫不犹豫地回复他们：我的材料尽管用，只要你们觉得符合你们的要求，并对你们申报有实实在在的好处。甚至我就全权委托这位老师处理我的相关表格的填写和签字等事宜。我还明确表态说，我没有任何的条件，只希望他们能够申报成功。在我看来，我的价值根本就不是体现在所谓的条件上的，我觉得自己的价值已经得到了体现，它体现在这个学校和这位老师想到了我，并且是“首先想到了我”。能够得到别人真正的信任，我觉得这份价值是多少“条件”都换不来的。我不是故作高尚，我的想法很朴素很简单，每个人的人生价值观不一样。我很高兴，我这样的价值观得到了我爱人的百分之百的认同。我们说，或许别人觉得我有点白痴，傻得有些离谱，但我们是活给自己的，不是为让别人好看而活着，我们觉得这样活得很踏实，很充实。

上面的老师来信还说，能不能另开一个轻松的话题，比如说美国的音乐生活，或是家庭音乐，或是街头音乐……其实，我在这个对话论坛刚开始的时候，就跟老师们交了个底的，什么问题都可以聊，只要我知道的，只要不太涉及个人隐私的，都可以聊，问题是老师们没有提出具体的问题来啊。关于这位老师在这里提到的这些轻松而感兴趣的话题，其实在我的个人博客里有许多介绍了，只是没有集中起来。那么，在我即将出版的《美国音乐教育考察报告》中，就有专门的一章来介绍这些内容，这一章的标题叫做《报告3：美国社会音乐生活——音乐无处不在》，具体的目录如下：

上面这些内容，肯定不会很系统，毕竟只是自己在短时间里的所见所感，很难反映出美国的社会音乐生活全貌。不过，老师在信中所提到的那些感兴趣的内容，这里面基本上都涉及到了。希望在

	书出版之后，老师们能透过这些并不全面的文字描述，初步了解美国的社会音乐生活。当然，我也拍到了不少的照片甚至有个别的影像资料（也是用相机拍的，效果不一定好），如果有机会的话，可以让老师们有更近距离的接触。 　　还有，这位老师说“能不能另开一个轻松的话题”，这表明，她认为，我们在这个论坛里讨论的话题是比较“沉重”的。的确，我们所讨论的大多是一些让人情绪激动的话题，具体说就是那些我们在音乐教学实践中所碰到的、让我们困惑、或让我们争议的问题。其实，我觉得这样一些东西，才更有交流讨论的价值。在音乐教育领域，如果永远只能发出和听到一种声音，我们的音乐教育就永远不能取得实质性的进步和发展。我们查找问题，探讨问题，绝不是针对某个人来的，也根本就不是某个人的问题，我想，至今在我国还没有一个这样值得针对的、会产生如此巨大影响的个人。我们探讨的问题，都是在音乐教育理论和实践中所普遍存在的。而且，音乐教育存在问题是必然的，是正常的，没有问题就很可怕了。那么，我们面对问题，应该抱有什么样的态度呢？就像一个人的成长一样，不能意识到自己问题的人，是不能够真正成长和成熟的，只有那些敢于直面问题并勇于批评和自我批评，勇于解决问题和改正错误的人，人生才能更加精彩。音乐教育也理当如此。 　　所以，不知大家留意没有，我拟定的那个简单的《论文写作“第一季”方案》中，给老师布置的第一个月的作业，就是要描述自己所观察到的若干音乐教育教学问题；第二个月，必须对所有这些问题的成因做出分析；第三个月，我再根据老师所描述的问题和成因分析，判断它们的价值所在，给老师指定一个问题，开始正式的论文写作。很明显地看得出，我的这种安排，其实非常简单，就是要让老师去思考问题，去围绕问题来写作。任何论文，其实都是在“提出问题、分析问题和解决问题”。如果哪位老师在进行论文写作的时候，实在找不出问题，或根本就不想去写问题，那么，我真可以武断地说：这种论文的确没有写的必要。关于如何理解这里所说的“问题”，如何在论文写作的角度去寻找问题，这是另外的话题了，有时间的话，我可以考虑再和大家做专题交流。 　　好，下面我再来谈谈对赵老师长帖子的感受。 　　赵老师这个帖子，写得太好了，既看得我时而哈哈大笑，又看

得我时而陷入沉思。关于学生期待表现的问题，赵老师已经描述得非常形象了，也非常具有说服力，我没必要再多说什么了。

这里简单再和赵老师交流一下"音乐鉴赏"课开一学年的问题，这是赵老师提出的跟我"不同的看法"。我觉得我们不是在一个层面上来探讨这个问题，其实并不存在看法的不同。首先，我要表明一个态度，假定我们的音乐鉴赏课很受学生欢迎，在鉴赏课上能够给学生足够的表现机会，我们的鉴赏课实际上就是一种以音乐鉴赏为领引的音乐综合实践课，学生不仅通过教学鉴赏和享受了经典作品，还充分地表达了音乐，创作了音乐，了解了相关文化（这不是什么理想，是完全有可能的，也是应该这样的），那么，在现有条件下，即便没有别的模块，我觉得也很不错，也不需要再开设什么别的模块了，只不过就是一个课程的称谓问题。如果真是这样，我再挑剔什么，就是心理变态了。

其次，我的意见，我很清楚，完全只是一种学术观点，根本就不具有实际操作性，因为我说要加强表现，并不可能就真的改变现在的选课模式了，我只能是通过这样一种学术观点的表达，来让老师们在现有的基础上对表现教学给予重视，最大的可能性就是改进音乐鉴赏课的教学。当然，我仍然希望让学生真正自主选课，我们不要给学生擅自做主先就把鉴赏课给定了下来。其实，完全可以放手让学生自己去选一次嘛，先看看学生到底期待在音乐教育中获得什么。如果我们明明知道所选结果，就是偏偏不让他们选，那也没有关系，那就不要说是学生自主选课就行。看来这也不现实，因为实际上是我们认为开不出课来（其实并不见得，如果真正让学生自主选课，看能不能开出来，很多事情都是逼出来的）。所以，我也知道，我这种期望只是一种奢望。我并不是一个那么异想天开的人，我可能比老师们更现实，因为我更清楚这里面的难度。

第三，不能够孤立地理解开一年的鉴赏课到底是合适还是不合适的问题。从音乐教学自身的角度来说，像美国这样天天上课开一年也不嫌多（其实也有学校开一学期的），因此，按我们的开一年只有 36 节鉴赏课比较，我们就少得可怜了。所以，从绝对数字看，一年肯定是不多的。但是从各个模块比重的比较看，鉴赏课铁定占去了 2/3，我并不认同，即便我们的鉴赏课真是那么质量高。这就是一个学术讨论的问题了。其实这也不太现实，如果我们其他

	几个模块连课都开不全，我们就千万不要妄想我们的音乐鉴赏课质量会有多高了。而且，前面我已经表达了这个观点，之所以鉴赏课多，专家们首先考虑的还是它操作简单，容易教学，便于普及。这样的一种定位，已经给鉴赏课人为地降低了标准。至于赵老师提到的音乐鉴赏课开一年适合的另一个原因——我们的音乐课经常因为七七八八的事情而停开了，这当然就不是我们要讨论的原因了。 　　第四，其实我第三点要表达的意思是，音乐鉴赏课开课的时间长短，要和其他几个板块联系起来考虑，才有实质性意义。赵老师说："我觉得一年的音乐鉴赏是有必要的，正如学生也说过，音乐课上是繁重学习生活唯一的放松，听听不同的音乐，了解世界各地的音乐风格，喜欢非洲鼓的狂野，音乐舞蹈的奔放，拉丁美洲舞蹈的热情"，这句话我相信是学生说的，也是真话。但有两点背景应该考虑：首先，表明赵老师的音乐鉴赏课上得好；其次，学生是基于目前开课的现实情况而言的。因为他们并没有体验过开一年的"表现课"又会给他们带来什么样的感受。赵老师说的"这也未尝不是一种享受。除一年音乐鉴赏，比以前还是多出了模块学习"这句话，显然表明她对我观点的不赞同。其实，我们的观点根本就没有任何的对立，因为在前面，我实际上已经表达了这个意思，新课改在原有音乐欣赏课的基础上增加了这么多的板块，的确是一大进步和亮点，但这不能成为我们不要再进一步探讨问题的理由。音乐鉴赏课（我们暂且假定我们的欣赏课上得都很不错），当然能给学生以享受，但是不是就是我们音乐教育所能够给予学生的最大的享受呢？有没有可能如果我们加强表现和创造教学，就能够给学生更多的享受呢？ 　　赵老师也承认，如果要让学生把鉴赏和其他五个模块放在一起选，学生可能对鉴赏并不感兴趣，那么，我们刚才的设想，是不是有可能成立，即唱歌和演奏可能让学生获得更大的享受？其实，这就是一种思维的差异问题。我跟赵老师的观点没有任何的冲突，我只是假定如果让学生再体会一下别的模块，学生是不是有可能写出更能让我们感动和欣慰的抒情语句来？这是有可能的啊，但现在的确写不出来，因为学生还没有这种经历。 　　其实，要采用一种消极的思维态度，我可能比赵老师更加消极和容易满足，我会这样宽慰自己和他人：在这里讨论这些有何意

义啊，给学生上了音乐课，总比没上要强一万倍。不说上音乐课了，就是在课间休息的时候，给学生放点音乐听，我套用赵老师的话说，“这也未尝不是一种享受”啊。高中生同学们朋友们，你们也该知足吧，你们毕竟有音乐课上，想想还有许多的高中生没有音乐课上呢！我相信，像我这样的消极说法，大家也觉得挑不出什么大的毛病。但这样行吗？肯定不行。

很欣赏赵老师提出和我“不同的看法”，这样才能让我们更加深入地思考问题。实际上，就我的体会，我和赵老师的看法，的确是没有什么对立之处的。

赵老师上面的帖子，一方面表明了她对学生音乐需要的深入了解，特别是通过亲身体验给予了论证；另一方面，也表现出她对音乐鉴赏课的感情。我想赵老师的课会上得越来越棒，也会很受学生欢迎。由此，我也在设想，如果你下学期或下年度再上其他教学板块的课又会怎么样，我相信，同样甚至有可能更受学生欢迎，因为，好像在其他的帖子上有老师介绍过你的歌唱得很好，这就是上好音乐表现课的本钱啊。

不过，透过你说的这段话，“但这么做，有两点不好：一个是我变成配角，我只能偶尔给学生点评一下，学生让我唱我也唱一下，然后开开玩笑，让课堂比较轻松；二就是一节课唱不完，学生要求下一节课没唱的同学再唱。这样在有的老师看来可能就“浪费”一两节本来应该上书本上内容的课，而对于学生的强烈要求，我没有说 No，因为他们难得有机会一起唱着歌玩”。我也有两点提出来供你参考：一点是如果你不能忍受自己变成配角的命运，要真正上好音乐表现课可能就并非那么容易了；另一点是你不认同别的老师那种把“书本”作为教学的唯一和命根子的做法，这很好。但不要觉得给“让学生一起唱着歌玩”的机会，就是不务正业，就不是上音乐课了，或认为这是老师给学生的施舍。

11.

优秀教师的优质课，并不是“精心设计”出来的，那是他们全方位长期修炼的结果，那是一种自然、真实的流露和表现，它是一种教学的艺术，更是一种教学的境界。培养音乐教师的摇篮——高师音乐教育，你落后基础音乐教育改革与发展的需要，要说多远就有多远。

玉　成：

由于一直在外面跑，没有时间来这里学习了，心里很虚。但还是有几句话想说。

我在怀化与一位老师交流，他说现在的学生真的很让人灰心。你正好好地范唱，学生会说“老师唱的是什么啊”,“可不可以不唱了啊”。这位老师似乎已经习惯了,所以也不太计较。可是,我想说,学生这样说的根源就是老师的做法。我们问一下自己,有多少堂课,你注视过每一位学生的眼睛?当学生趴在那里睡觉的时候，你可能觉得只要不影响正常教学，不打扰别人，就随他去了。如果是这样，在这一刻，就是从心底里放弃了这个学生。当他不睡觉的时候，他就会对你说：你可不可以不唱了?因为他感受不到老师真正的存在，老师没有关注他。可能老师会觉得，要每一堂课都关注到每一个学生，多累啊，根本不现实。是啊，不现实，那就不要奢求受到忽视的学生和老师一样为音乐感动，因为你没有感动过他。

我忽然想起一个外国的教学例子。说一位同学偷了同室的东西，老师和学生经过一番调查后，最终发现了。同学们都用期待的目光看着老师，想象着老师对那位同学的严厉惩罚。那位同学看上去很不在乎，但却掩饰不住内心的不安与恐惧。老师拿了一根鞭子，严肃地走到他面前。电影在这里似乎停住了，用特写表现老师了一双深情的眼睛。老师说：是我对你关心不够，这是我的错，你打我吧!不打不行，还要狠狠地打。那位学生真的一鞭

	一鞭地抽在老师的身上，但泪如泉涌。 这过于理想化了吧，可是真的做不到吗？把学生当成平等的人来对待，尊重每一位学生，总有一天音乐会打动学生的。（如果上面的案例我曾经讲过，我也愿意在此重复一次，强调一次。它让我站在讲台上的时候，不敢稍有懈怠。）
 Dodozi：	就像郭老师所说的，思维有差异呀。呵呵，毕竟不是直接交谈，理解上可能会有点偏差。 但是难道我美化自己了吗？可能之前都是说的好的方面吧。其实我上课也存在很多问题，就像今天我坐车的时候就在想这个问题，然后看了孙老师所说的，就跟我想的是一样，那就是课堂上并没有关注到每个学生。 有个别的班上学生提的意见就是：希望老师还能再严格一点。因为我不太会批评人，也不喜欢去教训学生，这跟本人性格有点点关系，这样唯一的好处就是，调皮的学生不反感我。课堂外叫老师叫得很亲切，但就是上课还是不认真。其实像管理学生，应该多和班主任学习，大部分学生都是很服班主任的，知道骂他也是为他好，而别的任课老师和学生相处的时间少，特别是我们音乐老师，一两周才见一次面，如果我们方法不当，很容易让学生讨厌自己，从而反感音乐课堂。而我们不像别的老师都能喊出自己班上每个学生的名字，通常一个音乐老师教很多个班，这也更使得我们跟学生的距离比较远了。所以在课堂上，我确实没有关注到每个学生，一般女生会认真，但个别男生就有睡觉或是讲小话的情况。我曾想过一个办法，就是让不认真听课的学生表演节目，我想这样既不算是严厉的批评，又会有一定的效果，也是“小惩罚”吧。但后来上课就忘记了，从没使用过这一招，算是白说了，所以在课堂管理上我还是非常欠缺的。 还有一个问题就是，因为每次都是新内容，第一次上，总不那么好把握，我心里没底，也不知道学生什么反应，上的次数越多，修改也多了些，越上到后面的班级感觉就会越好一些。这就导致

<table>
<tr><td></td><td>第一次上的班，总是效果最差，每堂课都如此，学生也很难控制。
对上课没认真听的学生，我只偶尔在放音乐的时候走上去提醒他要认真一点，而并没有考虑他到底在想什么，没有更多地了解这部分学生的想法。其实，如果真正再和这些不认真的学生聊一聊，相信会有更大的收获，你关注了他，他才会关注你、尊重你。所以啊，路漫漫其修远兮，吾将上下而求索。
再补充一点，我的歌其实唱得不咋的，小点的作品还一般般，稍大点的作品就不行了。希望郭老师不要把我想象得太好哒，因为以后如果有幸请郭老师来听课，我怕您会失望的。
还要感谢孙老师，从您的帖子里我又得了一些启发，而且还是正好我看帖之前想到的问题，所以很惊喜啊！</td></tr>
<tr><td>
郭声健：</td><td>我理想中的高中音乐课堂教学管理，不是我们传统意义上理解的显性管理，而是一种隐形的管理。它首先是通过音乐作品、学生音乐活动形式来吸引学生，同时是通过老师自身的魅力来凝聚学生，而不是通过“严格”的纪律来控制学生。这第二个方面，我认为在高中阶段是最为有效的一种管理。我在纽约熟悉的两个高中音乐老师，给了我强烈的对比感受：一个老师自身专业素质更好一些，教学方法也不错，但总给人一种难以亲近的感觉，一堂课下来笑脸不多，所以，尽管她所教的班级只有 20 多个人，但每堂课都得维持一下纪律。另一个老师，我感觉尤其在教学方法方面，显得比较传统，但在课堂气氛方面明显要好过前面这位老师，她任教的班级都是 50 人以上的大班，但我看到，一旦需要学生静下来的时候，真的只要一个“嘘”的手势（食指放在嘴唇边），学生马上就安静了。
大家想象得到，我在前面介绍过的，这位老师在课堂上称呼学生是“Ladies and Gentlemen”，表面看去在课堂上老师总被学生唤来唤去，甚至有点不像个老师，但是，非常明显地看得出来，学生都很喜欢她，我感觉这位老师的确更可爱。由此，我在设想，如果在我们的高中同学心目中，他们的音乐老师很可爱的话，那是不需要老师自己再去管理课堂了的，即便有个别喜欢恶作剧的同学，那</td></tr>
</table>

也肯定不用老师自己出面，其他学生就把他给管住了。

赵老师强调自己的教学还存在着许多问题，肯定的，每个老师的教学都不是完美无缺的。但在我看上去，你说的那些问题，都是小问题，甚至不是问题。另外，将来方便的话，我一定带我的研究生去听你的课，就作为我指导你写论文的一个交换条件吧。不过，不要有任何压力，我们是去学习的。而且我会尽量少说话，如果需要我说话，放心好了，我绝对不可能像在这个论坛上给人留下的印象一样，那么容易情绪激动。我的骨子里是非常敬重一线老师的，而且我自认为自己还比较善良。

玉成的观点我赞同。我们在听优秀老师的公开课的时候，我想，模仿这堂课的教学形式和方法是次要的，更主要的是要通过观摩公开课能引发自我思考，其中一个值得每个人思考的重要问题是：同样的教材，同样不熟悉的学生，为什么教学效果大不一样？其实，这里面说明的是一个非常简单的道理：对于教学活动而言，起决定性因素的还是老师。学生不好好听课，不能让音乐感动，甚至对自己表现出不尊重，主要的原因还是老师自己。所以，当我们在教学中遇到烦恼的时候，我们千万不要一味地去指责学生、埋怨教材和教学设备，甚至怨恨领导对音乐教育不重视。很多东西我们无法改变，但我们可以改变自己。

我想，在同样的一个学校里，各个学科都会存在这样的问题，不同老师的教学受学生欢迎的程度就是不一样，我相信音乐教学同样如此。如果一个学校有好几个音乐老师，我倒建议交叉排课，同年级最好由不同老师来上，这样，互相之间有一个交流，更有一个比照，对老师自己也是一个非常大的促进。对中小学教学我不太了解，对研究生教学我是感受颇深的：同样一套试卷考进来的学生，经过同样三年时间的学习，毕业时的水平差距明显。造成这种差别的最主要的原因就是：老师自身的学识水平、指导水平、责任感和敬业精神的不同，老师才是决定性的因素。

我们中还有一些老师是属于“不想事”的那类人，教学效果好不好，学生喜不喜欢上课，无所谓，我也不把责任推给谁，学生你爱喜欢不喜欢，你爱上不上。其实，往往这种人又不能真正做到无

	所谓，又没有修炼到这么高的境界，一旦遇到不开心的事情，可能更是想不开。“不想事”最终导致的结果会是“不得不想更多的事”，而且可能是更多的烦心事。当我们在教学中遇到问题的时候，如果我们老师总是宽慰自己无所谓，那么，不但问题没有解决，而且问题可能越滚越大，最终导致某一天爆发。 所以，对于一个老师来说，具有自省精神，加强忧患意识，是很重要的。教师工作不是机械生产流水线，他的工作对象是活生生的人，自己的一言一行一举一动，学生都会看在眼里记在心里，并且会有即时的情绪反馈。我们修炼得最好，也不可能根本就不在乎学生对自己为人和教学行为的评价，既然这样，我们与其被动地让学生去评论，还不如主动地去适应学生。而适应学生，就意味着对自我的调整。这种调整，既是心态上的，更是素养上的。而无论是心态上的调整还是素养上的提高，除了加强自省精神和忧患意识之外，最重要的恐怕还是不断学习了。不要以为老师是教学生学习的，学习对老师来说不重要。其实，终身学习，这个词汇并不是针对老师而言的，但对老师却具有更为重要的意义。信息社会，不仅知识更新快，而且传播渠道畅通，传播速度快，如果我们不加强学习，不仅容易被新的知识系统所抛弃，更有可能落伍于我们的学生。 谈到学习，我觉得老师们在这方面意识还不是非常强，或者是有这种意识，但拿不出行动。今天是18号了，是我宣布我的论文写作培训活动的人选的日子。其实，人选我已经早几天就宣布了，就是赵老师和徐老师两位。说出来可能大家不相信，真正给我写邮件报名的就三个人，因为考虑到另一位老师基础好，任教年限长，且在外省，不太符合我的入选标准，最终我没有答应，我相信这位老师是能够理解的。这样，赵老师和徐老师就是当然人选了。 其实，当初确定2～3名老师这样一个指标，也不过是先给自己准备一个台阶，一方面怕没有人参与，另一方面也想象着万一有许多人感兴趣，我可以随时扩充指标，来个皆大欢喜。对于我来说，多几个人，也就是多花点时间而已。当然，之所以会没人对这个活动感兴趣，原因可能是多方面的：可能对我的为人和能力不信任，不知道我怀的是什么鬼胎，怕我带笼子，搞传销，还是别上当

	受骗的好；可能觉得这东西没有价值，能写个文章又能怎样；也可能是老师们对自己不信任，怕搞不出什么名堂；还有可能是老师怕报了名，我没有同意而丢脸了，不值得，等等。对于最后一种可能性，其实，我也多少料到了，所以，我特别强调要通过电子邮件报名，而不是通过论坛来表白，这最多也就是你我知道的事情罢了。这件事，我觉得，首先还是老师们意识的问题，或许把这个事情看作是一个单纯的写文章的事了，当老师们觉得这东西根本就没有用处的时候，也就没有什么兴趣了。事实上并非这样，从我的角度来考虑，我希望不仅通过这样的活动来提高老师的写作能力，而且作为一种很好的教研形式，可以有效提升老师们对自身教学行为的理性思考。 现在想想，幸亏没有答应薛晖老师说的，在QQ群里打广告做宣传，否则我的脸就丢大了（开个玩笑）。有朋友跟我调侃说，这还不会有很多人报吗，这是免费读硕士甚至读博士啊。可能我这朋友也是巴不得让我丢个丑，先让我充满期待，然后再让现实给我一个教训。的确，我可能还没给自己定好位，从这件事情上，我也该好好反思反思自己了。 我现在把这个内情披露出来，希望不要影响到赵老师和徐老师的情绪，别的不敢说，我至少可以向你们保证：不会让你们为自己的决定后悔。
 玉　成：	理想与现实之间，总会有一些差距，写论文一事亦是如此呵。虽然只有三个人报名，毕竟郭老师已经达到了预期目的，可喜可贺！昨天见到赵老师，觉得经过基本功比赛，更加沉稳了。相信赵老师以后的课会上一个台阶，我也想经常去听啊。 本版主以全力支持本帖！
 Dodozi：	孙老师不要再夸奖我了，还希望多多指导我。 也想跟郭老师说声谢谢！其实单单通过论坛中的交流，就让我们学习和理解了很多课堂上学习不到的东西，我就很满足了。

	今天是我们新课程培训的第二天，请的是江苏南通中学特级老师蒋维老师来讲解湘版《音乐鉴赏》的教材及她的一些教法，虽然在长沙就听过，但是我还是想再听一听，多听一次又有更新的体会，也越来越佩服蒋老师对每一堂课的精心设计。我的课和她的比起来，那真是天壤之别。无论从活动的设计还是知识的渗透，无论是课件的制作还是资料的选择，都让我们每一位听课的老师敬佩不已。 举一个小例子，蒋老师的课件图片很多都是自己用Photoshop合成的，不同的课题做不同的背景图片。作为年轻老师，对计算机的使用应该是最多的，而我还老是自称网龄很长，看到蒋老师每课精美的课件，有些甚至不知道是怎么弄的，真是觉得惭愧，同时，也让我明白，为什么蒋老师能像她说的一样受到学校最好的待遇，受到学生最大的尊重与喜爱。从长沙回来之后我也给自己在这个假期设立了一个小目标，学好Photoshop，更好地为教学服务。 明天我也要上一节交流研讨课，还是在蒋老师后面上，紧张啊，非一般的紧张。
 郭声健：	首先，预祝赵老师明天的交流研讨课能够更上一层楼。 我不太清楚现在公开课的叫法，如果真有“交流示范课”和“交流研讨课”之分，那真的很不错。就我的理解，顾名思义，交流示范课具有示范的性质，它是一堂比较完善和成型的课，它就是教学摹本，目的是让大家来仿效。而交流研讨课，则重在研讨，重在探索，不一定很完善，甚至从正统的观念评价还不一定对，但一定有创新或有亮点，有能够引发大家进一步讨论和思考的地方。我觉得，对于像老师们所介绍的蒋维老师这样的优秀特级教师，就比较适合上示范课；而对于像赵老师这样的正在成长中的年轻教师，则更适合上研讨课。因为，你要一个优秀教师故意把课上出问题来以便大家来研讨，和要求一个年轻教师把课上得像特级教师那么完美，其难度是一样大的。当然，我并不是说示范课就没有了研讨的价值，

	我的意思是，示范课的示范价值要高过研讨价值，而研讨课的研讨价值要高过示范价值。 　　赵老师感到在蒋老师后面上课，更为紧张，因为觉得蒋老师的课已经非常成熟甚至完美了，而自己的课即便是完全模仿蒋老师的课，显然也要逊色一些。这种感受能够理解，但是不要有什么压力。首先，你的定位很明确，你是一位年轻教师，你不是特级教师，你是学习者或探索者，而不是榜样或示范者，这样你就可以甩掉人为背上的“荣誉”包袱；其次，蒋老师的课是示范课，你的课则是研讨课，而对于研讨来说，就并不见得课上得越完美，其研讨价值就高。有可能恰恰相反，太完美的课，研讨的空间不大了，而问题多多的课，研讨的空间大，研讨的话题多，因而研讨的价值也可能更大。因此，只要赵老师抱着这样的一种心态，甘愿把自己作为一个靶子让老师们去挑剔，自然就没有什么压力了。 　　只可惜，我上面这番谬论，赵老师在上课之前是看不到了。其实，我不是为了给你释放心理压力才说这番话的，我所理解的教研方式就是这样。我们需要示范课，同样需要研讨课，彼此不能替代。若只有示范，没有研讨，全国音乐教师都按照某个特级教师的教法去上课，一方面不可能，另一方面也不见得就是好事情。我们需要营造音乐教学百花齐放、百家争鸣的局面，只有这样，我们的教学才能够不断进步，这对于音乐课程来说，尤为重要。另一方面，若只有研讨，没有示范，我们的音乐教学没有了一个基本的评判标准，同样也不行。优质课有优质课的基本特征，若音乐课“百花齐放、百家争鸣”得没有了这些基本特征，那我们的音乐教学同样也不可能健康发展。所以，我们的音乐教学既要追求一种没有问题的完美境界，同样也要追求一种不断生发新问题的研究空间。 　　这个问题，让我联想到赵老师说的另一句话，即“单单通过论坛中的交流就让我们学习和理解了很多课堂上学习不到的东西，我就很满足了”。可能这是赵老师对我们的一种鞭策和鼓励，也可能是她的真实感受。 　　从本帖开辟到今天，我一直在强调这样一点：我们在论坛上的讨论，侧重于提出问题和研讨问题，但答案是开放的，没有谁对谁

错的问题。我们根本就不可能像特级教师那样，给老师们提供一个教学摹本，那根本就不是我们所能做到的。我们只能在观念的层面上提出一些问题，让大家来思考，进而反思自己的教学行为。从这个角度上看，我们现在的研讨，其价值就有点像我们的研讨课，而不是示范课。那么，我们这种网络交流的价值可能更多地体现在不停地抛出问题，而每个参与讨论的人则从不同角度来思考这些问题。这就相当于看一本书，我们从书本上得到的东西，的确可能如赵老师所说的能“学习和理解很多课堂上学习不到的东西”，而这句话又隐含着另一层意思，就是“我们还有很多东西是从课堂上直接学到的”。这里所指的课堂，既包括我们的教学示范课课堂，同样也包括我们自己所天天要去的常规课的课堂。书本的理论知识和理性思考不能少，课堂的实践经验和体会更不能少，这两者也是缺一不可而且是相辅相成的。这么一分析，我觉得赵老师上面说的那句话，既带有鼓励的成分，也同样应该是一种内心感受的表达。

不过，阅读一本书和观摩一堂课，虽然都有价值，但价值却体现在不同的方面，而且价值的实现方式也不一样。观摩一堂课，价值的实现会立竿见影，我回去马上就可以照着去上自己的课；而阅读一本书，价值的实现则潜移默化，它对教学实践的影响，可能要通过很长时间的消化领悟才能见效。大家别介意，我在这里无意识地把我们的网络论坛的交流当作是阅读一本书了。其实，纸质书是书，电子书也是书，在未来，虽然后者不可能取代前者，但电子出版物的分量会显著加重。这实际上只是一个出版呈现方式的差异问题。如果我们把现在网络上的对话整理出版，它就是一本书了，而且还是一本可读性强的读物呢！

看得出，赵老师对蒋老师的教学设计羡慕有加，说她“越来越佩服蒋老师对每一堂课的精心设计”。从老师们的夸赞中我能想象得到蒋老师的课一定是很富有美感、很让人享受的，也期待回国之后有机会观摩，至少通过录像学习学习。此前，我也看过一些优秀课例，也评过一些优秀课例，我感到，其实，真正优秀的音乐教师的优质课，并不是“精心设计”出来的。不知我们留意没有，许多优秀教师，完全可以拿着新内容，面对新学生，即兴地示范教学片断，

应该说，这中间就不存在什么精心设计的问题。这就是一种教学境界，高境界的教学，是设计不出来的，那是一种教师全方位长期修炼的结果，是一种自然、真实的流露和表达。这就是为什么许多优秀教师，只要一站上讲台，面对着学生，不要说太多的话，不要做太多的动作，就能在很短的时间里能够深深吸引学生的原因。我们知道，这种吸引，根本就不需要通过设计来实现。

这种教学的境界，就是一种教学的艺术。或者说，教学的艺术，就是一种教学境界。对于这个问题，今年博士生毕业的邓兰，可以给大家讲讲她的理解，她写的博士论文就是《艺术教学艺术的审美追求》。我在这里代老师们向她发出邀请。

做课件，一直是我的一块心病，我知道它很重要，就是没有信心去尝试去学习。现在买了个苹果电脑，里面的设计更加丰富，可依然没有派上用场，甚是可惜。此前有一种错误的观念让我对这个问题没有引起特别的重视，认为我完全可以通过自己的口头讲解来实现教学目标，现在看来的确落伍了。所以，回国后，我准备专门请人教我一次，争取以后参加讲座之类的活动，不要太土气。我不求一上台就吸引听众，但求通过课件的支撑，一上台就不至于太土气而倒听众的胃口。

邓　兰：

非常荣幸接到郭老师的任务，我已将学位论文放到了网站上，之所以迟迟不敢挂出来，不是因为保守，而是确实没有自信，怕遭人笑话。这绝不是谦虚，而是对自己清晰的认识。论文得到了郭老师的悉心指导，但受自己能力的局限，最后成文并不尽如人意。今天郭老师在论坛上给我布置任务，虽然让我内心有些忐忑不安，颇有压力，但也逼着我抛开层层顾虑，把论文拿出来晾晒于大众之下。无非是探讨问题，越是有缺点，越是要在交流讨论中得到提高，这是多难得的机会，又何来丢人呢？所以在此，我将我的论文基本思路和基本框架内容简单介绍一下，敬请各位老师、各位学友给我提出宝贵的建议和意见。我的学位论文题目是《艺术教学艺术的审美追求》，也就是以审美为主线，探讨艺术教学的

| | 教学艺术。
关于教学艺术的研究由来已久，甚至可以追溯到古希腊时期苏格拉底的产婆术，而自从 17 世纪捷克教育家夸美纽斯首先使用“教学艺术”这一概念之后，对教学艺术的研究经历了一个萌芽期、发展期和逐渐繁荣期至今，对它的研究也逐渐由宏观走向微观，也就是说学科教学艺术的研究逐渐兴起。但是当其他学科积极从艺术当中吸取养分，以美的教学打动学生的时候，艺术教学却鲜少有自己的教学艺术的研究。这其中有种种原因，但绝不是不需要对艺术教学的艺术作一番研究。研究艺术教学的艺术，其根本目的在于促进艺术教学的实施与其价值诉求相契合。当艺术教学实践努力追逐其教育理想时，当艺术教学实践与其价值的真正实现出现偏离时，艺术教师急需由本质及现象、由感性及理性、由认识及实践的有针对性的艺术教学艺术的研究予以实践的指导和教学反思的参照。如果没有对艺术教学艺术的理性思考，那么艺术教育的审美理想很可能又会在实践中偏离它应有的轨道而不自知，失去它价值的真正体现。
要研究教学艺术，首先要对它有个定位，究竟什么是教学艺术呢？首先，教学艺术是为了提高教学效益而生的；其次，教学艺术是通过艺术的特质在教学中的彰显而达到提高教学效益的目的；第三，艺术的特质也就意味着它在教学中以感性、审美性等来彰显自我的存在。因此，教学艺术就是使教学充满艺术性，使教学活动艺术化的一种特殊的艺术，是教师以艺术的方式来把握教学。它能改善唯理性至上的教学所带来的不良之处，发挥科学所不能。它能发现和表现教学中的艺术美存在，让教学融进美的创造和追求，使教学由此而达到艺术的境界，在这独特的艺术境界中，使教师的教更有效果，学生的学更有意义，那就是教学艺术对教学的最大意义所在。由此看来，艺术教学艺术就是教师以艺术的方式把握艺术教学，这是多么自然而然的一件事情，讲究教学艺术的艺术教学，是一种最合适的教学，它意味着艺术教学应遵循艺术审美育人的目标追求，无论从内容、形式、方法等都让学生获得美的感悟。这样的教学自然须以艺术为本，艺术的教学， |

如果不以艺术的思维从整体上来把握，如果不以艺术的形式来承载艺术的内容，如果不以艺术的手段来达成艺术的目标，如果自身不具备自由的、感觉的、整体的审美意境，那么纵然是以艺术为内容的课程，我们也不能称它为艺术教学。因为，艺术在教学中没有以它本真的方式被呈现，学生也没有在教学中获得艺术的真谛，反而，他们可能会因为不恰当的教学而误解艺术，远离艺术。

这样的教学应该是顾及到每一个学生的艺术体验，而不至于有失偏颇；它不会在学生和艺术之间横插一杠，而是使学生自始至终都沉浸在审美的氛围中；它能很漂亮地将艺术美表演出来，而不是蹩脚的展示；它不让艺术陷入孤芳自赏的小圈子，但又不至于失却其本质。由此看来，要实施好这样的教学，不限于技术的运用，不限于科学的理性，不限于教条式的规矩，它是理性与感性的和谐相处，这一定需要有教学艺术的思维来驾驭。可以说，艺术教学审美特质的体现、育人价值的实现急需以审美尺度把握教学的教学艺术的良好实施。没有对教学艺术性的把握，其他非艺术学科的教学不至于失去自己的本性，只是教学效率会降低。而艺术教学对教学艺术的追求，与其说是为了让教学内容能得以更好地传达、被高效率地接收，倒不如说是为了让艺术能够被合适地表达、恰当地接收。更准确地说，艺术教学价值的实现倚仗审美的教学艺术，艺术教学艺术的审美理想恰是来自于艺术教育的审美理想。

我的研究遵循这样几个思路：第一，艺术教学艺术质的规定性在哪里，以此它才能彰显自我的存在？这也决定了它与其他学科的教学艺术相比，有哪些共性，又有怎样的个性？第二，艺术教学艺术的价值诉求在何处？我来研究艺术教学的教学艺术，是要建立一个完整的以供参照的体系，还是侧重于解决实际教学中的问题？（当然是解决实际问题）第三，艺术教学艺术以什么来作为自己把握实际教学的尺度？既然教学的艺术设计不能被规范，那么又凭什么才能说明这种艺术教学就是艺术化的教学，而那种教学就不是艺术化的教学呢？第四，艺术教学艺术究竟以怎样的表现形态示人？对它的研究怎样既不陷入技术主义范式和神秘的

	不可知论，又能切实地给实际教学以指导？论文循着这样的思路而展开，除导论外共分为四章，其中，导论主要交代研究的缘起、研究的目的与意义、研究的方法和研究的现状与反思。第一章和第二章是理论上的论证，主要分析了艺术教学艺术的审美本质、审美理想的来源、概念的界定、审美的特质、审美的理想，美学理论基石，审美实践尺度的把握；而第三章和第四章是关于艺术教学艺术实践的探讨，持艺术教学艺术的审美理想，以美学基石和审美尺度为依据，发现现实教学存在的问题，分析艺术教学艺术审美缺失的现象与根本原因所在，并进一步根据不同的艺术教学板块提出艺术教学艺术的实施建议。各章基本内容如下： 　　第一章，艺术教学艺术的审美理想。艺术教学艺术是因艺术和艺术教学而产生的，因此它的审美理想当从艺术和艺术教学当中去寻觅。一切艺术的本质规定着艺术教学艺术的本质属性，审美是艺术的最根本价值，因而审美也是艺术教学艺术的本质，其实它应当是一切教学艺术的本质。没有审美的表现，教学艺术也就无所附依。教学艺术使教师高超的技巧、教学的机智、主体的经验、内心的自由精神等等以审美形式得以较好地展示，而学生通过对艺术美的感受，得以毫无阻隔地进入自我真实的、自由的内心世界，以这样的状态来享受学习，在学习中体验幸福，并同时获得了美感培育，这便是教学艺术以艺术的审美特质为教学做到了其他所不能为之事。因而以审美作为教学艺术的本质可谓实至名归。艺术教学艺术树立起审美的理想，更是为了艺术教育审美育人理想的实现。通过对已有实践的反思、通过来自理论研究的启迪、通过对实践的音乐教育哲学对审美音乐教育哲学“二元对立”的批判的辨析，本文认为，无论从中国艺术教育的现实出发，还是从艺术教育的内在品质而言，中国艺术教育必须要坚持其作为审美教育的属性，艺术教育的审美属性不容质疑。艺术教学是实现艺术教育审美育人理想的主要途径，但它却常会处于学生喜欢艺术却不喜欢艺术课堂的窘境，而形成这一窘境最本质的两个原因在于：艺术教学没能成为师生共享的审美的艺术活动，艺术教育没能坚守审美的本质属性。于是艺术教学艺术的审美理想追

求也就以此为据：让艺术教学成为审美的艺术活动；助艺术教育坚守审美的本质属性。

第二章，艺术教学艺术的审美尺度。艺术教学艺术需要美学的引领，古今中外有着许多的美学流派，其中中国的儒家美学、道家美学和禅宗美学，国外的他律美学与自律美学、解释学美学与接收美学以及艺术符号美学对艺术教学的影响最直接，从它们那里获得的启迪，都帮助本文审视艺术教学艺术，如何遵从艺术的审美品格，如何尊重艺术的本质，如何巧妙地开启学生的审美心理，恰当而全面地为学生展示艺术的魅力。更为重要的是，既然艺术教学本身就能成为一种自由、自然、自享的艺术活动，那么这样的艺术活动，自然是能够从美学的视角来审视的。艺术教学艺术还需把握好自己的审美实践尺度，也就是把握好艺术教学中切实存在的，彰显艺术教学审美特质的关系。首先是把握好艺术与人的关系，既指分别把握好“艺术与教师”、“艺术与学生”的关系，更指把这种关系诠释为艺术与“学生和教师”的关系，也就是说学生和教师在艺术面前情绪达到共融，共同作为陶醉于艺术中的“人”，并与艺术中所蕴含的生命相交往。其次是把握好艺术内部各门类之间的关系，一切艺术都是人类感觉体验的表达，只是各自所用到的感性材料不同，因而艺术教学艺术既要能给学生综合的艺术感受力，又要能使他们体味不同艺术的个性。最后是把握好艺术与非艺术学科间的关系，艺术不是孤独的存在，它与非艺术学科间相互渗透、相互融合、相互影响、相互表达，艺术教学艺术不能让艺术教学囿于孤芳自赏的小圈子，而是在以审美为核心的基础上好好展示这种关系，使学生得以更好地理解、学习、欣赏艺术。

第三章，艺术教学艺术的审美缺失。缺失了教学艺术的艺术教学，无法使学生真正得到艺术的审美体验，自然也无法实现艺术审美育人的价值。当然，实践中的艺术教学是非常复杂的，审美缺失在不同的时间段有不同的表现，实难一一作出评析，在此，论文着重对当前艺术教学进程中突出的问题作出分析。在当前艺术教育改革的良好背景下，智育化和德育化的倾向已不十分明显了，

	许多艺术教师都拥有了先进的教学理念，并积极将其运用到教学当中，以形成自己的教学艺术，但也常常会出现矫枉过正的现象，以至于使这种教学艺术只有艺术之形而无艺术之实，虽有审美的理想，却并没有将这理想贯彻到位。在艺术教学中以模仿代创造、以情景代意境、以娱乐代愉悦；处理师生关系时，教师仅作为学生审美活动的旁观者而存在、学生作为教师艺术表演的欣赏者和艺术设计的配合者而存在；在教学评价中，教师对学生使用单调乏味的评价语言、进行一味赞誉式的评价，让学生间的互评流于形式，教师无视于学生在教学中对自己的教学反馈和对教师教学标准划一的评价，都是艺术教学中艺术审美缺失的表现。论文将上述诸种现象在现实中的表现一一列举，并从理论上做出分析，在一定程度上提出了解决建议。 　　第四章，艺术教学艺术的审美实践。本文把艺术教学分列为“感受与鉴赏”、“表现与创造”和“知识与技能”三个领域，在明确各自教学目标的前提下，来更有针对性地探讨艺术教学艺术的审美实践。感受与鉴赏的教学艺术，能够对材料加以完善和利用，选取符合中小学生的接受水平、具有独特性和新颖性的艺术以供学生欣赏，能让学生自然地进入到艺术的形式与内容的有机统一体中，能让学生获得积极对待多元文化艺术的鉴赏态度，并从充满感性的直观入手，通过艺术化的语言，在既有“形动”更有“心动”的状态中，使学生获得审美的接受。表现与创造的教学艺术，就是在保护与尊重学生创造性思维的基础上，营造合适的环境，给学生以足够的信息刺激来激发他们的灵感，让他们展开艺术化的想象，在合作中自在、自信地展示自我。知识与技能的教学艺术，就是能让艺术知识与技能的学习摆脱枯燥乏味的境况，让学生因为强烈的要在艺术中自我实现的需要而主动产生学习的欲望，营造自由快乐的学习氛围，让知识与技能的学习自然地渗透于艺术当中去，让学生在快乐中学习知识和技能，鼓励学生自由驾驭知识与技能，使知识与技能的学习本身就成为一种艺术享受。 　　论文存在着诸多不如意之处，但其中最主要的几个尚未解决

的难点在于：1. 因为在写作中较多将教学艺术结合在艺术教学中来论述，因此未能十分清晰地体现出教学艺术与艺术教学两者的区别。(其实我在想究竟要怎么研究"艺术教学艺术"时，真的很费了一番脑筋，这个东西太抽象了。我常想，艺术教学艺术反映到实践中，应该就是好的艺术教学，所以实践我就从艺术教学本身来进行探讨了，就是把教学艺术渗透到艺术教学当中来。是否应该更具体探讨教学艺术的操作，思考教学艺术如何巧妙运用各种教学手段来达成审美的追求，从这一角度来进行研究，也许可以让教学艺术更具体化、显性化。比如像郭老师跟我提过的，针对第一个问题，可以提出营造艺术教学的审美意境，这就是教学艺术要做的；针对第二个问题，提出建立审美化的师生关系，这也是要通过教学艺术来解决的；针对第三个问题，则是构建审美意味的评价机制。) 2. 此外，关于艺术教学艺术的具体实践，我并未提炼出适用于艺术教学各领域的带有普遍操作意义的基本原理。(其实在写作的时候，我一直想打破教学艺术研究的常规性思维，也就是说不想规定出一些条条框框来，让老师对照着来做，我想给艺术教学艺术的实践一些更自由的描述，更多的是启迪老师们的艺术思维。所以我并没有把实践归纳为十分具体的操作范式，但是后来我感觉我做得并不好，因为这样又让实践也显得有些概念化了。)

真诚地向诸位求教!

陈　瑾:

有十来天没有上网了，更新的帖子看了大半天，还是觉得消化得不够，有点不太敢说话了，这正是郭老师说的越是不说就越是不敢说!

看了薇珊的帖子。我们每次和她在一块谈起学习上的问题时，她对于自己从幼年就开始接触的舞蹈是情有独钟的，一直对于舞蹈有一种强烈的使命感，这点是我们学习音乐的同学自叹不如的。她和我谈起过当前舞蹈研究的现状问题，尤其是基础音乐教育中的舞蹈教育问题，虽说，我们都了解舞蹈在现在的基础教育中没

	有独立的地位，但是当时我总觉得她说得有点危言耸听，因为经常在一些刊物上看到有关舞蹈教育的文章，而且现在课改的理念中强调学科的综合，从我听过的一些示范课来看，为了鼓励学生参与，有些音乐教师会在一些音乐活动中加入舞蹈教学的内容。站在音乐本位的角度，我并不认为非要为舞蹈争取到在基础教育中的一席之地，我也多次劝她，现在中小学要求开展集体舞教学，这就已经是迈出一大步了！ 　　不过对于舞蹈教学，我们又似乎不应该只看到现在基础教育中的这种现象。青少年宫的幼儿音乐培训课中，报名最多的就是舞蹈，民族民间舞和拉丁舞的班都是最好招生的；在社会音乐活动和社区音乐活动中，舞蹈教育和舞蹈活动也是最容易普及的；在目前的高师招生中，主专业的选择存在失调的现象，声乐专业的太多了，这时候我们会劝学生根据自己的条件转主专业为舞蹈，原因只有一个——好就业！以上我也只是列举我们生活中看到的几种现象罢了，也许还有很多其他的现象，从这些方面来看舞蹈并不是没有市场的，再看看当前基础教育中的舞蹈无独立的立足之地的现象会觉得反差巨大。也许我们是应该给舞蹈投以更多的目光，因为它在培养学生的音乐感受力和表现力上有着其他音乐形式所不具备的优势！ 　　杨丹所说的高师音乐教育的问题也是我们在日常教学中碰到的问题，她是一位敬业的好老师，虽然是一位新老师，但我们系里很多学生都很喜欢她。她同时教授专业的欣赏课和普选的欣赏课，我想在教学中应该会有很多不一样的体会，普选音乐欣赏的同学学习这个课的目的应该是更加明确一些，而通过这个课的学习所获得的收获是更加实实在在的；而音乐专业的欣赏课对学生的要求肯定不仅仅是限于提高音乐修养方面的，更重要的是还能让他们也学会教授中小学的音乐欣赏课。由于目前在中小学的音乐教学中音乐的感受与鉴赏还是最为重要的，因此，在高师欣赏课中达成一个良性的与中小学欣赏教学的沟通与循环也是非常有必要的，所以，杨丹的自组教材和让学生自主授课都是很好的教学尝试。

此外就是杨丹所说的参加教育实习的问题了。教育实习带队的指导老师真是非常的关键，也可以是混日子不用费什么事，但是真正与学生同吃同住，并指导他们一步步从教学的懵懂中走出来，逐渐提高音乐教学的能力，看到学生的进步是非常欣慰的，同时这对于自己在音乐教学中的积累也是很有帮助的。我带过几次实习，每次都留下很多珍贵的资料，有学生进行的中小学音乐的调查报告，有他们上公开课的教学录像，有他们指导的学生汇报演出，等等。作为高师的教师去指导实习，在实习活动中感受的“教学相长”的确是真实真切的！

邓兰的帖子里说到了她一次面试的经历，我不由在想，对于一名研究生或博士生而言，理论和实践到底应该各占多少比例。兰兰说应聘学校对她的评价是：“理论非常满意，实践亟需改进”，其实，我们想想实践是真正要通过在一线的锻炼才能够积累的，她一直很顺利地读大学、硕士、博士，在这一过程里接触实践的确不多，可是我想真正走入了教学的岗位以后，以她的基础和资质，要提高教学实践能力也绝不是件困难的事情。不过，在我们日常的学习中，我们也的确可以多听课，多关注音乐教学一线的情况，以此来丰富我们对当前音乐教学现状和理念的了解，但是这毕竟也只能是一种间接经验，了解实践和提高实践能力毕竟是两码事，要想真正提高“实践”能力，还是必须直接参与一线的教学，所以兰兰千万不能有沮丧和失落的情绪，等你真正开始了解和接触音乐教学以后，一定会提高得很快的！

郭声健：

陈瑾的帖子里特别谈到了高师音乐教育如何加强和中小学音乐教育沟通的问题。就这个问题，我也谈点感受。

我在前面特别说过，面对中小学如火如荼的音乐课程改革，我们培养未来音乐师资的高师音乐教育行动是滞后的。虽然近年也有不少课题立项，但很显然，个人的课题研究行为和政府支持的课程改革无论在性质上、力度上，还是在效果上都是无法同日而语的。可以说，传统的高师音乐教育课程设置和教学模式基本上继续得

| | 以维持，培养出来的毕业生的综合素质特别是教育素养并没有得到根本性改变。中小学课程改革之初，我就在一篇文章中写过，如果我们的高师音乐教育对中小学音乐课程改革无动于衷，不能跟进或超前改革，其办学目标和模式不能根据就业市场的需求变化而变化，将来总有一天，我们会要受到市场规律的惩罚的。现在大家不改，是被虚假的生源繁荣景象所迷惑，一年不如一年的就业形势现在还不足以触动我们那根危机意识的神经。
高师音乐教育怎么改，这需要我们研究与探索，但到底改不改，这是前提，这是意识问题，是认识问题。当我们认识到这个问题的重要性和严重性之后，我们自会认真去研究和探索。有感于目前我们培养的高师音乐教育专业毕业生对中小学教育实践的不适应，也有感于美国音乐教师教育“学以致用”的理念与实践，我深切感受到了我们的高师音乐教育的落后现状。不改真的不行，不仅阻碍高师音乐教育自身的发展，同样也阻碍中小学音乐教育的改革与发展进程。
高师音乐教育到底怎么改，这是一个大课题，更是一个系统工程，三言两语根本就讲不清楚。它涉及培养目标的定位、课程设置、教学内容与形式等各个方面。其中培养目标的定位问题相对好解决，这是一个认识问题，是一个实事求是面向市场的问题。但课程设置相对较难，难就难在目前我们的高师音乐教师现状还不足以让我们构建科学而全面的课程体系。而教学内容与形式，虽然同样与教师素质有关，但毕竟可以从我做起，从现在做起，只要老师们具有改革的意识和应有的责任感，身体力行，就可能收到好的效果。
和中小学音乐课程改革一样，高师的改革，关键的因素也是教师自身。目前存在的一个最大的问题是，大家明明知道我们培养的学生将来是要去当中小学音乐老师的，但根本就没有意识到此时此刻我应该为此承担的责任，或许是意识到了，但就是不想承担责任，或者说不想革自己的命。我还是我，我该怎么教还是怎么教，这就是我的工作，我完成我的工作就行了，至于学生将来是否胜任工作，跟我个人毫不相干。这样的意识，真的很可怕，它直接导致的后果是，提高学生教育教学素养的重任就落在一两个教学法老师的身上。当 |

然，教学法老师责无旁贷，教学法课程也同样需要与时俱进，但我认为，提高学生的教育教学素养，仅靠一两门教育学和教学法课程，是远远不够的，理想的高师音乐教育，不论是什么课程和什么老师，其教学都必须给学生起到示范作用。

我在《美国音乐教育考察报告》中非常详细地介绍了哥伦比亚大学教育学院音乐教育专业的课程设置和教学课例，同时也不时结合着对我们的高师音乐教育现状进行了对比反思。最深刻的感触是许多硕士生博士生的课程，无论从教学内容上还是从教学形式上，几乎都可以一定程度地搬到中小学课堂上去，那是一种非常典型的学以致用模式。而且，无论是什么课程，老师都无一例外地要和中小学幼儿园音乐教学实践相联系。大家若觉得我在夸张，可以去看看我介绍的课例。为此，我们在前面探讨自组教材问题的时候，我就准备谈这样一个观点：目前我们还不适宜取消教材，其中的原因之一是，老师的素质可能还达不到这样的要求。而美国没问题，因为，他们在自己接受教师教育的时候，实际上就已经积累了很多将来可以直接用于中小学音乐教学的素材。

对于我们高师音乐教育专业的课程设置、教学内容与方法的评价，其实，最有发言权的还是我们现在工作在中小学一线的老师。我们不妨回顾一下，我们在大学里所学的东西，到底有多少是和中小学教学有直接关联的。当然，高师音乐教育是一种全面素养教育，是通识教育，不能定位为岗前培训，但是，毕业出来就难以胜任教学工作，显然表明，高师音乐教育确立的培养目标并没有实现。要想真正实现我们所确立的培养合格的中小学音乐师资的目标，我们的课程设置、教学内容、教学形式和方法、教学评价等的出发点和指向一定要明确：中小学音乐教师所需要的，就是我们所必须给予的。

加强高师音乐教育与中小学音乐教育的沟通和联系，除了上面我们谈到的高师自身的全面改革要立足于服务中小学音乐教育这一点之外，教育实习和见习是一条最直接的途径。

在美国，一个学音乐教育专业的学生要想未来从事中小学音乐教学工作，必须拿到专业教师资格证，这是前提。而拿到专业教

	师资格证，除了要修满规定的课程和学分之外，还有一个基本前提，就是到中小学去担任一年的实习教师（a student teacher）。一般是中学半年，小学半年。我在纽约的中学就见到过好几个实习教师，都是哥大的研究生，他们每周都必须去实习学校，担任原任教师的“助教”，然后，这些实习教师定期回学校进行交流总结（比如每周一次，或每两周一次）。这表明，音乐专业学生若想毕业后马上从事中小学音乐教学工作，必须在拿到毕业证的同时还取得教师资格证，就是说，在上岗之前，他们已经在中小学实习见习过一年了。 对比一下我们的实习机制，我们就不难理解，为什么我们的毕业生走出校门走进中小学课堂就感觉无所适从了。我们的实习是五花八门的，但基本的一点是相通的，就是大多在走过场。所以，我所了解到的情况是：时间大概一个月左右，除去见习的时间，每个学生能够上两节课左右；根本不懂中小学音乐教学的老师也可以作为实习指导老师，因为评职称的需要；更有甚者，学生个人去联系实习学校，时间一到，在实习学校开一个实习证明就行了，而到底是否实习，则不得而知……这些都是明显的走过场行为。其实，高师音乐教育在现有的课程设置和教学现状下，实习的确是提高学生教育教学能力的一条非常有效的途径，可惜我们照样把这个机会放过了。 我 2000 年下半年从北京回来，那一期没有安排什么课，让我去带实习。现在想起来，我那时真的是搞不清上下，也不知道别的老师带实习是那么的潇洒，所以，很严格，很负责。学生上课要过几道关，首先个人备课，然后集中讨论，再试讲，再讨论评议，改进之后，正式上课，然后每天晚上则是雷打不动的全队集体评课时间。开始的时候我评得多，慢慢地学生自评，有时候学生相互之间评得哭鼻子，因为表达都比较直率，后来我都觉得大家都是评课专家了。那一个多月时间，就是这么过来的。为了拉近和学生的距离，我和四个男同学睡在一间大教室里。女同学不好管理，有时候也去买点水果之类的，哄哄大家。大家都感到，那是一段很充实的时光，有人跟我反映，某某同学四年下来从来没有这么认真过；有的人则发自内心地跟我说，这一个多月的收获，比四年还要大。当然，

这里面多少可能有点夸张的成分，但我看了大家的实习总结，写得都是比较实在的。我记得王珏（现在是长沙市一中的骨干教师了吧）说过，“通过实习，至少有一个最大的收获是，我去找工作，不怕试讲了”。讲自己带实习的例子，主要是想说明，如果我们认真对待实习这个事情，一个多月时间，还是可以让学生有所收获的，如果我们的实习指导老师认真对待的话。

但是，这样的一种实习机制，必须改革。关于这个问题，已经有许多人进行过专门的研究探讨，有的还专门写了硕士论文，我在这里就不具体谈开了。我就讲一点思路：

首先，实习和见习必须融为一体，从某种意义上讲，见习比实习更重要，看都没看过别人怎么上课，自己又怎么知道去上课，又怎么知道上的课好不好。虽然，在上大学之前也接受过音乐教育，但那时候的角色定位和关注点完全不一样，不可能有太多印象和启示。

其次，实习和见习必须贯穿大学四年的始终，不要集中于倒数第二学期的一个月之内。当然，我所提倡的贯穿始终，并不是指从一开学到毕业，时间的安排可以根据具体情况而定，最好是和相关的教学法课程、教育学课程结合起来。另外，每个学期组织学生去听一到两次课，这并不是什么不可能操作的事情，或者也可以考虑请中小学老师到学校来上示范课。

第三，建立稳定的实习见习基地，考虑到实习见习活动的经常性，最好是找就近的学校，而且是音乐教学水平较高的学校。当然，这里面有一个实习见习学校和高师学校双赢的问题，我们不仅不能干扰实习见习的正常教学秩序，而且还应该让他们有所受益，比方说，辅导中小学生开展课外音乐活动，参与组织和辅导实习见习学校的文艺晚会；和实习见习学校师生进行联欢；为实习见习学校培训音乐尖子，进行专业辅导，等等。

另外，加强高师音乐教育与中小学音乐教育的沟通和联系，还有一条途径可以尝试，那就是建立高师音乐教育的支教机制。目前，我们的中小学还有许多学校没有开设或开齐音乐课，或者像高中音乐课程的某些板块就开不出来，这些问题都是因为师资缺乏所导致，那么，我们高师音乐教育就可以考虑建立一种稳定的对口支教机制。如果说实习见习学校，我们要选择好学校的话，那么支教学校我们该选择薄弱学校或者是薄弱板块。这种支教机制，就是一种典型的双赢机制，高师学校为学生赢得了实习的机会，对口支教学校则解决了师资短缺问题。

具体操作可以采用多种形式，比如，对口支教学校可以集中一段时间开设音乐课，这样，实习老师相对稳定；也可以按照常规课表开课，这样实习老师相对灵活。这样的实习和支教，不能够大队伍开进，只能按照对口支教学校的需要来选派实习学生，但鉴于目标这样的音乐教育薄弱学校非常多，如果我们全面联系和了解，解决大部分甚至所有学生的实习问题都是有可能的。当然，这种方式必须和前面我谈到的实习思路同步进行才好，也就是说实习和支教也在一定程度上可以融为一体。在前面老师们的帖子里也谈到了目前高中教学模块的问题，反映“音乐与舞蹈”模块，一般学校就很难开出来，其实，这完全就可以借助高师音乐专业舞蹈生的力量得以一定程度的解决，那么，舞蹈学生的实习问题也就同时解决了。

建立高师音乐教育的支教机制，并不是什么异想天开的事情，其实我是受到了美国同行的启示才提出来的。在《美国音乐教育考察报告》中，我写了一篇题为《专业音乐学院的支教行动》的文章，专门介绍了这个事情。下面摘录部分内容如下：

美国中小学音乐教育目前所处的窘迫状况，引起了美国音乐界的广泛关注，这其中就包括了与中小学音乐教育并无直接联系的、以专门培养音乐专业人才为己任的专业音乐院校。据美国《基督教科学箴言报》的报道，自去年开始，美国一些著名的专业音乐学院已经直接参与到了中小学音乐教育实践中来，他们的初衷是重点扶持那些艺术教育相对薄弱的学校，力所能及地为那些学校的孩子提供免费的音乐教学。这其中，尤以两所名校表现积极：一所是波士顿伯克利音乐学院（Berklee College of Music），该院组织他们的毕业生发起成立了被称为“城市音乐”的支教网络，实施旨在为处境不利的学生服务的音乐教学计划。另一所是纽约的朱丽娅音乐学院（The Juilliard School），该院和卡内基音乐厅也联合组队送

古典音乐进中小学学校音乐课堂。这两所学校的活动方案显示，他们计划在三到五年之内将支教服务范围扩展到全美的 50 个地方。

……

对美国来说，专业音乐学院涉足普通中小学音乐教育的确是新鲜事，因为教育体制的关系，他们的办学目标是非常明确的，即培养专业音乐人才，至于毕业生将来是否从事中小学音乐教学工作，这和他们没有任何关系，那是教育学院的事情。毕业生若想当老师，必须拿到教师资格证，甚至必须拿到硕士学位，这就需要毕业生进一步到教育学院学习深造。因此，对于美国的专业音乐学院来说，主动关注和参与到中小学音乐教育事业中来，自然是一件令人鼓舞和值得称道的事情。而在我国，所有的专业音乐学院现在都设有音乐教育系，早已直接加入到了中小学音乐教育的行列。然而，即便如此，培养出来的未来中小学音乐教师是否称职，特别是在教育教学观念和能力方面，尤其是在热爱教育事业的教师意识方面，是否做好了充分的准备，这个问题还不得而知。要知道，我们的师范院校音乐学院，这是专门培养音乐教师的摇篮，都还有那么多的人是那么地勉强自己去从事中小学音乐教育工作的。

而对于直接支持中小学音乐教育，深入中小学音乐课堂的这种支教活动，我想不仅对美国而且对我们，都是一件新鲜事。我不知道我们的音乐学院音乐教育系，甚至我们的师范院校音乐教育专业是否有过这样的举措。在我国，有多少农村学校的音乐教育是薄弱的甚至是空白的，其中一个重要原因就是缺乏师资，毕业生不愿意去，兼职教师的音乐专业素养又可想而知。那么，我们的音乐学院（包括专业的和教师教育的）有没有可能组织我们的学生在可能的范围内，定期不定期地送教下乡呢？这何尝不也是一件互利互惠的事情啊。

在我国，音乐支教活动也经常开展，有的是城市学校教师支教乡村学校，更多的则是诸如“高雅音乐进校园”之类的活动，这些都值得称道，但并没有解决根本的问题。前者只是临时性地支援，或帮助提高现有师资的素质，解绝不了师资匮乏的问题；后者则基本上是专业艺术团体送戏到大城市校园，更像是一种推广宣传活动甚至是一种政治活动。当然，我们也不能指望我们的学生通过支

	教活动，便立志扎根乡村，事情当然不会那么简单。但我相信，一旦我们的学生真正了解了那些没机会享受音乐教育的孩子对音乐的那份渴望，他们对中小学音乐教育事业的认识一定会更切身、也更深刻。
 薛 晖：	近段感觉人在旅途，一直有事在忙。回到我们的园地，看到同志们一如既往，几分感动，几分惭愧。 郭老师和陈老师都谈到了高师音乐教育如何加强和中小学音乐教育沟通的问题，这也是我们很关注的一个问题。近几年参与了一些区县的音乐教师招聘工作，也深有感触。现在音乐教育专业毕业生的就业形式确实不容乐观，往往四五个招聘指标，会有一百多号人竞聘，其中骨干教师，或已在学校实习一年以上的优秀毕业生还要优先考虑，真正能过五关斩六将竞聘成功的应届毕业生，凤毛麟角。再回过来看看应聘的学生，真正符合中小学音乐教师的任职要求也很难选到，暂且不说其教学的艺术怎样，那需要在不断的实践中才能进步。但就音乐教学的基本功而言，也存在一些问题，大多数毕业生有“一专”，或声乐，或钢琴，或舞蹈，基本能达到准专业水平，但一般也仅有一专，能唱不能奏，能跳不能唱的现象相当普遍。再说考试音乐理论方面的知识，如果出“将小七和弦的三音升高变化半音成为什么和弦？F音在什么小调中为属音？”这样的题目，回答一般没有问题。但如果问及音乐文化相关常识，或关于中小学音乐教育方面的问题，得分率就明显不高了。高师音乐教育所学，与基础音乐教育所需，确实有点距离。 但正如郭老师所说的，高师音乐教育改革是一个大课题，是一个系统工程，它涉及培养目标的定位、课程设置、教学内容与形式等各个方面。高师课改虽有难度，但我们还是热切期待高师的课改能真正早日启动，因为高师音乐教育是提高中小学音乐教育质量的源头所在。如果学生毕业后需要从头再来，耽误的是两代学生的时间。

Dodozi：

其实在那天上研讨课的早上，我一起来就打开了电脑，那几天出门之前我都是先看看论坛，所以也看到了郭老师的鼓励，也给自己一个好的定位。毕竟我是初级，蒋老师是特级，虽然难免还是会紧张。先听着蒋老师的课，越听是越紧张，她上的内容是《华夏音乐之光》，欣赏几首中国古代音乐，真的很精彩，我也是第一次看到学生的讨论是那样积极而热烈。

有一个环节是听辨两首作品《十面埋伏》与《湘妃泪》。分组在表格上写出曲名，相关史实，音乐特点等（因为放假，学生没有准备课本）。对于《十面埋伏》，学生很熟悉，而《湘妃泪》就不熟了，这时学生看到我们后面听课老师有书，就问蒋老师可不可以看我们的书，蒋老师说可以，也只两组的同学借助了听课老师的书本写下来答案。当蒋老师总结的时候，就说：这一小组的答案虽然是求助的，但是非常准确，给他们掌声！

我很感动，说不清是为什么，就跟在黄山听的一些课一样，让我跟学生一样感受到课堂的温暖，深深地喜欢这堂课。每一次对学生的表扬，语言非常多样，而不像我，只知道说：好，非常准确！ 如果我是学生，听到她的表扬会觉得特别舒服。

也说说我的课吧。我上的是曲艺音乐，不用说学生，就是我也没听过几首，也是第一次有二三十个老师听课，因为紧张，自己的语言有很多啰嗦的地方，甚至有个答案本来是苏州方言，学生齐声答上海，我还接着说：对，就是上海。当时头都是晕的。有几次，说着说着就忘记下一个内容讲什么。对于学生的表扬，也是很单一，我当时心里就很担心，觉得很糟糕。但是却发生了一个很意外的事，当我说下课时，却没有学生站起来，按平时，说完“谢谢老师”学生就离开了教室，今天他们竟一动不动。我当时候吓坏了，还以为自己没上满时间，赶紧看手表，以为是手表坏了，结果学生都说可不可以还上一下啊，老师，再唱一首吧！（说实话，这节课我的演唱不多，而且唱得不太好，因为唱的正是《蝶恋花•答李淑一》，我连方言都觉得没唱准）这时候我有点不知所措，因为以前上课从没遇过这种情况。我说听听你们唱吧，又放了一小段课里边的

	方言儿歌片段让学生跟唱（转念一想，我也应该大方一点哦），然后就自己又唱了一小段也不太正宗的京韵大鼓。虽然我的课有很多不足，但这个小插曲却让我在失落中又获得了点点安慰！ 当我上完之后，心里轻松好多了，我又经过一次小磨炼了。这次的培训我又收获了很多，正是有了这些培训交流活动，开阔了我们的眼界，对大家都是一种激励。 确实，当自己很有经验了，要上好一堂课，并不需要花太多时间去设计什么，因为上得少，不了解，才需要更多的时间和精力去备课。经过长沙和株洲的培训之后，我也更想把别的老师好的经验结合到我的课堂中，我对新的学期很期待……
 郭声健：	论坛冷清了几天，我也忙别的事情去了，今天赵老师的帖子给我们又带回了生机。 很有意思，刚才我和一个朋友正在同时看赵老师这个帖子，然后通过 MSN 交流了一下感受。他说，真实的东西写出来总是感人的，我说是的；他说，学到了你的风格，我说是记住了我说的一句话——讲真话；他说还有一句“不要刻意去写论文”，我说是的，就是表达一种需要的表达。我这位朋友是一位数学老师，这段时间也一直在写数学教学方面的文章，都是约稿，有时候，怕我忙，给我发几句话过来看看，并说，现在就是在模仿着我的写作风格在写文章，甚至完全就是采用的我那种写法。还说在去年以前，都不知道这文章怎么写。足可见我这位朋友在写作上取得了突飞猛进的效果。当然他把功劳归功于我，不管是否夸张了多少，我都很开心，因为开心他对写论文有了全新的领悟。我说，这样的写法自己也感觉很轻松，有时候甚至很享受。他说正是这样。 其实，这哪是我的什么风格啊，我哪有什么风格，这在写作中完全是不入流的，就是说大白话，怎么想的就怎么写，思维和表达是直通车。可这样的一种表达方式，的确让写作者没有压力，读者或许也感觉轻松一些。 我们都不知道赵老师此前的写作特点和基础，或许给我们打了

点埋伏。但从论坛上的记录来看，至少我能够很清晰地看到她的进步：从不敢写长帖子，到可以随意地一写就是千字文；从表达有些拘束到表达收放自如、思路清楚。其实，这还是我刚才说到的，她写的东西，没有雕琢，表达真实的事情和真实的感受，不是在试图写要发表的东西，纯粹为了交流而表达，这样，写出来的东西自然就有血有肉了。我相信，她的这种进步，远不只我们所看到的这种表象的东西。

的确如我此前所说的，一个老师，论文写得如何，根本就没什么关系，完全不会动笔的人，也照样可以成为优秀的老师。然而，论文或写作，作为一种思维的催化剂和呈现，它对一个教师在教学实践方面的成长所起到的作用，是以一种潜移默化的方式在发挥着的。如果我们把写论文看着是一种研究方式的话，那么，写作和教学的关系，显然是相辅相成的。写作能够促进老师去思考教学问题，提高教学水平；反过来，教学水平的提高和教学经验的丰富，则又给论文写作提供了用之不竭的素材源泉。

在上面的帖子里，赵老师跟我们说的第一件事情是感动于优秀教师对学生的鼓励。往往我们把老师对学生的鼓励，总结为是一种艺术，其实，我并不这么看。我认为，这是老师对学生真实的感情流露，是师生之间平等关系的一种体现。要对学生予以鼓励，首先要能够发现学生值得鼓励的行为点滴，而要发现这些行为点滴，老师在课堂上必须把学生时时刻刻装在心里，眼睛必须时时刻刻注视着学生，这就是我对在教学中确立学生主体地位的朴素理解。一个教师站在讲台上，千万不要成为一个正站在舞台上进行表演的艺术家。因为艺术家此时此刻在全身心地表达自我，表达他所刻画的人和事物，台下的观众到底反应如何，应该是不清楚的，也是不在乎的。这就是艺术表演和教学活动的最大差别：前者关注自己，后者关注他人；前者重在自我表现，后者重在相互交流；艺术家没有观众可以照样表演，而老师没有学生就不存在教学；观众通过艺术家的表演主要是释放情感，而学生通过老师的教学主要是吸收养分。如此等等，使得我们不可能听到艺术家对观众的鼓励，而教学中对学生的鼓励必不可少。只要老师心中真正装着学生，鼓励的话语和表情就会自然流露。

赵老师还跟我们介绍了她自己的交流课。她更多地是反思了自己教学中存在的不足和问题，甚至觉得有的地方不能够原谅自己，我想大家在评课的时候，可能多多少少也都谈到了这些问题。而且，我们还可以设想，如果这堂课没有最后的小插曲，无论是教者自己的感受，还是老师对这堂课的评价，会怎么样？而有了这个小插曲之后，又会怎么样？我相信，大家的感受是不一样的，至少是不会完全相同的。这是否意味着，一个这样的小插曲，可能改变着对这堂课的基本评价呢？

这又回到了我早些时候聊过的那个话题上，一堂课好不好，还是要听听学生自己怎么说，学生才最有发言权。我们可能轻而易举地找出一堂课的一大堆问题，可是，学生并不在乎这些问题，反而觉得很不错。赵老师描述的小插曲，其实并不是插曲，而是一个后续的故事，也就是说，这个后续的故事是在整堂课结束之后才发生的，这样一个插曲，对整个这堂课的表现没有施加任何的影响，因为教学活动已经结束，小插曲只不过是学生对这堂课的一种特别的评价方式而已。我们应该感谢这样的小插曲，它让我们更客观地审视和评价一堂音乐课。当然，我们很难通过这个小插曲来全面评价赵老师的这堂课，但是，有一点是肯定的，学生若不喜欢这堂课，不要说主动提出延长时间了，他们会等不及下课铃响起来的。

徐 杨：

唉，最近家里的事、社区实践活动、党员义工活动忙得是团团转了，一直都没时间和老师们交流学习。虽然大家聊的都是高中音乐教育的话题，但是其实很多问题似乎自己在课堂中也遇到过。

前面郭老师的话题中涉及到了关于高师教育中实习与见习的问题，我觉得深有体会。特别是在看到郭老师的一个学生谈到自己的面试时也同样遇到的“教学经验不足”的问题。每年我都会带一批甚至几批音乐实习的老师，下面几点是我这些年来带实习生的感受。

第一,"时间短"。实习期一个月，听课就去了两个星期，正真进入课堂的只有两个星期，要轮到每个人上一节课给我听就不错了。有的还能在我提出修改意见后再试一次，有的真的就只是匆匆地来，又匆匆地走。他们在这两周内能体会到什么？能带给孩子们什么？能留给自己什么？

第二,"没人管"。我感觉他们就是把一批人往我们这一扔，至于他们做什么仅仅只是有个学生会干部负责"监督"罢了。实习的时间对一个即将走上教师工作岗位的学习来说其实是很宝贵的，可是这些实习老师们不是今天请假排节目，就是明天请假参加什么面试。其实从我的角度出发，实习生上课会增加我的负担，我宁愿自己来上。但对他们来说，能走上讲台体验成为人民教师的那一刻我想那是很激动和光荣的，谁不想试一试。可是我从他们身上找不到这种激情，好像每次都要我主动找他们谈关于教学中的问题以及修改的意见。

第三,"无目的"。我不知道他们来实习之前，走进我的课堂之前，是否心里会略为想想：自己到这个学校来是做什么？走进课堂听课要听什么？学什么？总之，也没有人组织一下，只要到我的课，天呀！十几个实习老师同时涌入我的教室。中途有人离开了，有人接电话了，有人……我想只怕是我的课没什么吸引力吧，呵呵！其实在我和实习生聊天中，我发现很多实习生毕业后没有想从事教育工作的想法，所以，实习对他们来说仅仅只是走个过场。

第四,"胆子小"。当然这可能不算是普遍问题，但也会出现一些情况。一方面是怕学生，现在的学生很顽皮，可能有些实习老师怕一下子处理不好，所以不敢上课，上课的声音与教态都显得很胆怯，其实这是很正常的，每个老师都要经历的，关键在于你的第一步。如果你始终不愿意走出这一步，你永远都走不上三尺讲台。另一方面怕指导老师，不敢主动找我来谈问题。

很多实习生都会对我说：徐老师，看你上课那么轻松，我开始以为很容易，可是上了以后发现40分钟怎么这么长呀！郭老师的那位学生被考官们说成"对教学实践太不了解"，我觉得看来那

	些考官们是没有经历过“成长”的吧？哪个学生是一从大学毕业就能很好地驾驭课堂的？要想培养一个优秀的老师，难道不应该给他（她）一个成长的过程吗？我们对一个才毕业的学生能像去要求一个从事教育工作多年的教师一样去要求吗？显然不行，我想看待一个“新老师”的教学设计，主要是看他（她）的教学思路是否清楚，教学方法是否有创新（或是有个性），教学过程的实施是否能达到教学目标，何必针对一个细小的环节去争论呢？问题不是通过争论就能解决的，我相信这位老师一定会在以后的教学实践中去发现一个又一个的问题，并逐一地解决。 其实，实习生中也有个别不错的，今天并不是想批评实习生，只是谈谈自己带实习生的一些感受。
 郭声健：	我这两位“学生”——徐同学和赵同学真不错，写的东西都很有价值，文笔也越来越成熟了，思考问题也越来越理性了。像上面徐老师写的这个帖子，稍加充实，就可能成为一篇不错的论文。关于高师音乐教育实习的问题，有许多人写过文章了，但大多是高校老师写的，而从实习原任教师的角度来评价和剖析这个问题的文章，我们却很少看到。这表明，同样的选题，从不同的角度去写，照样可以创新，这是我们论文选题的一个重要的策略。否则，这么多人写作，哪有那么多的题目可写啊。我相信，这样下去，不要过多久，这两位老师的写作水平一定会有大幅提升的。 徐老师描述的实习情形很真实，很具体，更是发人深省。无论对高校的管理者，还是实习带队的老师，或是实习的学生，都是很有警示作用的。这些问题，我们其实都有所耳闻，但实习学校原任教师的感受更让我们确信，这个问题已经不是一般的问题或个别的现象，而是一个严重的问题和普遍现象。当然，就像徐老师谈到的，有个别的实习学生是不错的，自然也会有个别的学校或实习队可能也是不错的。 徐老师给我们归纳了四个问题：时间短、没人管、无目的、胆子小。我相信这几个问题都普遍存在着，这里边既有管理上的问题，

	也有学生个体的问题。但关键还是高校对实习的认识和管理不到位，这也是导致学生对实习不重视的一个重要原因。像前面的三个问题，都是管理本身的问题或由管理引发的问题。这几个问题，都是实习走过场的表现：实习时间那么短，真正能有多大的效果，大家都心里明白；虽然配备了指导老师（或带队老师），但是老师心里更明白，只要不出事就好，实习有没有效果无所谓，知道这是走过场；说学校和学生无目的也不准确，大家心照不宣的目的，还是走过场，走过场就是目的本身。至于胆子小，这也不是个小问题，实际上它是实习学生全面素质的一种反射，教育素养低，无法胜任教学，心里素养低，难以应付学生，这才会导致胆子小。 　　徐老师还特别谈到了实习学生的激情问题，这无论对谁，都是一个非常重要的问题，前面我们已经聊过相关的话题了。学生没有激情，对实习抱着一种无所谓的态度，主要还是如徐老师说的，许多人都没有做教师的打算。而这还是我们的高师教育出现了问题，这是高师音乐教育的失败啊。
 Dodozi：	看了徐老师的一番话，让我想起了自己实习的时候。我是单独找的高中实习，没跟学校的大部队走。 　　一个月的时间，实习当班主任，每天看早操。正好还有运动会排方阵，课堂教学内容只有一个，上的是欣赏课：音乐的时代风格。可惜当初课件、教案等因为电脑存档问题而丢失了，现在都觉得遗憾。记得我是找了一些流行的音乐，和书中的内容相结合，好像还有一段葫芦丝的表演。那个年级除了一个班没上成，每个班都是上的这个内容，师傅也比较忙，只听过我一次课，我备课备了好久，而且上课都好紧张。但实习期间留给我印象最深的却不是上课，而是一个小事件，虽然与音乐没多大关系，但是我还是想说一说。 　　有一回我开玩笑说可以叫几个女同学到我家去玩，结果她们非常激动地说就要去。我同意的有六七个吧，因为家里住不下，有些去不成的女生还很失落。除有个住家里的女生给爸妈打电话，

	说现在不回家，到老师家去之外，其余的女生都是住校的，所以一喊出发大家都出了学校。在公交车上，都没位置，大家都站了一会，有人下车，正好有个女生边上空了，我叫她坐，她说不坐，我问为什么啊？还很远呢，她的回答让我回想起来总是备受感动。她说：我在公车上从来不坐，因为有人比我更需要座位。她的回答是自然而真诚的，虽然不知道现在她在哪个大学了，但我想她肯定经常温暖着身边的人，比起那些在公交上不知道讲礼貌的人要强了多少倍啊。 　　几个可爱的女孩子到我家后都玩得很 Happy。结果第二天回学校，班主任找到我，说是不是有学生去我家了，家长以为孩子丢了，着急死了！因为那个住家的女生打电话的时候，她正说着要到老师家住，话还没说完就被爸妈给挂断了，结果家长不知道孩子上哪去了，很晚跑到学校，都没找到人。虽然班主任没有太责备我，但那一次，我才知道，老师是不应该随便带学生外出的，学生的安全很重要，而我是一时兴起，觉得学生老在学校不好玩，就好像喊朋友玩一样，把她们带回来了。也算是一次教训吧。 　　所以说，刚刚迈出校门，需要学习的东西真是太多了。甚至很多时候，学生也能给我们很多感动，值得我们学习。
 郭声健：	作为老师，能和学生打成一片，那是一件幸运和幸福的事情。
 Mengjingxx：	很高兴能够在这里遇见郭老师。薛老师能够把郭博导请到这里来指导我们湖南省的音乐教学研究，那我们湖南省的音乐教学一定会提升到一个新台阶。很久没有来了，这次上来人气旺了很多，我会经常到这里来学习和交流的。真佩服薛老师的敬业精神，在您的带领下我们一定好好干！

郭声健：

也很高兴能在这里遇见你！只要我们每个人都努力，我们的事业一定会更加兴旺发达的。

玉　成：

郭老师，已经发了您第一篇评点赵老师帖子的文章，题目为"对话音乐教育"，两个帖子在一起。我想，这个题目应该会给赵老师更多的力量呵。不知郭老师意下如何？

郭声健：

非常好啊，我代表赵老师先谢谢你。这对他们来说，一定会深受鼓舞！我也希望老师们能写出更多让我有对话空间的帖子。

Dodozi：

呵呵，我都不知道该说什么呢，老是说谢谢的，不过我真的很受益于这种交流方式。偶然会往前看看之前的帖子温习一下，越到后面，我觉得越有盖房子的感觉，一个帖子就是一块砖头，已经达到两百多帖了，我们的论坛真是热火朝天哪！

这些天都没怎么留言，因为有个事情让我有点难过，下个学期轮到我要带高三培训了，这就意味着我要远离课堂教学了，我们学校是轮着来带，音乐高考对学校也很重要。尽管如此，我还是很舍不得离开讲台，当然让我带音乐生也是学校重视，这也是必须去经历的。

在大多数人的心目中，音乐高考比课堂教学重要，也有人对我说，想要在学校做出成绩，就必须出学生（艺术生），我却不这么认为。

当然一个孩子是一个家庭的未来，谁不希望自己的孩子上大学呢，但一个学校的音乐生，总只有那么多人，不能为了几十个人而放弃几百上千个人。我始终认为，课堂教学很重要，音乐可以净化人的心灵，如果不让学生去了解我们传统的音乐，国外的民间音乐，他没有一个好的态度，而会一味就觉得流行歌好听（这

	其实也是我以前的想法，我也就喜欢听流行歌，而且很盲目的，不喜欢听民歌，对民乐更加接触少了，但别人比我更盲目，哈日哈韩得一塌糊涂)，如果没有正确的引导，这后果是很严重的。因为现在有些学生的这种观念很严重，总觉得外国的就是好的，自己的就是差些。我也看韩剧，但我就觉得韩国有一点做得好，对自己传统的东西始终很坚持，如民族服饰，结婚的时候都会穿，包括最现代的电视电影，也会看到一些老人穿着传统服饰，不像中国，好像不穿婚纱就不是结婚一样，不是古装片基本都看不到传统服饰了。韩国每部电视中，人们见面都要点头打招呼，他们自己最传统的礼仪还在里面，这些都有一种潜移默化的作用。如果我们的音乐课老师都随便应付，放放流行歌就算了，都不能让学生去接触自己国家传统的东西，他以后还会去听吗？什么都不了解，那只会让我们中国人自己的精髓文化消失得更快。 音乐会伴随着人的一生，喜欢什么样的音乐，多多少少也会影响人的价值观。国外有些东西固然是好的，但作为老师应该引导学生，传承和发扬我们自己的音乐文化才是最重要的。就像今年的奥运会一样，其实有个问题一直忘记问学生：如果你是开幕式总导演，你会准备一些什么样的节目？其实这样设想一样，未尝不是对学生的一种激励。在这种大的前提下，他们也不可能去选择别的国家的音乐吧，全世界要听的就是中国的声音，如果作为中国人都不爱自己的音乐，那谁去爱？

12.

艺术是世界的通用语言，一位留美音乐教育博士生通过艺术的形式将中国文化生动地呈现，让恐惧汉语学习的美国中学生，在短短 20 天的时间里便喜欢上中国文化和语言。这一事例启示我们，文化底蕴，无论对音乐教师素养还是音乐教育实践，都是何等的不可或缺。

郭声健：

读了赵老师上面的帖子，我最深的感受就是这个小姑娘人很单纯，很上进。小小年纪，这么富有责任感和使命感，不容易。

我很能理解赵老师舍不得离开音乐课堂的那份复杂的心情，这种对工作的爱恋，一定会让你生活得很幸福的。

你下学期带高三的音乐特长生培训，这不是件坏事情，这也是音乐教师的职责，也是音乐教育的一个方面。我希望你同样能够以饱满的热情和创新精神来投入到这项全新的工作当中，探索出一套行之有效的教学方式。在工作中，把握一条最基本的原则：对音乐特长生，同样不能以牺牲他们的音乐兴趣为代价来让他们掌握备考的音乐知识技能。

优秀的音乐教师，不仅常规课堂教学要搞得好，而且音乐特长培训也要拿得下，音乐教育分内的事情都要能够得心应手。

我有一个硕士毕业生，现在在美国攻读音乐教育博士学位，在学习期间，不仅要做音乐系的助教，还要做外语系的助教，要给外国学生上中文课。这次，她作为西弗吉尼亚“州长学校”的唯一中文课程老师，非常圆满地完成了教学任务。这样的一种跨学科的教学，我想对我们音乐老师来说，是具有很大挑战的。为此，我把我最近整理的一篇东西发到我们这个论坛上，希望对大家有所启示。因为这篇稿子是应约而写的，要求隐去我们之间的师生关系，还请大家见谅。这篇稿子的题目是《以推广中国文化为己任——一位留美音乐教育博士生的中文教学经历》。内容如下：

	近日，本人偶遇美国西弗吉尼亚大学外语系中文研究专任教授林慧博士，她向我介绍了她的一位助教在中文教学中推广中国文化的有关情况。林博士告诉我，作为一位音乐教育专业的中国留学生，在完成繁重的学习任务的同时，能够为推广中国文化、特别是让美国的青少年走进中国文化，做出那样独特而富有创造性的贡献，的确难能可贵。所以，林博士希望我找机会和这位优秀的留美博士生聊聊。 我通过网络联系上了她。她叫喻娟，2005 年国内某高校硕士毕业，即以优异的成绩获得了美国西弗吉尼亚大学音乐系全额奖学金，来美攻读音乐教育博士学位。目前她已顺利修完所有课程，进入博士学位论文撰写阶段。她是西弗吉尼亚大学中国学生学者联谊会副主席，并在该校音乐系、外语系担任助教工作。 我们是通过 MSN 进行网上交流的，下面是我对她历时 2 个多小时的网络采访整理稿。
 郭声健：	喻娟同学你好！我听你校林慧教授介绍，你最近作为中国文化课程的教师，参加了一项面向中学生的西弗吉尼亚州州长奖励项目，请你简单介绍一下这个项目的基本情况好吗？
 喻　娟：	好的。西弗吉尼亚州很重视对优秀中学生的激励和培养，每年暑假期间，都以“州长学校”的名义举办为期三周的优秀中学生培训活动（今年是从 6 月 29 日～7 月 20 日）。州长每年拨出专项经费用于此项活动，大概每位学生资助 3000 美元，这笔经费包括了培训的学费、生活费、旅游等所有费用。“州长学校”下设三个学院，即州长荣誉学院、数学和科学学院、艺术学院。从这三个学院的名称我们就可以看出，后两个学院是侧重特长培养的，数学和科学学院招收 7～8 年级（即初中）具有数学和科学特长的学生，而艺术学院则面向具有美术、表演、音乐特长的高二学生开放。但比较之下，“州长学校”中最为重要和核

心的还是州长荣誉学院（governor’s hornors academy，简称GHA），它是为高三优秀学生提供的一种全方位的培训活动。“州长学校”的运行模式比较灵活，每年在本州内不同的大学进行（今年在贝森尼学院举办），教师从全美选拔，他们都是在所设课程领域里的优秀教师。课程菜单非常丰富，参加培训的学生可以根据自己的兴趣爱好充分选择。另外，教学活动方式多样，包括常规的课堂教学、开展各类实践活动、讲座等等。自然，这样的一项活动，吸引了该州的众多优秀中学生，按选拔章程的规定，在该州就读的所有学生，都是可以申请这个项目的，基本要求是需要提供3封推荐信和个人的各类信息，以供主办方择优录取。

我这次参加的是州长荣誉学院的工作。荣誉学院今年共选拔了120余名优秀的高三学生，今年荣誉学院的培训主题为“探索无限可能”，这一主题实际上表明了主办方的活动宗旨和目标：以丰富多彩的教学内容和活动方式，进一步充分挖掘优秀高中学生的潜能，培养他们最广泛的兴趣爱好，为他们提供探索无限可能的机会。

荣誉学院的课程设置，包括两大类，即上午的强化精细训练和下午的通识拓展培养。课程的内容包括三大板块：艺术、人文、数学与科学，其中：艺术包括莎士比亚戏剧、非洲鼓等，人文包括世界历史和美国历史、宗教、语言等。今年所设的唯一语言课程，便是中文，这也是自“州长学校”开办以来，第一次设置中文课程。我因此也成为了今年“州长学校”的唯一中文教师和“州长学校”历史上的首位中文教师，这真的很幸运。我所负责的中文课程招收了两个班，一个班14人（这是所有课程中人数最多的一个班），一个班12人。每天上午下午各上一个班，但事实上，所有课程的老师，都是从早到晚全程参与学生的各种活动的。对于我来说，课程是新的，学生是新的，白天要全程参与学生活动，我只能利用晚上的时间来调整和充实教学计划与内容，所以，有几天时间，几乎每天就睡两三个小时，很累，但我能参加这样的一项有意义的活动，感觉这种累很值得，我很开心。

郭声健：

是啊，听你这么一介绍，我有两点感慨：一个是作为一名中国留美博士生，能够参加这样一项特别是对宣传和推广祖国文化和语言具有重要意义的活动，并成为该活动的首位中文教师，的确非常幸运，祝贺你。另一个是这种“州长学校”项目，让人钦佩和羡慕，美国对教育的重视是实实在在的，像这样的，每年州长拨上百万美元专款以夏令营的方式来奖励优秀中学生，在我国恐怕是难以想象的。

你刚才说，中文课程今年是第一次纳入“州长学校”项目，据你所知，是什么原因使得中文课程终于在这个项目中占有一席之地呢?

喻　娟：

对于这个问题，我想，州长在开学典礼上的讲话应该给了我们答案。让我深感自豪的是，在州长的讲话中，他花了很大的篇幅来谈中国和中国文化，并和大家分享了他在中国的所见所感。他说，去年他率团访问了中国的北京、上海等地，与20年前他所看到的中国比较，简直就是发生了翻天覆地的变化，让人感觉，在这短短的20年时间里，中国已经跨越了一个时代，那是一种巨大的跨越。像中国这样的一个经济发展大国，一个历史博大精深的文明古国，我们没有任何理由视而不见。西弗吉尼亚是全美经济发展相对落后的州，州长希望能够培养出更多懂中国语言和文化的人才，这对加强与中国的经济合作，促进该州的经济发展，自然有非常大的好处。此外，西弗吉尼亚州是目前全美尚未在中小学开设中文课程的唯一的一个州，作为州长，对这种状况尤感惭愧和不安，所以，也希望借今年的“州长学校”契机，率先设置中文课程，为在全州中小学开设中文课程给予强有力的推动。

郭声健：

我能够体会到你当时的那份自豪感，作为中国人，我们都为自己祖国的繁荣发展骄傲，为我们的灿烂文化骄傲。我现在在美国，有机会深切感受到了海外华人这种特别的自豪感。可是，并不是所有的人都能够获得你这样一种机会的。你之所以被选为该项目的首

	位中文教师，我想这不会是偶然的，主办方一定了解了你在中国文化和语言的推广方面所做过的许多有益的工作吧？你自己认为你被选中的最主要原因会是什么呢？
 喻　娟：	我想，我之所以被选中，首先是因为我的运气太好啦。其实，就如我前面谈到的，这个项目的所有老师是在全美范围内挑选出来的，都是首先由自己提出申请，然后由主办方西弗吉尼亚教育厅择优录取。但是，我却是今年唯一的一位被推荐的教师，推荐人就是西弗吉尼亚大学外语系的林慧教授。所以，我非常感激林教授给了我这样一个千载难逢的机会。当然，实事求是地说，我也的确具备了一些得天独厚的条件。首先，我现在担任西弗吉尼亚大学中文专业的助教，对作为外语的中文教学，积累了一定的教学经验；其次，自从我来西弗吉尼亚大学学习之后，每年西弗吉尼亚大学所在地摩根城以及学校的各种中国文化传统活动都是由我来主持的，应该说在华人社区中已经具有了一定知名度；第三，在各种学术交流活动中，如学校的国际交流节日活动，以及所参加的全美各种音乐教育专业学术会议，我都努力在做一些推广中国文化的工作，当然，更多的是推广祖国的音乐文化。此外，我个人认为，我也多少沾了自身素质条件比较全面的光。虽然我本科学的是钢琴，硕士博士攻读的音乐教育专业学位，但我一直注重自身的全面素质的提高，因为我认为，不管是作为音乐教师还是作为音乐教育理论研究者，只懂音乐，是远远不够的，所以，平常我有意识地培养和拓展自己文化层面的广泛兴趣，并训练自己在语言、表演方面的基本技能，而这一次的教学实践表明，这一切给我的教学设计的成功实施的确带来了莫大的好处。
 郭声健：	说得好，音乐教师或研究者只懂音乐，那是不行的，音乐作为一种文化，它一定是以更宏观的文化作为其存在基石的，优秀的音乐教育工作者必须具备全面的文化修养。而你作为一个音乐教育专

业的博士生，却可以承担和胜任中文课程的教学，这更是难上加难的事情。由此也可以想象，你的全面素养一定是非常突出的。

这里我想问你一个敏感却实在的问题：这三周的教学工作，我想应该是有报酬的，你乐意接受这项工作，这是不是最主要的动因？

喻 娟：

实事求是地说，当然有这方面的因素存在。你来美国快一年了，相信也感受到了留学生在生活和学习方面面临的诸多困难，其实，我们的生活是很苦的，是很有压力的，其中的一种压力就是来自经济上的。比如我，学校提供的奖学金只有三年，从第四年开始必须自己联系工作，以确保有足够的经济收入来延续后面的学习。不过，这一次的活动，即便没有分文报酬，我也一定会欣然参加。因为，在主办方向我介绍了活动的大致安排后，我突然产生了一种强烈的责任感和使命感，这种感觉以前是很少有过的。我要为推广中国文化做出自己力所能及的贡献，不管怎样，我都要把握这个难得的机会，而且我要尽自己最大的努力把这份工作做好。因为，毕竟这是该项目第一次开设中文课程，若我的课程不受学生欢迎，若得不到主办方的肯定评价，丢的不仅是自己的脸，更是丢了祖国的脸，糟蹋了中国文化。有件事说出来，你可能不一定相信：就在这个活动开始之前，我临时决定回国一趟，想家是一个方面，最主要的原因是我要回国学一些国内的地方戏曲文化（哈，有点现炒现卖的感觉吧？），收集一些具有中国文化特色的实物等，以便让学生更直观地了解中国文化。若是从经济角度来考虑，我这趟国是不会回去的。

郭声健：

你的这番话让人感动，我也相信你所说的是真话，出了国，才更深刻地理解什么是爱国，自己爱国到底有多深。你说如果你的中文教学“不受学生欢迎，若得不到主办方的肯定评价，丢的不仅是自己的脸，更是丢了祖国的脸，糟蹋了中国文化”。你知道吗？虽然是在 MSN 上听你说出的这番话，也让我感动得眼睛都湿润了。什么

	是爱国啊，游行集会，呼喊着激情的口号是爱国，像你这样为推广中国文化而尽力的行动，更是一种实实在在的爱国，"为推广中国文化做出自己力所能及的贡献"，如果没有这样特定的语境，一定会让人感到这是一句空话。但在这里，你说出来，我感到它是那么的充实和可信。 看得出，你做这项工作是发自内心的一种冲动，是源于对祖国的一种责任，所以我想，你一定是充满着期待和兴奋来投入到这项活动之中的，而且无论从心理上还是从教学设计上都做好了充分的准备。那么，整个活动过程，你觉得像你想象的那般兴奋和顺利吗?
 喻　娟:	啊，虽然只有短短三周时间，但我感觉这个过程很漫长，最开始的时候的确非常兴奋，兴奋得有些茫然不知所措，毕竟这是第一次面对全州最优秀的高中三年级学生，毕竟这门课程对这些学生来说也是全新而艰巨的。尽管我在活动开始之前做好了各种准备，但许多的问题是难以预料的，我不得不每天利用一切可能利用的时间来调整、改进和完善原有的教学方案。不过，总体上讲，我的整个课程教学还是比较顺利的。 但也遇到了一些我个人无法驾驭的问题，这些问题一度让我感觉不快。你知道，今年承办这项活动的贝森尼学院，是一个非常重视日语的大学，他们在日语教学方面拥有良好的师资条件，也积累了丰富的教学经验，他们希望这次活动的语言课程开设日语，而不是中文，但是在州政府教育厅的压力之下，最后不得不妥协地接受中文课程。然而，从一开始到最后，该校负责本项活动的官员对中文课程的抵触情绪和不快是显而易见的。比如，这位官员聆听和巡视了除中文之外的所有课程的教学活动，但在我再三要求之下，她都依然没有光临过一次我的教室，好在教育厅的官员比较关注我的课程，几次来听过，并和学生一起学讲中文。该学院对中文课程的教学设备的保障也做得不好，我三个月前就提出需要多媒体设备，但上课的第一天，我们走进去的教室不仅

什么设备都没有，而且整个教室都灰蒙蒙的，直到开学后的第二天才在我强烈的要求之下调换教室，配备了基本的教学设备。

郭声健：

哦，你描述的这件事情，我可以想象得到，让承办学校放弃自己的优势项目，而从外面请一位教师（而且还是一个在读博士生）来开设另一门课程，对他们来说可能也的确意味着是一种讽刺。看来这件事情还多少影响了你当初的那份激情。那么，这种不顺或者说这个小插曲，是消磨了你的意志还是进一步激发了你的斗志呢？

喻　娟：

我想这个问题的答案是不言而喻的。前面我说，如果我的教学不受欢迎，我就给祖国丢了脸，而这样一种明显的歧视行为，更激发了我一定要为祖国争口气的斗志。我毕竟一直是在读书，还没有真正走进过社会，基本上都是一帆风顺过来的，很少受到什么挫折，所以，当我走进教室看到当时的那个场景，并且意识到这是一种歧视的时候，我的眼泪都出来了。然而，我没有消沉，心里只有一个念头，一定要把我的工作做得最好，做得最漂亮，我个人可以受歧视，但我的祖国不能在我身上受到委屈。就在那个时候，我特别理解了我们的运动员“为国争光”的那份信念。之所以我三番五次地邀请负责该项目的学院领导来听课，就是因为我要让他来看看，我的中文课程，我们的中国文化和语言是多么地受到美国孩子的欢迎。当然，这个时候，我对自己的课程教学是比较自信了，我已经感受到了学生对我的课程的喜爱。遗憾的是这位官员一次都没有来，可能是她也听到了学生和老师们的反馈，知道找不出茬，也就不来了。

当我的一些中国朋友了解到这个情况的时候，他们都给我了很大的鼓励和支持，包括我原来的研究生导师，也给我在选材方面出主意，提建议。这里特别要感谢的是我的一位老乡唐老师，她擅长中国武术，现在在西弗吉尼亚大学开设中国武术课程，这一次的活动，她给了我很大的支持。虽然我也学过一些武术动作，但还达不到应有的教学水平，而中国武术，却是中国文化的一个重要方面，而且是深受美国人青睐的一项活动。唐老师在得知我想请一位武术老师去给学生上课时，主动提出乐意帮助我。那天，她一早乘了2个小时的车赶到活动地点，然后就马不停蹄地连续教学了5个小时，中间就吃了个便餐，而且还给学生带来了许多“功夫扇”等武术器具，她的教学受到了学生的热烈欢迎。本来，按照州长学校的规定，请这种专业教师来上课或讲座是给报酬的，但承办方没有给予唐老师考虑，当我想以个人的名义给她表示时，她也谢绝了。她淡淡地说，能够有机会推广中国的武术文化，我就很满足了。你可以想象，这样的话，对我会产生多大的激励作用。

郭声健：这真是一段珍贵的经历和特别的情感体验。我希望你有时间的话，能够把它们写下来。我想再具体了解一下你的教学情况，你能具体介绍一下你的课程的设计安排吗？它与一般的中文课程有什么不一样？这样设计的基本出发点是什么？

喻　娟：好的。前面我介绍了，荣誉学院的课程设置，包括两大类，即上午的强化精细训练和下午的通识拓展培养，我的中文课程也是按照这个基本框架和要求来设计的。

上午的课程名称为《龙的解密——中国语言和文化》，课程强调语言的听说读写技能训练，教一些现代中文和拼音，要求在三周的时间里学会150个汉字。此外还包括让学生简要了解中国语言和中国文化的发展历史，而在文化活动方面则包括学唱民歌、民族舞蹈、书法、厨艺、武术、民族服装和节日等等。

下午的课程叫《文明古国的复兴——21世纪的中国》。如果说上午的班是侧重于训练语言，那么下午的班则侧重于了解文化。而且，在教学形式方面也有所不同，下午的教学基本上都是在活动中开展的，真正的是在做中学。考虑到上午班和下午班是不同的学生，下午班虽然侧重文化，但也必须进行语言训练，不过这个班的语言训练则强调听和说，认字和写字相对比较少。而在语言方面，涉及的基本上都是日常的生活用语，如介绍自己和家庭，交朋友，购物甚至砍价，点餐，学校生活，天气，等等。

我所设计的这两门课程和一般的中文课程还是有明显差别的。因为，时间只有三周，如果把精力投放到语言技能的训练上，即便教学效果很好，这种效果也极有可能是一种即时性的，活动结束之后不久，学生把所学的东西可能又慢慢地全都还给我了。所以，我不能按照一般的中文课程的模式来设计我的课程，无论是课程目标，还是内容和教学方法的选择，都得有所创新才行。基于这样的一种认知，我把我的课程目标定位为：激发学生对中国文化和语言的学习兴趣。这一目标在我看来，显然比教学生认几个字、说几句话要有价值得多。应该说，这也就是我课程设计的基本出发点。

郭声健：

你说得很有道理。我们都知道，学中文，对老外来说是一件很头疼的事情，而中国文化却对他们很富有吸引力。从文化入手，借助中国文化的魅力来跨越语言上所存在的巨大差异，这的确是国外中文教学的一种不错的理念。那么，你觉得美国高中学生中文学习的难度到底有多大？对中国文化最感兴趣的是哪些方面？根据你的观察了解，和其他课程比较，学生对中文课程的兴趣和投入程度如何？

喻　娟：

美国学生学中文的确感觉难度很大，因为中文和英文属于完全不同的两种语言体系。对他们来说，发音难，尤其是四种声调，让他们找不到北；认字写字同样难，开始的时候，他们只要一看到中国字出现，就说头晕，写了一大堆笔画，还只有一个字，既没有兴趣也没有信心。这种情形我早已料到，但说实话，没想到会这么的严重，要知道，美国学生独立性很强，他不感兴趣的东西，是绝对不会听的，他们才不会考虑你老师的感受如何。针对这种情况，我及时调整了教

学方式，你不愿看到汉字，我就不让你看到，我只先教拼音。然后，我再从其他的角度切入，让他们不再对汉字产生恐惧和抗拒心理。比如，我从书法的角度去教象形文字，我用身体语言去创造文字，包括字的形、意，以及笔画的流动等。这一些也刚好属于我的研究范畴。

虽然这些学生开始时很害怕看到汉字，但对中国文化的兴趣是很浓厚的。根据我的观察，我发现他们最感兴趣的中国文化是歌曲、舞蹈和书法。这或许和我自身擅长这些方面有关系。我教他们唱歌，是从最简单的《找朋友》开始的，我选的歌曲许多都是从我们的课本上来的，像《咙咚锵》等。在舞蹈方面，他们对红绸舞比较感兴趣，歌舞《茉莉花》也是他们比较钟情的节目。像这样的一些东西，他们感到既有兴趣又容易学习，但对厨艺文化中的包饺子，却是感兴趣而难度大。最开始的时候，我发现他们挥舞着菜刀，很不安全，另外有些学生不喜欢吃猪肉，我不得不重新配料，并自己事先把馅做好，主要让学生来包饺子和煮饺子。他们很开心以这样的一种方式来体验着中国的饮食文化，他们很自豪地带着自己的成果来到食堂里，和其他班上的同学分享。

从文化切入，进行语言教学，效果非常明显。虽然这次的活动只有我一个中文教师，选修中文课程的两个班加起来也只有 26 个学生，但整个活动过程中，一种中文氛围在慢慢地形成和蔓延。大家不管在课内和课外，都争相开口说话了，在校园里见到亚洲学生，不管是不是中国人，就用中文打招呼；看演出时，也不时的大声叫“好”；班上的同学都互相用中文名字来称呼对方，其他班的学生也索性跟着叫他们的中国名字，甚至一些没有选修中文课程的学生也给自己取了中文名字。

按照活动的规定，教师不能给学生留作业，但我想，仅仅靠每天上课的几个小时，在这么短的时间里，要对一门全新的语言有基本的认识和掌握，不在课后练习，根本就不可能。所以，我给学生留了些像听和说这样的软性作业，我感觉学生都很自觉而且也令人满意地完成了这些作业，因为我每天都安排有小测验对他们的学习效果进行评价的。其实，学生的空余时间非常少，基本上就只有睡觉前的一点点时间，很显然，他们把这点时间都花在中文课程上了。

	和其他课程比较，我不敢说中文课程是他们最感兴趣和投入最多的。但是，有一点可以肯定，中文课程在所有课程中是最难的，但是慢慢地成为了他们最喜欢的课程之一，我想，这主要得益于中国文化对他们的吸引。
 郭声健：	学生被中国文化所吸引，自然也得益于你对中国文化的生动呈现，所以，我认为，学生慢慢喜欢上一门最难的课程，一定跟你的精心设计分不开。能够具体谈谈你最满意和最不满意的教学设计吗？
 喻　娟：	其实，我最满意的还是两门课程的整体设计，从最后的教学效果看，我的课程目标定位、教学内容与教学形式的选择、各项活动的设计等等，都是不错的。至于具体的教学设计，我感觉还是在音乐和舞蹈教学方面显得更为得心应手，学生也很喜欢，这毕竟是自己所学的专业，有着相对扎实的专业基本功。学生甚至在课外活动中也不时要求唱唱歌，或者教别人唱，这些都是情不自禁的。我每每听到学生用洋腔洋调来哼唱中国歌曲，就感觉很欣慰、很满足。 最不满意的教学设计还是有的，比如前面提到的包饺子，我就感到有些失败，这是事先没有考虑到两国文化差异的结果。总的说来，在这次活动中，我所面临的挑战还是比较大的，主要是事先对学生并不熟悉，我每天都要根据教学的情形和学生的表现调整教学计划，三个星期要完成六个月的教学任务，本来就很不容易了，如果还要遭遇一些文化冲突，就更显困难。另外，前面我也提到了，美国学生很自由民主，不想听就不听，而且还可能当场向老师提出质疑。这就要求教者必须想尽一切办法开展各种有趣的活动，来吸引他们。那可真的是典型的从做中学，从快乐中学。
 郭声健：	其实，你介绍的这些教学经历，对国内的各科教学都很有启示。学生有这样的自由民主，实际上非常有利于促进教师的创新意识和

	提高教学水平。像我们国家，学生不管老师的课上得好不好，反正都得听，这不利于教师的成长。我们都是搞音乐教育的，音乐课程没有考试的压力，真希望我们的学生能够拥有像美国学生这样的一种自由民主意识。 在活动过程中，特别是活动结束以后，你应该听到了大家对这门课程的基本评价吧？特别是学生，他们应该是感受最深的，你收集到了这方面的一些信息吗？
 喻　娟：	是的，在活动的过程当中，我经常从其他老师那里听到反馈意见，大多是夸奖的话。在最后的结业典礼上，领导的讲话也对我的工作给予了充分的肯定。活动结束到现在，也一直有学生跟我电话或邮件联系，一些学生在网上发表了很多的感言，其中还有几个学生表示将来上大学准备主修中文。 我为两个班的学生分别设计了两种不同的卡片，卡片的正面以中国文化的象征物作为背景，上面印制了中英文对照的全班学生的名字，还给每个人设计了一个中国印。卡片的背面是学生签写留言的地方，临走时，每个学生都给我留了言。在这里我给你举几个例子： 叶可妮（Courtney Yaeger）：我很荣幸成为您的学生。三个星期的学习让我对中文和中国文化的兴趣胜过读一本历史书。本来我的第一志向不是中文，但是我很庆幸来上了你的课，我感觉这三个星期的学习比我上了两年的西班牙语学到的东西还要多。 罗玛丽（Maria Browning）：很难过，三个星期这么快就过去了，我会想您的。我要去你任教的学校 WVU 上大学，到时候，我要选中文，而不再是西班牙文。（注：她目前在高中已经修了三年的西班牙文。） 白若兰（Laura Borrelli）：明年我想在高中选修中文课。如果上大学后我读国际贸易专业，我一定要讲一口流利的中文。我喜欢你教的每一首中文歌曲和舞蹈，我还喜欢我做的饺子。（读她的留言，我有一点惊喜。她平时不太爱说话，很腼腆，有时候我甚至怀疑她是不是不太喜欢我的课。）

	郑斯文(Salwa Zahalka):我不仅开始喜欢中文了,更喜欢上了中国的文化。我最喜欢的是,不管是你上课,还是在研讨会上,你富有创造性的方式,让我觉得很有趣。 詹瑞秋(Rachel James):中文对我来说是一个挑战,但我等不及要和我的爷爷奶奶去中国餐馆了,我要测试一下我新学的中文水平。 蓝婷芬(Tiffany Riffle):不管我在什么时候遇到困难,谢谢你总是很耐心地教我。 曹秋天(Autumn Crow):我在 GHA 的每一天,最期待的事情,就是来上你的课。我享受课上的每一分钟,我学了好多我不可能在我的高中学校里学到的东西,我真希望我的高中开的是中文课,而不是西班牙课。 郝望(Hope Hart):你的课很好玩。你是一个很好的老师,你一定会很成功的。(注:她是一个被收养的亚裔,这次还被选为仅有的两个学生代表之一参加 GHA 理事会会议。) 闻正书(Josh Wentz):你让我的GHA经历变得两倍的有意思。 陈瑞正(Brian Chen):喻老师,你的课比我妈妈教得有趣多了。(他是两个班里唯一的一个美籍华人,父母是台湾人,在家里很少讲中文。)
 郭声健:	我刚看了你给我传过来的卡片,真的非常精致,比我们国内的明信片更有档次和意境,透过这张小小的卡片,我能想象出你对这次活动的重视和投入程度。然而,更令我为你感到高兴的是,你收到的这些留言,这是作为一个教师所能收到的最珍贵的礼物啊。教师工作的最大价值体现,莫过于学生对自己教学的肯定。 从这些留言中,我们不难看出,短暂的三周教学,带给学生的影响是深远的。你从展示中国的文化入手,让一群看见汉字就头晕、不想学就不学的美国高中生,不仅对中国文化感兴趣,而且对学中国语言感兴趣,这是很不容易的。我想正如你说的,这在很大程度上得益于你所具有的较高且全面的文化素养。关于这个问题,林

慧博士跟我有过交流。她向我介绍说，几年前她在美国的另一个城市从事中文教学工作，发现从中国内地选拔过来的中文老师，很难适应这边的教学。这一方面是由于不了解美国学生的个性特点，另一方面是受到了自身素质的局限。毫无疑问，选拔出国的教师，一定在语言方面是佼佼者，但是仅仅只懂语言，而没有对中国文化的全面了解，也无法将中国文化鲜活地展现出来，那根本就满足不了美国学生的需要，根本就激发不出美国学生的中文学习兴趣。

我想，随着中国的发展，美国人民对中国和中国文化的了解将会越来越迫切，但是，要想把中国文化介绍到美国来，要想让美国学生更容易地学习中国语言，关键还是要有我们中国人的具体行动，就像你这次所做的工作一样。在这方面，你还有什么其他的计划吗？

喻　娟：哦，一个人的力量是非常渺小的，但我们所有人力量的聚集，那就非常强大了。所以，我觉得，尤其是我们在海外的华人和留学生，都应该尽自己微薄的力量，来为推广中国文化做出应有的贡献。

最近，我又接受和参与了西弗吉尼亚教育厅组织的一个项目——《学前儿童世界语言项目》，该项目计划将美国的若干儿歌、童谣、童话故事等翻译成中文、日文、法文和西班牙文等四种语言，以便在学前教育阶段就开始普及外语教学。我承担了中文的翻译工作，除了把英文翻译成中文之外，还需要注上拼音。最近几天，我一直在忙这项工作，我认为，这也是一项对推广中国文化来说是很有价值的工作。另外，我的博士论文，也准备研究如何通过音乐教育来传播中国文化的课题，这也是我在接下来的一年里要做的最重要工作。如果只是考虑论文写作的难易程度，考虑更容易地拿到学位，我可能不会写这样的一个题目，但是，我觉得博士论文同样也是一个有效的传播途径，我不能轻易地放弃这个推广中国文化的机会。

郭声健：最后一个问题，如果明年这项活动继续进行，你是否还会参加？

喻　娟：

西弗吉尼亚教育厅的官员这次都已经给我说了，希望我明年能够继续做这项工作。我想，到时我会推掉一切，确保参加这项活动的。因为，经历过这次以后，我感觉到，这项工作，甚至比我自己拿个博士学位都更重要。

郭声健：

把这个帖子挂到我们的论坛上来，起先我有些犹豫，因为它并不是直接探讨音乐教育。但是最后我还是挂上来了，因为我觉得，作为音乐老师或许能够从中得到一些启示，毕竟喻娟同学是音乐教育的博士生，将来也会从事音乐教育工作，算是我们的同行，那么我们就可以设身处地地换位思考一下，如果是我，这样的跨学科教学能否胜任？如果能够胜任这样的跨学科教学，那么对我们的音乐教学又有哪些好处？下面我简单说说我在整理这个稿子的时候，感受比较强烈的三点：

首先，对教师来说，具有良好的综合素质是多么的重要。林慧博士跟我说，在国内选拔过来的中文教师很难胜任这边的教学工作。而喻娟却在最短的时间里让美国学生喜欢上了中国文化和语言，我想，这其中最主要的原因恐怕还是教师综合素养的差别。选拔来的中文教师，我相信无论在中国文化还是在语言方面都是出类拔萃的，但如何展示中国文化，如何从文化的角度来切入到语言，这需要教师有良好的表现能力，而这一点，恰恰是我们音乐教师的优势。我们可以通过音乐、舞蹈、表演等这种世界通用语言来展示我们的中国文化，来和外国的学生进行超越日常语言的沟通。当然，不是说音乐老师就都胜任这样的教学，如果我们不对中国文化和中国语言的发展历史有基本的了解，我们再具有表演天赋，也将英雄无用武之地。其实，我们的音乐教学就该如此，我们应该从不同的角度和层面，甚至不同的领域，将音乐展示给学生，让学生对音乐有一种全方位的、全景式的体验。若能够做到这一点，我们就绝对不用发愁学生喜不喜欢我们的音乐课了。

其次，人要活得有志气，要敢于不信邪。中文课程第一次纳入到这个州长奖励项目，谁都会拭目以待，有人希望成功，有人希望失败。像承办学校的领导，一直热衷于日语教学，对中文课程怀有很深成见甚至表现出明显歧视，这位领导是巴不得要看这门课程的洋相的。这时候，要是换一个悲观的老师，只怕就认命了，只怕就得过且过、马虎应付了。但喻娟没有在困难面前低头，反而更加激起了自己的斗志，大有破釜沉舟之架势。其实，做什么事情都这样，当被逼到一定份上的时候，人的潜能是最容易被激发出来的。想想我们的音乐课程，在学校领导眼中、在其他学科教师眼中，或许就是一门受歧视的课程，在这个时候，我们是心灰意冷，还是奋力拼搏呢？如果我们甘愿受歧视，那就永远都会受歧视，永远都抬不起头。但如果我们不甘堕落，不信邪，把我们的工作尽可能做得最好，我们就会赢得别人的尊重，我们的课程地位就能慢慢提高，我们的音乐教育就能在逆境中成长。让我们不时地用这句歌词来勉励自己吧：不经历风雨，怎能见彩虹。

最后，对待工作，要充满着激情。这一点我们在前面也交流过了，充满激情地去工作，才能更好地做好工作和享受工作。来美国，这一点让我感受非常深刻，无论在哪个岗位，我很难见到有人是在懒洋洋的状态下工作的，不管有多累，人们都是那么地充满激情。比如，我介绍过的音乐老师，一天这么多课上下来，到最后依然不会表现出倦怠，激情并不随着身体状态的变化而变化，应该说，这完全是一种精神的力量在支撑着。充满激情地投入到工作当中去，这能够极大地提高我们的生命质量。可惜，我们学不会啊，我们似乎没有这样的工作环境。我猜想，一个充满工作激情的美国人到我们那种环境下去工作一段时间，他的激情只怕也坚挺不了多久。而一个没有工作激情的人到这边来工作一段时间，我相信，一切都可能改变。喻娟就是个很好的例子，那个时候，因为迟到的问题，她都不知道被我骂过多少次。现在看，则完全像变了个人。

周志明：

这是一篇让我震撼的文字。比较长，但我一口气读完了，读了一遍还不够，所以又读了第二遍。

	震撼之一：是喻娟老师的那种实实在在的爱国情怀，郭教授问的也很实在，这种活动有没有报酬，但喻娟老师为此项教学活动专程回国，“若是从经济角度来考虑，我这趟国是不会回去的”。也就是说，喻娟老师此举，在一定程度上，我们可以理解为是以推介中国文化为目的，也就是不放过这样一种向美国青年展示中国的机会，作为普通人，她在尽力地让世界了解中国。 震撼之二：是喻娟老师良好的个人素质与拼命三郎的工作精神。三个星期，她创造的是一个中文教学史上的“小奇迹”，大家觉得可能有点夸张吧，我的感觉真的是这样的，学生的留言应该可以说明我的这种感受没错。而这个奇迹的出现，良好的个人素质与拼命三郎的工作精神二者是缺一不可的。 震撼之三：是对国内各科教学的启示。喻娟老师短暂的经历启示我们：我们教学的可塑空间其实是很大的，我们没有任何理由抱怨，有的科目没地位，有的学生不好教，因为再难，也不会难过让“叛逆”的老美通过三个星期的学习而让他们对中文产生感情，甚至改变他们学习的志向：“我真希望我的高中开的是中文课，而不是西班牙课。”她在美国创造了“士别三日，当刮目相看”的奇迹，那么，想想我自己，真的很汗颜（我也是教书的，但教的不是可爱的音乐），有的学生我教了三年，却“星星还是那颗星星……” 谢谢郭老师提供这么好的文字，在今后的工作中，我要多向喻娟老师学习。 还想说一句：喻娟老师是我们青年的楷模，是年轻教师队伍的典范，是郭家军的骄傲！在这里，我祝贺郭老师，有这么优秀的学生代表（肯定还有好多我不知道的），实在是人生最大的快乐！
 耀　红：	郭老师，读过您写的这篇《以推广中国文化为己任》，格外感奋。我想，在满目英文的美国大街，在四处都是蓝眼睛的西方，海外华人一定会感觉“中国文化”四个字有着母乳般的芳香。因此，您和喻博士的对话，以及喻博士的这份中文教学经历，或者说她在异国他乡的那种文化情结与文化选择，都极其令人敬佩。

这令我想起眼下的中国人文教育，特别是语文教育和文学教育。应当说，随着消费文化与功利主义的盛行，文学的边缘化及人文的边缘化乃是中国教育的一大积弊。不能不承认，我们总是太关注理性，而忽视了情感，我们太关注实用，而忽视了艺术与审美；我们太喜欢随波逐流，而恰恰忽视了经典与文化。我们的教育正在流失的就是中国文化的底蕴。从这个意义上说，中国当下的教育是一种无根的教育。我想，如果母语教育不能提升到民族文化认同的高度，如果母语教育沦落于简单而机械的工具训练或形式训练，我们的母语教育是没有前途的。它只会让一代又一代的孩子失去文化认同感。

我真的特别喜欢先生的这个命题——以推广中国文化为己任。在海外如此，在国内何尝不是这样？面对外语热而母语冷的现状，我们要深思如何将人文教育、文学教育、母语教育引向文化的视域，或者说如何建立起与中国文化的精神联系？

喻博士的做法以及您的思考，都给我们的人文教育以深刻的启示。这是我发自心底的感喟。

杨　丹：

看完这篇文章之后深受感动，心情也很复杂，五味杂陈。有骄傲，有自豪，也有落寞和忧虑。我以前萌发过很多想法，什么考一个对外汉语教师资格证啦，报考奥运志愿者啦等等。这些想法的源头在于，好像作为一个年轻人，有时候会觉得自己无能为力，不能为祖国做什么，只能心存感念，去看一看想一想，而没办法身体力行地做实际的事情。尤其在一些特殊的时候，比如奥运火炬受阻、外国媒体的曲解、外国民众的误解的时候，更是心有余而力不足。我为喻娟师姐的行为而感动骄傲，为所有爱国青年而骄傲，也渴望有朝一日能有机会来身体力行地弘扬我们的中国文化。也许还需要时间，或许也永远没有机会，也许我的水平也有限，但是至少，我会去把握，我会努力。

汤 汤：

也是一口气读完的。几点感慨：

1. 喻娟老师真棒！她的这些经历是一般人难得的，对于我而言更是望尘莫及。

2. 所以，“当我走进教室看到当时的那个场景，并且意识到这是一种歧视的时候，我的眼泪都出来了”。可以理解你的这种感受。

3. “另外，我的博士论文，也准备研究如何通过音乐教育来传播中国文化的课题，这也是我在接下来的一年里要做的最重要工作。”我期待着早日拜读喻老师的博士论文，我想我一定对她的研究非常有兴趣。

Dodozi：

看了上面的帖子，感动于喻老师在异国他乡为我们中国文化传播所做的一切。确实，在电视里听过很多外国人讲中文，包括前段时间在热播的“汉语桥”——一个比赛的活动，传播中国的语言文化，全是外国友人说中国话，表演中国特色的节目等等，非常有意思。虽然很多外国人朗诵怪怪的调，但这个节目的成功举办证明了中国的腾飞，作为中国人看到自己的母语能吸引这么多外国人来学习，我感到自豪。

中文被认为是世界上最难学的语言，如果单纯地教汉字，对外国学生来说非常难，也比较枯燥，而从音乐入手，沟通起来会更加快，让他们在玩中学，先培养兴趣。这也是我对自己课堂的要求，不一定让学生去学唱完整的歌曲，或者听完完整的作品，而是先想想如何让他们能感兴趣，以后也会去了解。真希望在国外授课的中文老师上的课都像喻老师一样受学生欢迎，这样才会有越来越多的外国友人想了解中国，而且是真正地了解中国的发展。特别是在这次圣火传递中，由于藏独分子的影响，有一些不太顺利的事情，看到一些国外的报纸杂志扭曲事实，捏造一些丑化中国的假新闻，心里真是愤愤不平！最近看到了电视里面又在演《亮剑》，战士们舍身杀敌保卫祖国，那种顽强拼搏的精神常常让我热泪盈眶，特别是被包围的骑兵连士兵一次又一次地冲向敌人

	直到全部战死，就因为团长李云龙说过：就算死，我们也要死在冲锋的路上！这就是我们中国人的精神！我也相信：只要我们每个人都努力，我们中国肯定会越来越强大！
 徐　杨：	每天来看一下论坛好像成为了一种习惯——学习习惯吧！ 喻老师的经历不由得让我将最近看到《音乐教育的国际对话》一书中的“中国内地学校音乐教育与民族音乐传承”一文联系在一起思考。文中提到几个面对当今音乐教育现状的几点反思，如：建立中华文化为母语的音乐教育；让每一个孩子会唱自己家乡的歌；关注中国民族音乐本身多元化的问题……让我深有感触的就是那一句“让每一个孩子会唱自己家乡的歌”。每次当我走到火宫殿看着台上表演湘剧、花鼓戏的人总是上了年纪的老艺人时，每次当我看到很多戏曲专业的学生毕业后在那些商业活动中表演的是性感的现代舞时，我就在想，我们的孩子还会唱几首家乡的歌。 看到外国人对中国文化是那么地感兴趣，可回头看看我们教育的这一代孩子，对民族音乐感兴趣的能有多少？很多人喜欢看韩剧，也包括现在的中学生，当我看到剧中的那些中国的文化——《孔子》、诸葛亮《出师表》……被他们当作宝贝一样重视时，我自己也感到有些惭愧。日本、韩国的民族精神在世界上是有名的。而他们的很多文化却是从我们的中华大地传过去的，虽然我们现在也发现民族精神的培养是如此的重要，可是却似乎总是找不到教育的良方。 反思自己的音乐教学，我觉得让学生了解多元化的民族音乐，让学生在听赏、学唱、表演的过程中喜爱民族音乐，是培养学生的民族精神的一种重要途径。可是很遗憾，我并没能让学生感受到民族音乐的魅力。课堂讲解时，由于自己本身并不是很喜欢民族音乐，所以在面对我面前的这些“小不点”时，不是讲深了，就是讲浅了。回头想想：其实小学生对民族音乐的了解应该说和外国人差不多（可能比外国还是强一点点，因为毕竟环境还是不同嘛），对这类音乐或是相关文化的了解几乎是空白，而喻老师却能激起这类人去了解这些文化的动力，那么我们何不也去试试。虽然她教的是中文，

	可是她运用了“音乐”这一重要元素。我们是中国人，民族音乐的教育是对我们自尊心与自豪感的培养，我想我一定要先从自己做起，让孩子们能在音乐中感受到中国了不起，中国人了不起！
 陈　瑾：	看了郭教授与喻博士的对话录，颇有感慨。喻博士的精神与学养令人佩服，可惜的是，我们音乐教师中这样的人太少了，大多数学生，一考上音乐教育系，就与书绝缘，整天就是弹或唱，明明基本上是出去当教师的，却一心想要成为专业音乐工作者，心中只有“专业”，而无其他。这样踏上工作岗位后，正因为文化的缺失，而没有更大的教师专业化发展潜力。
 Doremi：	感谢郭老师给了我们许多的感动和惊喜，音乐教育如何让学生更喜爱，如何加强音乐课的文化底蕴，喻老师给了我们很好的启示。我很感动她的使命感、责任感，她在歧视与困难面前不服输的倔劲！
 郭声健：	亲爱的老师们、同学们、网友们，大家好！考虑到暑假了，大家都迎来了辛苦工作后难得的轻松休闲日子，且上网不如以前那么便利；也考虑到中华民族的百年期盼——北京奥运会马上就要举行，我们应该全身心地去享受这份荣耀和自豪，享受奥林匹克带给我们的快乐；还考虑到我个人正临近归国的日子，要做一些归国前的准备。我想着，关于音乐教育的网络越洋对话，可能暂时要画一个句号了。 在此，请允许我在大洋彼岸，向大家鞠躬致谢。谢谢你们这两个月来，一直陪伴着我，和我在网上亲密接触，对我不离不弃，并和我一起探讨我们共同关注的音乐教育中诸多令人困惑的问题，让我体验到了一种前所未有的思考和写作快乐，让我在最感孤独的时候，愉快地度过了在美国的最后两个月的时光。 谢谢大家。国内再见！

结语

每天在电脑前工作十多个小时，花了整整四天时间，我才把这个对话论坛的所有帖子过了一遍，并在不打乱对话时间顺序的前提下粗线条地对书稿划分了章节。整个统稿过程是令人兴奋的，让人一点都不觉得累，就像看一本书，不间断地读下来，比此前断断续续地读帖和跟帖，感觉好多了。它总让自己保持一种好奇心理，我后面到底还“胡说八道”了些什么? 大家还会说出多少名言警句或讲述怎样感人的故事? 我边读它边感慨：这是一本“写”不出的书，这是一本志同道合的音乐教育者们“聊”出来的书。它不属于任何个人的研究成果，它是全体网友智慧的结晶。

此时此刻，我突然觉得不知道该说什么了，想想我有时候一天能挂上去上万字的帖子，可现在，要让我写个一百字的结语，都会觉得是那么的艰难。我不得不承认，在不到两个月的时间里，我对这个论坛产生了一份特别的感情，对这个论坛里的朋友们也产生了一份特别的感情。这样的一种感觉，我真的说不清道不明，只知道是这份感情使得我把所有帖子看完后，不再有开始的那份兴奋，剩下的只是惆怅。

或许，随着我归国日期的日益临近，我们关于音乐教育的“越洋对话”要告一段落了，但“本土对话”仍可继续。

今天正好是北京奥运会开幕的日子，就让我们一起把这本小书作为一份小小的礼物献给北京奥运，献给我们亲爱的祖国。

郭声健

2008 年 8 月 8 日于纽约